NUTZERFORSCHUNG MIT KINDERN

EFFEKTIVE DURCHFÜHRUNG VON FORSCHUNGSARBEITEN MIT TEILNEHMERN IM ALTER VON 3-16 JAHREN

Thomas Visby Snitker

 Springer Vieweg

Nutzerforschung mit Kindern: Effektive Durchführung von Forschungsarbeiten mit Teilnehmern im Alter von 3-16 Jahren

Thomas Visby Snitker
Nordhavn, Denmark

ISBN-13 (pbk): 978-1-4842-9821-3   ISBN-13 (electronic): 978-1-4842-9822-0
https://doi.org/10.1007/978-1-4842-9822-0

Die Deutsche Nationalbibliothek verzeichnet diese Publikation in der Deutschen Nationalbibliografie; detaillierte bibliografische Daten sind im Internet über http://dnb.d-nb.de abrufbar.

Dieses Buch ist eine Übersetzung des Originals in Englisch „User Research with Kids" von Snitker, Thomas Visby, publiziert durch APress Media, LLC im Jahr 2021. Die Übersetzung erfolgte mit Hilfe von künstlicher Intelligenz (maschinelle Übersetzung). Eine anschließende Überarbeitung im Satzbetrieb erfolgte vor allem in inhaltlicher Hinsicht, so dass sich das Buch stilistisch anders lesen wird als eine herkömmliche Übersetzung. Springer Nature arbeitet kontinuierlich an der Weiterentwicklung von Werkzeugen für die Produktion von Büchern und an den damit verbundenen Technologien zur Unterstützung der Autoren.

Planung/Lektorat: Shivangi Ramachandran

Der Verlag, die Autoren und die Herausgeber gehen davon aus, dass die Angaben und Informationen in diesem Werk zum Zeitpunkt der Veröffentlichung vollständig und korrekt sind. Weder der Verlag noch die Autoren oder die Herausgeber übernehmen, ausdrücklich oder implizit, Gewähr für den Inhalt des Werkes, etwaige Fehler oder Äußerungen. Der Verlag bleibt im Hinblick auf geografische Zuordnungen und Gebietsbezeichnungen in veröffentlichten Karten und Institutionsadressen neutral.

Springer Vieweg ist ein Imprint der eingetragenen Gesellschaft APress Media, LLC und ist ein Teil von Springer Nature.

Die Anschrift der Gesellschaft ist: 1 New York Plaza, New York, NY 10004, U.S.A.

Jeder vom Autor in diesem Buch referenzierte Quellcode oder anderes ergänzendes Material ist für die Leser auf GitHub über die Produktseite des Buches unter www.apress.com/9781484261149 verfügbar. Weitere Informationen finden Sie unter http://www.apress.com/source-code.

Das Papier dieses Produkts ist recyclebar.

Inhaltsverzeichnis

Über den Autor

Thomas Visby Snitker ist Senior User Research Manager bei LEGO (The LEGO Agency) und ehemaliger CEO, Eigentümer und Gründer eines Forschungsunternehmens unter seinem eigenen Namen (2005). Thomas hat eine Leidenschaft für Nutzer Zentrizität, Forschung, User Experience (UX) und Usability. Er schreibt gerne und hat zwei Kapitel, „User Research Throughout the World" und „The Impact of Culture on User Research", im *Handbuch der globalen Benutzerforschung* (Morgan Kaufman, 2009) beigetragen. Er hat auch ein Buch mit dem Titel *Durchbruch zur anderen Seite: Nutzung der Benutzererfahrung im Web, interaktives Fernsehen und mobile Dienste* veröffentlicht.

Thomas ist ein häufiger Redner auf dänischen und internationalen Konferenzen, wie der UX Masterclass, und bloggt gelegentlich für die dänische Ausgabe von *Computerworld*. Darüber hinaus fungiert er als externer Gutachter an der IT-Universität Kopenhagen, der Copenhagen Business School, der Technischen Universität Dänemark und der Information Science School of Copenhagen.

Bevor er SnitkerGroup gründete, arbeitete Thomas als Usability-Spezialist in der IT (bei KMD), in einer Medienagentur (Mediacom/Beyond Interactive) und einer Webagentur (Signal Digital/GreyDigital).

Er ist der Vater von Sigge, Anders und Peter und lebt in Dänemark mit seiner Frau Katie und ihren Katzen. Er genießt die kulturellen Aktivitäten, die man von einem selbstbeschriebenen Mainstream-Cis-Mann, der im letzten Jahrhundert geboren wurde, erwarten würde - von Fotografie und Musik bis hin zu Kochen, Wordfeuding und Radfahren.

Hier ist er, circa 1972, 2011 und 2017. Er freut sich, von Ihnen zu hören unter thomas@snitker.com.

Danksagungen

Herzlichen Dank an die fünf Praktiker: Camilla Balslev von DR (Dänemarks Rundfunkgesellschaft), Garrett James Jaeger von der LEGO Foundation, Jennifer Wells von CodeSpark, Nanna Borum vom LEGO Creative Play Lab und Rasmus Horn von LEGO Education.

Ein großes Dankeschön an Derek Zinger und Gregg Bernstein, Dina Kapengut, Hakan Gonen, Emil Voxby, Stephanie Pedersen, Johanne Kirkeby, Hannah Jensen, Kashmiri Stec, Fylla Fjordside, Jaleh Behravan, Pia Breum Corlin, Peter Birkedal, Rasmus Horn, Nancy Mahmoud, (Super)Nicklas Lind und Carsten Baagøe Stokholm für unermüdliche Überprüfungen und an Esteban Kolsky für das Feedback.

Verständnis für Kinder und ihre Erfahrungen

Eine Einführung in die Forschung mit Kindern

Als Designer, Produzent, Marketer oder Forscher mit Kindern als Zielgruppe müssen Sie sich bewusst sein, dass Kinder sich anders verhalten als Erwachsene, um erfolgreich zu sein. Sie müssen die Kinder in alle Phasen des Prozesses einbeziehen, von den frühen Ideenfindungsphasen bis hin zur Konzeptentwicklung, Design, Prototyping und schließlich dem Launch.

Dieses Buch soll Praktiker inspirieren, die in diesem Entwicklungs- und Designprozess arbeiten und manchmal von den Herausforderungen, die er mit sich bringt, überwältigt sein können.

Während meiner Jahre als Forschungsleiter in der internen Agentur von LEGO habe ich viele neue Kollegen und Praktikanten in die Methoden ein-

© Der/die Autor(en), exklusiv lizenziert an APress Media, LLC, ein Teil von
Springer Nature 2023
T. V. Snitker, *Nutzerforschung mit Kindern*,
https://doi.org/10.1007/978-1-4842-9822-0_1

geführt, wie wir Kinder in unsere Forschung einbeziehen können, und jedes Mal habe ich nach einem guten Buch zu diesem Thema gesucht. Da ich keines finden konnte, beschloss ich, dieses Buch zu schreiben. Ich hoffe, Sie finden es nützlich.

Erwachsene, die die Erfahrungen von Kindern erforschen, betreten ein bekanntes und doch fremdes Land, in dem die Einwohner eine andere (doch vertraute) Sprache sprechen; andere Normen, Werte und Ziele haben; und sich anders verhalten und interagieren. Die Erwachsenen werden Schwierigkeiten haben, sich in diesem Land niederzulassen und werden wahrscheinlich von den Kindern nicht als Gleichgestellte akzeptiert.

Zwei wichtige Aspekte unterscheiden Kinder und erwachsene Forscher:

- Als Erwachsener verfügen Sie über das gesamte Arsenal an erwachsener Kompetenz – Sie verstehen und kontrollieren Ihre Welt, Sie sind souverän und autonom, Sie können denken und tun und sagen, was Sie wollen, und Sie sind verantwortlich für Ihre Entscheidungen und Handlungen. Kinder sind es nicht.

- Wenn es um Forschung geht, können Sie Forscher und Befragter sein und auch Sponsor oder Interessenvertreter von Forschung. Sie passen Ihr Verhalten an jede dieser Positionen an. Kinder können das in den meisten Fällen nicht und kümmern sich auch nicht darum.

Die Forschung mit Kindern, wie zum Beispiel das Interviewen eines Kindes oder das Beobachten eines Kindes, das mit einem Produkt oder einer Dienstleistung interagiert, unterscheidet sich sehr von der Forschung mit Erwachsenen, und jede Forschung muss mit dem Kind und der Welt des Kindes im Hinterkopf konzipiert und durchgeführt werden, um erfolgreich zu sein. Der Forscher muss beide Welten verstehen und eine Brücke zwischen ihnen bauen. Dieses Buch handelt von dieser Brücke und wie man sie baut.

Design, Innovation und die Notwendigkeit von Forschung – und KX, Kids' Experience

Die Interpretation der Erfahrung einer Person ist gleichzeitig das bedeutendste Produkt einer Begegnung und der Anstoß zur nächsten.

—Jerome Kagan, *Die Natur des Kindes* (Basic Books 1984)

Wir können nur in dem Maße verstehen, was eine Person dazu bringt, so zu sprechen, zu fühlen und zu handeln, wie sie es tut, wie wir auf den Inhalt der

Erfahrung dieser Person zugreifen können. Eine zuverlässige und skalierbare Möglichkeit, auf die Erfahrungen von Kindern zuzugreifen, besteht darin, sie zu erforschen und zu studieren, wie sie mit Dingen interagieren, wie sie kommunizieren und sich verhalten. Dieses Buch konzentriert sich hauptsächlich auf die Erfahrungen von Kindern mit *designten* Objekten und Dienstleistungen. Design ist, wie wir unsere Welt erfinden und neu erfinden; Design ist, wie wir die Werkzeuge, den Inhalt und die Dienstleistungen produzieren und reproduzieren, die uns helfen, Dinge zu erreichen, aber auch unsere Unannehmlichkeiten, Ängste und Unzulänglichkeiten, unsere Unruhe und Langeweile zu überwinden und, unsere Neugier und Wissbegierde zu sättigen.

Diese Definition bedeutet, dass Design nicht nur eine Tätigkeit ist, die von Designern (d. h., Menschen mit einem Design-Abschluss oder dem Wort Design in ihrer Berufsbezeichnung) oder nur in einem expliziten Design-Kontext ausgeführt wird, sondern Design ist eine alltägliche Tätigkeit, die die meisten Menschen mehrmals in ihrem täglichen Arbeitsleben und in ihrem Privatleben ausüben – sie entwickeln neue Wege, wie sie ihre Geschäfte und ihr Dasein gestalten können. Und das immer mehr; mit der Entwicklung der Gesellschaften und dem Aufkommen neuer Praktiken und Technologien wächst auch die Notwendigkeit, diese zu gestalten, oft auf fast darwinistische Weise; neue Ideen, die die ersten Monate auf dem Markt oder in unserer Kultur tatsächlich „überleben", sind erstaunlich wenige. Daher designen wir wahrscheinlich viel mehr, als uns tatsächlich bewusst ist.

Eine gegebene neue Idee könnte ihre kommerzielle oder praktische Verwendung überlebt haben, oder es könnte unmöglich sein, sie in der Gesellschaft im Allgemeinen oder in einer Organisation aufgrund ihrer Komplexität oder externen Abhängigkeiten umzusetzen. Im Kontext der kommerziellen Innovation ist es sehr wertvoll, gute Ideen schnell pflegen und sie in Produkte/Dienstleistungen auf dem Markt umwandeln zu können, und so trägt Innovation in vielerlei Hinsicht zur Wettbewerbsfähigkeit des Unternehmens bei. Das heißt, ob das Unternehmen herausfinden kann, welche der vielen im Unternehmen generierten Ideen tatsächlich umsetzbar sind und ob es den Prozess des schnellen Verwerfens schlechter Ideen bei Beibehaltung der guten Ideen bewältigen kann. Der potenzielle Gewinn – und hier spielt die Forschung eine entscheidende Rolle – besteht darin, wertvolle Zeit, Personal und Materialien für das Design, die Produktion, das Marketing und die Unterstützung eines gescheiterten oder minderwertigen Produkts oder Dienstleistung zu vermeiden, zum Beispiel eines, das einfach nicht die Bedürfnisse des Publikums erfüllt. „Die richtigen Ideen richtig umsetzen" – und das schneller – bedeutet, dass das Unternehmen bedeutungsvollere und an-

---

'*Die kreative Kurve: Wie man die richtige Idee zur richtigen Zeit entwickelt* von Allen Gannett (Currency 2018): www.thecreativecurve.com/ ist eine gute Inspirationsquelle; es dokumentiert, wie Kreativität als Ergebnis harter Arbeit und eines rigorosen Prozesses (im Gegensatz zu Inspiration und Talent) verstanden werden kann.

genehmere Produkte und Dienstleistungen schneller auf den Markt bringen kann als die Konkurrenz.

Da das Design für Kinder meist, wenn nicht sogar immer, von Erwachsenen gemacht wird, müssen die designenden Erwachsenen verstehen, wie ein Kind ein Werkzeug oder eine Dienstleistung nutzen und erleben kann. Glücklicherweise leben wir in einer Zeit, in der UX, User Experience, als Ansatz an Bedeutung gewonnen hat, der das beabsichtigte Publikum viel näher am Herzen und im Kopf hat als frühere Design- und Entwicklungsparadigmen. Auch der verwandte Ansatz von CX, Customer Experience, hat an Bedeutung gewonnen, da er UX mit der Einkaufsdimension ergänzt, die für den gesamten Handel so entscheidend ist.

Allerdings wird Ihnen weder der Aspekt des Benutzers noch der eines Kunden viel über die Erfahrung der Kinder vermitteln, daher schlage ich einen neuen Begriff vor: KX oder die Kinder-Erfahrung. Bei der Erledigung einer Aufgabe hat der *Benutzer* oder der *Kunde* ein gewünschtes Ergebnis im Kopf: er versucht (stark), Fehler und Ressourcenverschwendung zu reduzieren. Dies wird manchmal als extrinsische Motivation bezeichnet.

Aber Kinder spielen oft einfach nur, oder sie „albern herum". Ihre Motivation ist oft intrinsisch: sie wird von einem Interesse oder einer Freude an der Aufgabe selbst angetrieben, und das Ziel ist es, eigene interne Belohnungen zu erreichen. Es konzentriert sich wenig auf externe Druckmittel und hat wenig oder gar kein Verlangen nach Berücksichtigung. Spiel hilft dem Kind in vielerlei Hinsicht und ist keine Zeitverschwendung; es entwickelt alle Arten von sozialen, kognitiven und physischen Kompetenzen. Die KX ähnelt sehr der UX und der CX, da es sich um eine *menschliche* Erfahrung handelt, aber sie ist in mehrfacher Hinsicht speziell und erfordert besondere Aufmerksamkeit:

- Kinder haben andere Bedürfnisse als Erwachsene.
- Kinder haben andere Ziele und Erfolgskriterien als Erwachsene.
- Kinder haben andere Fähigkeiten als Erwachsene.
- Kinder folgen anderen Benutzerpfaden als Erwachsene.
- Kinder drücken sich anders aus als Erwachsene.

Spiel ist eine *zu erledigende Aufgabe*

Eine weitere bemerkenswerte Innovation und Designansatz, Aufgaben zu erledigen, könnte eine Inspiration sein.

Das Konzept der „zu erledigenden Aufgaben" wurde populär gemacht durch die Geschäftsführer Clayton Christensen und Michael Raynor in *The Innovator's Solution* (Harvard Business Review Press 2013), und von Jim Kalbach in *The Jobs To Be Done Playbook* (Rosenfeld Media 2020) erweitert.

Es folgt einem einfachen Prinzip: Menschen „beauftragen" Produkte und Dienstleistungen, um eine Aufgabe zu erledigen. Zum Beispiel könnten Sie ein neues Fahrrad „beauftragen", um Ihren Arbeitsweg schneller zu machen oder um sich zu bewegen. Oder, Sie „beauftragen" ein Eis, um sich nach harter Arbeit zu belohnen.

Spiel *ist* eine zu erledigende Aufgabe, um sich zu entwickeln und aufzuwachsen, aber Spielen ist auch sehr unterschiedlich von jeder anderen Aufgabe, in dem Sinne, dass Spiel und Spielen ein Ziel an sich ist. Ein Erwachsener mag akzeptieren, eine Arbeit zu erledigen, um bezahlt zu werden und es gibt eine lange Liste von guten Gründen dafür, von Selbstverwirklichung bis zur Unterstützung einer Familie. Diese Gründe drehen sich alle um ein Ergebnis, oder, mit anderen Worten, die Gründe werden vom Erwachsenen und oft von der Gesellschaft als Ganzes gerechtfertigt. Ein Kind mag akzeptieren zu spielen (als „Spieler" zu arbeiten, als jemand, der spielt) aus einem sehr unterschiedlichen Satz von Gründen, die sich nicht um Ergebnis oder Rechtfertigung drehen. Als Designer oder Innovator bietet dies eine sehr unterschiedliche Reihe von Herausforderungen und Möglichkeiten als wenn Erwachsene Ihre Zielgruppe sind. Es kann schwierig sein, anderen Erwachsenen ein Design zu beschreiben, das kein Ergebnis oder Rechtfertigung in der Erwachsenenwelt hat, aber es in Hülle und Fülle in der Kinderwelt hat.

Ein weiterer Aspekt des Spiels ist, dass es von demselben Individuum ausgeführt und gewünscht wird, auf Weisen, die sich im Laufe von nur ein paar Monaten oder sogar Tagen ändern können, da die Erfahrung der Kindheit eine von buchstäblich ständigem Wachstum und Veränderung ist. Wenn Sie ein erwachsener Designer oder Innovator sind, mit Spiel und jungen *Spielern* als Ihrer Zielgruppe, muss Ihr Prozess in der Lage sein, sich auf die Fähigkeiten und Anforderungen des Individuums zu konzentrieren und gleichzeitig ihren laufenden Entwicklungsprozess zu berücksichtigen – oder riskieren, dass Ihr Produkt über Nacht veraltet, einfach weil Ihr Publikum im Alter gewachsen ist. Wenn Sie für Erwachsene entwerfen, besteht natürlich auch ständig das Risiko, dass Produkte irrelevant werden, da der Markt sich verändert, weiterentwickelt oder weiterzieht, aber es geschieht in einem sehr unterschiedlichen Tempo.

Zusammenfassend funktionieren herkömmliche Weisheiten für Design und Innovation in vielerlei Hinsicht nicht , wenn es um Kinder und Spiel geht. Es gibt viele offensichtliche Parallelen zwischen der Erwachsenenerfahrung und der Kindererfahrung (KX), aber es ist wichtig, sie als unterschiedliche Welten zu betrachten und sie mit zwei unterschiedlichen Ansätzen zu behandeln. Ich werde erklären, warum. Lesen Sie weiter.

Was zu erwarten ist, wenn Sie... Kinder für die Forschung erwarten

Wenn Sie neu in der Praxis sind, werden Sie zu Beginn unter anderem bemerken, dass die Forschung mit Kindern im Vergleich zur Forschung mit Erwachsenen anders ist, dass die Befragten nicht ihre eigenen Herren sind – sie können nicht für sich selbst entscheiden. Stattdessen trifft normalerweise ein Elternteil oder manchmal ein Lehrer Entscheidungen in ihrem Namen, einschließlich der Entscheidung, an einer Studie teilzunehmen.

Sie werden wahrscheinlich einige Beispiele für eine Fehlausrichtung zwischen dem Kind und dem Erwachsenen sehen, zum Beispiel, dass das Kind an Ihrer Studie teilnehmen möchte, aber die Erwachsenen sagen nein, oder umgekehrt, dass der Erwachsene das Kind für etwas anmeldet, an dem es tatsächlich nicht interessiert ist.

Auch kann es eine Fehlausrichtung zwischen Kind und Erwachsenen darüber geben, was während der Sitzung stattfinden wird. Der Erwachsene kann auch falsch liegen oder nicht auf dem neusten Stand sein, wenn es darum geht, das Interesse des Kindes zu kennen, was dazu führen kann, dass der Erwachsene das Kind für eine Sitzung über etwas anmeldet, an dem es möglicherweise nicht mehr interessiert ist.

Manchmal versteht ein Elternteil Ihre Anforderungen für die Forschung (das Wo, das Wann, das Wie, das Warum, etc.) vollständig und gibt diese vollständig an das teilnehmende Kind weiter, aber manchmal geschieht das nur teilweise, und Sie haben keine Möglichkeit zu wissen, welcher Fall zutrifft, bis Sie das Kind vor sich haben.

Das Kind erwartet vielleicht, dass Sie das Reden übernehmen, oder dass die Forschungssitzung eine Spielsitzung oder ein Leistungstest ist. Vieles kann schiefgehen, wenn die Erwartungen des Kindes nicht erfüllt werden. Es ist manchmal schwierig genug, Erwachsene dazu zu bringen, die vollständige Bedeutung einer gegebenen Forschungssitzung zu verstehen, und bei Kindern ist diese Herausforderung in gewisser Weise verdoppelt. Eine Möglichkeit, wie der Forscher dies angehen kann, besteht darin, nichts in Bezug auf das Verständnis und die Erwartungen des Kindes vorauszusetzen und bereit zu sein, alles von Anfang an einzuführen. Dieser aufgeschlossene Ansatz öffnet die Studie oft auch für unerwartete Erkenntnisse.

Kinderforschung und Raketenwissenschaft

In einigen Fällen ist die Forschung mit Kindern nicht so kompliziert. Wenn Sie nicht vorhaben, sehr wichtige Entscheidungen darauf zu stützen, kann eine kleine und weniger genaue Studie ausreichen – es ist besser, eine winzige Studie durchzuführen als gar keine Studie.

Eine Schlüsselhürde für viele Fachleute und Studenten besteht ganz einfach darin, praktische Feldarbeit gegenüber dem bequemen Büromöbel zu priorisieren; für sie erfordert die Feldarbeit zu viel Vorbereitung und Planung, sie kostet Zeit, vielleicht gibt es Kosten, sicherlich viel Aufwand. Vielleicht ziehen sie es vor, ihren Weg zu einer Erkenntnis[2] zu googeln oder sich auf ihre eigenen persönlichen Erfahrungen zu verlassen. Vielleicht arbeiten sie in einem Kontext, der wenig oder keine Tradition der Feldforschung hat – der erste Schritt in eine neue Richtung ist der schwierigste. Vielleicht sind sie von sehr klugen Menschen umgeben, die mehr als bereit sind, ihre Meinungen anzubieten (und vielleicht ist das auch das, was sie an ihrer Arbeit am interessantesten finden) – Meinungen, die einerseits allen die Mühe ersparen, ins Feld zu gehen, andererseits aber nicht mit Fakten und der Entdeckung neuer Erkenntnisse verwechselt werden sollten.

Eine klassische Studie aus 1989[3] von Jakob Nielsen (Ingenieur, Autor und früher Verfechter von Usability-Tests) kommt zu dem Schluss, dass Tests mit fünf Personen fast genauso viele Usability-Probleme aufdecken wie Tests mit vielen weiteren Teilnehmern. Solange es „… darauf abzielt, Erkenntnisse zu sammeln, die Ihr Design vorantreiben, und nicht Zahlen, um Menschen in Power-Point zu beeindrucken."

Es ist ein interessanter Artikel mit einer auffälligen Grafik in der Mitte, der für sich allein ein wenig irreführend sein kann, aber [5]durch den Artikel „Wie man mehr Usability-Probleme mit weniger Nutzern findet"[6] von Dr. David Travis von UserFocus ergänzt werden kann. Dieser Artikel taucht in die ursprüng-

---

[2] Kap. 4 bietet viele Beispiele für diese Praxis. Anscheinend gibt es Dinge, die man einfach nicht durch „Googeln" lernen kann, wie dieser Artikel zeigt: www.quora.com/What-are-some-things-one-can-not-find-on-Google.

[3] Mit Updates im Jahr 2000: www.nngroup.com/articles/why-you-only-need-to-test-with-5-users/.

[4] Das Zitat stammt aus dem Jahr 2012: www.nngroup.com/articles/how-many-test-users/.

[5] Dank an Emil Voxby, der dieses Buch rezensiert hat, für den Hinweis.

[6] www.userfocus.co.uk/articles/more-usability-problems-with-fewer-users.html.

liche Studie hinter der Grafik und die Mathematik dahinter ein, die darauf hinweist, dass „die korrekte Formulierung lautet: ‚5 Teilnehmer reichen aus, um 85 % der Usability-Probleme zu finden, die 1 von 3 Benutzern betreffen'", was kurz gesagt sowohl die Wahrscheinlichkeit der Entdeckung (die 85 %) als auch die Häufigkeit des Auftretens von Problemen (im Durchschnitt 31 %, also etwa 1 von 3, aber wahrscheinlich höher in der Prototypenphase und niedriger nach der Produkteinführung)[7] abdeckt.

Um die Komplexität zu erhöhen, muss man auch berücksichtigen, wie viele Testteilnehmer benötigt werden, um die meisten wichtigen, die *kritischen,* Probleme zu finden – und nicht nur unbedeutende kosmetische Probleme. Rolf Molich[8], der großartige alte Mann der Gebrauchstauglichkeitsstudien, führte eine große Anzahl von Studien durch (sogenannte Vergleichende Benutzer Bewertungen, CUE-1 bis CUE-10[9], an einigen davon hatte ich das Vergnügen teilzunehmen), um eine Antwort zu finden, die lautet, dass die Zahl riesig ist:

> Eine große Anzahl von Testteilnehmern (>>100) und eine große Anzahl von Moderatoren (>>30) werden benötigt, um die meisten kritischen Probleme zu finden.

Daher kommt Molich zu dem Schluss, dass

> fünf Benutzer nur einen kleinen Bruchteil der Gebrauchstauglichkeitsprobleme in einem Produkt finden werden (aber fünf Benutzer sind großartig, um einen iterativen Prozess anzutreiben).[10]

Der Punkt ist, dass *klein gut sein kann,* und dass Sie sich befähigt fühlen sollten, Studien mit kleinen Stichprobengrößen durchzuführen, wenn das alles ist, was Ihre Ressourcen, Zeit und Budget erlauben. Tatsächlich wird oft übersehen, dass eine kleine qualitative Studie (mit 5 oder 10 Befragten) in der Regel viel schneller ist als eine große (mit 50 oder 100) und dass die kleine Studie einfach dadurch einen enormen Einfluss haben kann, dass sie schnell hilft und informiert, zu einem Zeitpunkt, an dem Designer und Entwickler noch Zeit und Ressourcen haben, um sich an die Ergebnisse anzupassen. Die Empfehlung ist nicht, die Tests nach 5 Befragten vollständig einzustellen, sondern kleinere, aber fortlaufende Tests zu planen, anstatt ein oder zwei größere Tests (oder gar keine Tests).

---

[7] https://measuringu.com/five-users/#many von Jeff Sauro.

[8] www.dialogdesign.dk/about-rolf-molich/

[9] https://interactions.acm.org/archive/view/november-december-2018/are-usability-evaluations-reproducible

[10] www.dialogdesign.dk/cue-studies/

Dieser Vorteil der Forschungs Agilität ist noch ausgeprägter in den früheren Phasen eines Projekts, in denen zahlreiche und wegweisende Entscheidungen getroffen werden – selbst eine geringe Menge an Forschung wird einen großen Einfluss haben, wenn sie richtig getimed und angelegt ist. In einem Geschäftskontext, in dem die Markteinführungszeit oft entscheidend ist, kann die Planung mehrerer iterativer kleinerer Studien anstatt einer großen Studie am Anfang, in der Mitte oder am Ende (oder noch schlimmer – keine Publikumsstudien überhaupt) hilfreich sein und dabei eine bessere Nutzung der Ressourcen ermöglichen. Ich werde spekulieren, dass dieser agile Ansatz auch im Raketenbau funktionieren könnte – der agile Ansatz hat das Wasserfallmodell in vielen anderen Bereichen bereits ersetzt.

Es gibt viele Anforderungen, die ein Forschungsprojekt (ob akademisch oder kommerziell) erfüllen muss, um glaubwürdig und wirkungsvoll zu sein. Eine davon ist, dass der Forscher genau angeben muss, wie zuverlässig die Studie ist, zum Beispiel ist es notwendig, den Umfang und die Art der Studie offen zu legen. Es ist sehr wichtig, explizit darüber zu sein, wie ernst und solide die Studie ist. Eine Entscheidung auf der Grundlage von Forschungen mit fünf Befragten zu treffen, ist viel besser als sie auf der Grundlage der Meinungen der Stakeholder oder einer Google-Suche zu treffen, bei der Hörensagen und Mythen mit ernsthafter Forschung vermischt werden.

Der Status von Kindern in der Forschung und in der Gesellschaft – und in Ihrem eigenen Kopf

Wenn Sie Erfahrung in der Erforschung von Erwachsenen haben und erwarten, in einem Forschungsprojekt mit Kindern einfach Ihre Anstrengungen und Ihren Ansatz zu duplizieren, vielleicht nur an ein jüngeres Alter angepasst, könnten Sie einige Überraschungen und Rückschläge erleben.

Der Hauptfokus dieses Buches liegt auf der Kinderforschung in den Bereichen Design, Innovation und Marketing – Bereiche, die eng mit den Trends in der Gesellschaft im Allgemeinen verbunden sind, sei es in Soziologie, Technologie, Pädagogik oder Psychologie, um nur einige zu nennen. Man kann nicht in der Kinderforschung arbeiten, ohne eine Vielzahl von Faktoren anzuerkennen, die beeinflussen oder bestimmen, wie Kinder erzogen werden und wie sie sich entwickeln.

Samantha Punch ist Professorin für Soziologie, Sozialpolitik und Kriminologie an der Universität von Stirling. Ihre Doktorarbeit umfasste zwei Jahre ethnographischer Feldforschung über die ländliche Kindheit in Bolivien und erforschte die alltäglichen Leben der Kinder bei der Arbeit, zu Hause, beim Spielen und in der Schule. In *Forschung mit Kindern: Gleich oder anders als*

Forschung mit Erwachsenen?", greift sie zentrale Diskussionen in Gesellschaft und Wissenschaft auf, die immer noch relevant sind.

Eine davon ist *die Kompetenz und der Status von Kindern,* die auch für die Forschung zentral sind. Der folgende Auszug aus ihrem Artikel beleuchtet das zentrale Dilemma, dem wir als erwachsene Forscher gegenüberstehen, da sie die Tendenz untersucht, die Forschung mit Kindern als eines von zwei Extremen zu betrachten: entweder genau gleich wie oder völlig anders als bei Erwachsenen. Als Forscher ist es wichtig, die Wahl der Forschungsmethode mit dem Status der Kinder abzustimmen:

> Wenn Kinder als „gleich wie Erwachsene" wahrgenommen werden, wird der Forscher kein spezielles „kindgerechtes" Protokoll erstellen, sondern versuchen, sie wie jede andere Person zu behandeln, ob erwachsen oder nicht. Dieser Ansatz könnte die offensichtlichen Unterschiede zwischen einem Kind und einem Erwachsenen übersehen.

> Wenn Kinder andererseits als „anders als Erwachsene" wahrgenommen werden, muss der Forscher Wege finden, um diese Unterschiede zu beschreiben oder zumindest zu verstehen und wie sie sich in einer Studie manifestieren können. Ethnographie – das Eintauchen in eine Kultur und das Anpassen an ihre Normen und Verhaltensweisen – wird oft als der gültigste Ansatz betrachtet, um diese Lücke zu überbrücken. Aber dieser Ansatz muss die Tatsache akzeptieren, dass Erwachsene keine Kinder sein können – nicht die Kinder, die sie selbst einmal waren und nicht die gleichen wie die, die jetzt Kinder sind.

Punch hebt auch hervor, wie die Kernbeziehung zwischen Erwachsenen und Kindern die Forschung beeinflusst.

Die meisten Kinder sind es gewohnt, dass viel – wenn nicht alles – in ihrem Leben von Erwachsenen dominiert wird (von sanfter Führung bis zu schweren Imperativen), so dass Kinder dazu neigen, die Macht der Erwachsenen über sie zu erwarten und sie sind es nicht gewohnt, von Erwachsenen als gleichwertig behandelt zu werden. In dieser Hinsicht sind Kinder in der erwachsenenzentrierten Gesellschaft marginalisiert, da sie keine gleichberechtigten Machtbeziehungen mit Erwachsenen erleben und vieles in ihrem Leben von Erwachsenen kontrolliert und begrenzt wird.

Als erwachsener Forscher waren Sie einst ein Kind und somit in einer theoretischen Dimension ein Experte für Kindheit. Aber in einer anderen Dimen-

---

"„Forschung mit Kindern: Gleich oder anders als Forschung mit Erwachsenen?" Punch, Samantha, in *Kindheit: Eine globale Zeitschrift für Kinderforschung,* 2002, Vol. 9(3), S. 321.

sion fand Ihre Kindheit in einer anderen Zeitperiode statt, vielleicht an einem anderen Ort, wahrscheinlich mit anderen Werten, sicherlich mit anderen verfügbaren Technologien. Der Kontext war also sehr unterschiedlich. Und dann (und das ist eine dritte Dimension) sind Sie, der erwachsene Forscher, aufgewachsen, haben neue Dinge gelernt, haben Dinge vergessen, die nicht mehr akzeptabel oder relevant sind, so dass Sie im Wesentlichen nicht zu Ihrem kindlichen Selbst zurückkehren können. Als Forscher müssen Sie diese drei Dimensionen erkennen und verstehen, wie und in welchem Ausmaß dies Ihre Beziehungen zu Ihren kindlichen Befragten und Ihre Forschung beeinflusst.

Anstatt zu versuchen (vielleicht unbewusst) eine Studieneinrichtung zu replizieren, die für die Forschung mit Erwachsenen konzipiert ist, erhöht der Forscher die Wahrscheinlichkeit einer erfolgreichen Studie, indem er unterschiedliche soziale Normen und Ausdrucksformen in der Kinderstudie erwartet. Die Metapher von zwei verschiedenen Welten, der Kinder- und der Erwachsenenwelt, kann in diesem Zusammenhang hilfreich sein, um Sie als Forscher daran zu erinnern, dass Sie entweder die Verzerrungen akzeptieren, die Kinder in einer Erwachsenenwelt (dem Forschungsprojekt) zu studieren, oder die Verzerrungen akzeptieren, die entsteht wenn Sie versuchen, mit Ihrer Studie in die Kinderwelt einzutreten. In den meisten Fällen wird es einen Mittelweg zwischen diesen beiden theoretischen Positionen geben, und Sie können eine beliebige Anzahl von spezifischen Schritten für Ihr Projekt unternehmen, die einen gemeinsamen Raum für Kommunikation und Austausch schaffen.

Das Risiko, ein Kind in eine Erwachsenenumgebung zu zwingen, besteht darin, dass sie sich unwohl fühlen, möglicherweise sparsam antworten, und es gibt eine lange Liste von anderen Verzerrungen, die den Zweck Ihrer Studie gefährden könnten (später in diesem Buch gibt es ein Kapitel über Verzerrungen (Kap. 2) und die Kette von potenziellen systematischen Verzerrungen, die in einer Forschungsumgebung auftreten können). Die Möglichkeiten und Schritte, die Sie unternehmen können, werden in Kap. 3 über Best Practices erklärt.

Ein weiteres Buch, auf das Sie sich für eine umfassendere Einführung in die Forschung mit Kindern beziehen können, ist *Researching Children's Experience: Methods and Methodological Issues* von den Psychologieprofessoren Sheila Greene und Diane Hogan vom Trinity College Dublin, mit Beiträgen von Malcolm Hill und anderen (Sage 2005)[12].

Ebenfalls relevant in diesem Zusammenhang ist *Designing for Children's Rights* – eine globale gemeinnützige Vereinigung, die den *Designing for Children's Rights Guide* unterstützt,[13] der die Rechte der Kinder in das Design, das Geschäft und die Entwicklung von Produkten und Dienstleistungen weltweit integriert.

---

[12] Ein Abschnitt ist hier verfügbar: https://bit.ly/Greeneandhill

[13] Der Leitfaden, auch D4CR genannt, ist hier: https://childrensdesignguide.org/.

Darüber hinaus hat die Digital Futures Commission der 5Rights Foundation in Großbritannien eine sehr umfassende und hilfreiche Literaturübersicht von Senior Research Fellow am UCL Institute of Education Dr. Kate Cowan mit dem Titel „A Panorama of Play" (2020) veröffentlicht, die die Agenda unterstützt, das Spielen für Kinder in einer digitalen Welt zu ermöglichen und zu fördern.[14]

Kinder: ein sehr wählerisches und spielerisches Publikum – und Forschungsziel

Die ständige Entwicklung von Kindern macht sie zu einem beweglichen Forschungsziel

Das Hauptthema dieses Buches ist, wie man Kinder (z. B. in Produktgestaltung und Innovation) durch Forschung einbezieht, unabhängig von der Art des Produkts oder Designs oder Inhalts, solange Kinder zu den beabsichtigten Zielgruppen gehören. Das ist leichter gesagt als getan, und eine der Herausforderungen liegt in der Natur der Kindheit selbst: während Kinder aufwachsen, entwickeln sie ständig neue Fähigkeiten und Vorlieben, und das stellt die Einbeziehung in Frage, da Forschung offensichtlich auf die Fähigkeiten und Fertigkeiten der Teilnehmer zugeschnitten sein muss. Lesen Sie mehr über die Bedeutung und Unbedeutendheit des Alters von Kindern als Deskriptor in dem Abschnitt „Beschreibungsverzehrung" in Kap. 2.

Eine Möglichkeit, über Altersgruppen im Allgemeinen hinauszugehen und speziell mit Hinblick auf Forschung, besteht darin, die Entwicklung tiefer durch das Prisma des Spiels zu verstehen. Der folgende Abschnitt betrachtet verschiedene Formen des Spiels und bindet dies in Forschungsansätze ein.

Ein Spektrum des Spiels – und ein Spektrum für die Forschung

Die LEGO Foundation[15] ist eine gemeinnützige Organisation, die eine Fülle von Forschungen im Bereich Spiel finanziert.

---

[14] Cowan, K. (2020). *A Panorama of Play – A Literature Review*. Digital Futures Commission. London: 5Rights Foundation. https://digitalfuturescommission.org.uk/wp-content/uploads/2020/10/A-Panorama-of-Play-A-Literature-Review.pdf

[15] Die LEGO Foundation besitzt 25 % der Anteile an der LEGO Gruppe und besitzt und betreibt das LEGO House, ein Erlebnishaus in Billund, das im September 2017 eröffnet wurde und „darauf ausgelegt ist, LEGO Fans aller Altersgruppen das ultimative LEGO Erlebnis zu bieten."

Sie hat eine Vielzahl von Weißbüchern über Spiel und Kinder aller Altersgruppen veröffentlicht, zum Beispiel *Spielanleitung: die Wissenschaft hinter der Kunst, junge Kinder zu engagieren* von Jensen et al. (2019).[16]

Das Weißbuch bietet verschiedene Möglichkeiten, das Spiel im Alter von 3–6 Jahren zu verstehen, und es informiert uns über Möglichkeiten, wie die Forschung Spielen nutzen kann.

Spiel – im Kontext des Lernens – kann verstanden werden als *freies Spiel, geleitetes Spiel, Spiele* und/oder *instruiertes Spiel*. Um aus dem Weißbuch zu zitieren:

> Es gibt viele Arten zu spielen, jede mit unterschiedlichen Rollen für Erwachsene und Kinder und jede stellt unterschiedliche Anforderungen an die Spieler. Die dynamische Natur des Spiels hat zu einigen Reibungen in der Branche geführt. Es gibt Forscher, die freies Spiel als den „Goldstandard" betrachten und argumentieren, dass die Rolle der Erwachsenen begrenzt oder nicht existent sein sollte. Andere sehen auch geleitetes Spiel, bei dem Erwachsene eine unterstützende Rolle einnehmen, als Spiel an.

Diese Unterscheidung ermöglicht es uns, unsere Forschung je nach Art des Verhaltens und des Feedbacks, das wir von den Kindern erhalten möchten, zu gestalten. Es gibt drei Arten von Forschungsansätzen: freies Spiel, geleitetes Spiel und instruiertes Spiel.

Ein Forschungsansatz für freies Spiel

Ein Forschungsansatz für freies Spiel hat weniger Struktur und weniger Anweisungen, und die Rolle des erwachsenen Forschers besteht darin, die Kinder während des Spiels zu beobachten, zuzuhören und anzuerkennen. Der Erwachsene greift ein, wenn Kinder Schwierigkeiten haben, zum Beispiel beim Eintritt in das Spiel mit Gleichaltrigen, beim Erklären ihrer Ideen oder Bedürfnisse, beim Planen oder beim Regulieren ihrer Emotionen. Die Kinder setzen ihre eigenen Ziele im Spiel, basierend auf ihren Interessen. Die Einrichtung ermöglicht es ihnen, sehr aktiv zu sein: zu erkunden, zu fragen *was wäre wenn*, Ideen neu zu erfinden und kreativ zu sein.

---

[16]Von Hanne Jensen, Angela Pyle, Jennifer M. Zosh, Hasina B. Ebrahim, Alejandra Zaragoza Scherman, Jyrki Reunamo und Bridget K. Hamre www.legofoundation.com/media/1681/play-facilitation_the-science-behind-the-art-of-engaging-young-children.pdf.

Als Forscher können Sie damit beginnen, auf eine spezifische Spielherausforderung oder -möglichkeit hinzuweisen, aber keinen Ansatz oder Lösung anzubieten – Sie überlassen es den Kindern, das Ziel (wahrscheinlich implizit durch das Spiel), den Ansatz und das Ergebnis zu definieren. Dies kann mehr Zeit, Raum und Materialien erfordern als stärker geleitete Spielansätze. Sie müssen auch besonders sorgfältig sein, Kinder mit ähnlichen Interessen und Fähigkeiten zusammenzubringen, wenn das Forschungsdesign mehr als ein Kind auf einmal umfasst.

Wenn wir Probleme im Zusammenhang mit exekutiven Funktionen, Selbstregulation, sozialen Fähigkeiten, Selbstwertgefühl, Gesundheit und Wohlbefinden verstehen müssen und wie Kinder ihre räumlichen Fähigkeiten und Mathematik anwenden, tendieren wir zu einem Forschungsansatz für freies Spiel.

Ein Forschungsansatz für geleitetes Spiel

Im Ansatz für geleitetes Spiel initiiert und leitet der Erwachsene, das Kind folgt. Insgesamt gibt es also mehr Struktur und weniger Wahlmöglichkeiten. Die Rolle des erwachsenen Forschers besteht darin, die Versuche der Kinder zu leiten und zu unterstützen, zu instruieren, ihre Bemühungen zu beobachten und sie zu unterstützen, wenn sie Schwierigkeiten haben, das beabsichtigte Lernziel oder die Fähigkeit zu meistern.

Diesr Ansatz kann angewendet werden, wenn wir verstehen müssen, inwieweit Kinder akademische und sozio-emotionale Fähigkeiten beherrschen, oder ob Kinder spezifische Ziele erreichen können.

Als Forscher können Sie auf herkömmliche Forschungsaufgaben zurückgreifen, zum Beispiel das Kind auffordern, etwas zu tun oder zu finden, aber seien Sie sich bewusst, dass dieser Ansatz nur so lange gut funktioniert, wie das Kind an der Aufgabe interessiert ist.

Ein Forschungsansatz für geführtes Spiel – oder Spiele

Wenn wir beobachten, aufbauen und die Denkweise und Ideen der Kinder erweitern müssen, weist das Weißbuch der LEGO Foundation auf einen Ansatz hin, der zwischen geleitetem und freiem Spiel liegt und den sie als geführtes Spiel bezeichnen.

Geführtes Spiel hat einen impliziten Lernfokus – es hat ein Ziel, das von dem Erwachsenen gesetzt wird, der den Kontext schafft und einige Grenzen um das Spiel setzt. Deshalb ähnelt es in gewisser Weise einem Spiel – es hat einen Ausgangspunkt (einen Zustand), einige Regeln für das Fortschreiten und manchmal auch einen vereinbarten Endpunkt (einen anderen Zustand). Die Rollen sind gut definiert; die Kinder treffen die Auswahl (z. B., was sie tun und wie) und der Erwachsene präsentiert und interagiert.

Als Forscher können Sie Ihren Ausgangspunkt in den vom Kind geäußerten Interessen nehmen und sie unterstützen, ein oder mehrere Ziele in einem Spielkontext zu erreichen. Der Forscher muss darauf achten, dass die Forschungs-Fragen und ihre entsprechenden Vorschläge, Sinn im Spielszenario machen müssen.

Spiele

Dieser Ansatz könnte für Kinder spaßiger sein als das geleitete Spiel-Setup. Da der Sinn eines Spiels darin besteht, seine spezifischen Regeln zu befolgen, anstatt die Regeln des Erwachsenen, kann es als ansprechender empfunden werden, wenn die Kinder ein höheres Maß an Autonomie verspüren. Sie könnten jedoch immer noch die Hilfe von Erwachsenen benötigen, um die Regeln zu verstehen.

Als Forscher können Sie diesen Ansatz wählen, wenn Sie verstehen müssen, wie Kinder auf einer Lernkurve vorankommen, von den frühen Stadien des Begreifens von etwas Neuem bis hin zum allmählichen Wachsen und Umgang mit anspruchsvolleren Aufgaben.

Die Wahl des richtigen Ansatzes für jedes gegebene Forschungsziel ist eine der Schlüsselüberlegungen des Forschers. Um tiefer in dieses Thema einzutauchen, verweisen Sie bitte auf die Schritte 4 und 5 in Kap. 2 über Bias.

Um mehr Inspiration zum Thema Spiel zu finden, hat der National Literacy Trust, eine Wohltätigkeitsorganisation in Großbritannien, mehrere Weißbücher zum Thema Spiel veröffentlicht, sowie einen kurzen Überblick mit dem Titel: „10 Gründe, warum Spielen wichtig ist."[17]

Globale Forschung mit Kindern

Als ob es nicht schon komplex genug wäre für erwachsene Forscher, Forschung mit Kindern durchzuführen, ist die Durchführung der gleichen Forschung in Kulturen, die dem Forscher fremd sind, noch komplexer. Wenn Sie an Projekten arbeiten, die Forschung innerhalbverschiedener Märkte oder Kulturen auf der ganzen Welt erfordern, werden viele Fragen und Bedenken aufkommen, die tatsächlich fremd sind, vom Unbekannten bis zum Seltsamen. Dieser Abschnitt zielt darauf ab, einige der Hauptprobleme hervorzuheben und einen Ausgangspunkt für deren praktische Bewältigung zu bieten.

---

[17] https://literacytrust.org.uk/resources/10-reasons-why-play-important/

Wirklich globale Studien?

Wenige Unternehmen – wenn überhaupt – können es sich leisten (oder sind bereit, die notwendige Zeit und Geld zu investieren), um wirklich globale Studien durchzuführen, wenn wir unter global verstehen, dass Kinder einbezogen werden, die das gesamte Spektrum des Kinderlebens abdecken, nicht nur im Sinne von *wo* sie leben, sondern *wie* sie leben. Der erste Schritt in einem strukturierten globalen Forschungsansatz besteht darin, die Prioritäten zu bestimmen – zum Beispiel, ob es wichtig ist, die Hauptmärkte abzudecken (eine kommerzielle Priorität und eine, die wahrscheinlich in Zahlen verwurzelt ist, die mindestens ein Jahr alt sind, wenn nicht noch historischere Daten) oder die Marktvielfalt zu repräsentieren. Wenn das erste der Fall ist, ist die Auswahl der gewünschten Zielgeographien offensichtlich eine sehr einfache Aufgabe (wählen Sie die 3,5 oder 10 umsatzstärksten Länder), aber nicht unbedingt der nachhaltigste Ansatz, da man riskiert, die Augen (und möglicherweise die Innovation und Marktentwicklung) nicht für den Rest der Welt zu öffnen, der wahrscheinlich sowohl in Bevölkerung als auch in Potenzial größer sein wird.

Wenn es eine Priorität ist, die Vielfalt des Marktes in der eigenen Forschung widerzuspiegeln, können die folgenden Richtlinien helfen, die Komplexität eines solchen Unterfangens zu reduzieren. Der Link zu 18 Bias-Bereichen, die in Kap. 2 vorgestellt werden, kann auch als Erinnerung an die vielen Entscheidungen dienen, die Teil eines Forschungsprojekts sind und wie und wann kulturelle Vielfalt ein Anliegen sein kann.

Wie Kinder leben

Die Herausforderung, sensibel dafür zu sein, wie Kinder leben, kann in folgende Fragen unterteilt werden:

- In welchem Ausmaß spielt die *nationale oder regionale Kultur* für die Erfahrung des Kindes mit dem Produkt oder der Dienstleistung eine Rolle?

- Spielt die *ethnische Kultur oder der Kulturkreis* eine Rolle?

- Spielt die *Familienkultur* eine Rolle?

Ob die *nationale oder regionale Kultur* für die Erfahrung des Kindes mit dem Produkt oder der Dienstleistung eine Rolle spielt, hängt von Faktoren ab wie nationale oder regionale

- Gesetzgebung: Sind die Gesetze, die Kinder betreffen, weltweit oder zumindest in unserem Abdeckungsbereich erheblich unterschiedlich?

- Sind die Normen für das Verhalten von Kindern konsistent?

- Sind die Traditionen? Sind die Werte?

Spielt die *Familienkultur* eine Rolle für die Erfahrung des Kindes mit dem Produkt oder der Dienstleistung? Oder erwarten wir, dass das Produkt oder die Dienstleistung weltweit einheitlich angenommen (z. B. gekauft und konsumiert) wird? Wie wird sich die Erfahrung in verschiedenen Familienstrukturen unterscheiden?

Inwieweit Kinder in einer bestimmten Kultur zu traditionellen Familienstrukturen gehören, kann ebenfalls eine Rolle spielen. Es mag für die Erfahrung des Kindes keine Bedeutung haben, ob die Familie eine traditionellere Kernfamilie ist oder nicht[18] oder es kann sehr bedeutend sein. Zum Beispiel können in einigen Familienstrukturen der Vater oder die Mutter bestimmte spezifische Rollen im Erziehungsprozess haben. In anderen Familienstrukturen gibt es möglicherweise überhaupt keinen Vater oder keine Mutter. In einigen Fällen gibt es möglicherweise überhaupt keine Eltern, zum Beispiel, wenn die Kinder von anderen Familienmitgliedern oder von den Behörden aufgezogen werden. Der Punkt ist, Konzepte wie Familie und Eltern offen zu betrachten.

Forschung mit ausländischen Kindern bedeutet Arbeit mit ausländischen Erwachsenen

Der erste Punkt, den man erkennen muss, ist einer, der dieses Buch durchdringt – dass die Forschung mit Kindern über ihre verantwortlichen Erwachsenen erfolgt. Eine Studie mit Kindern in einer fremden Kultur bedeutet auch den Kontakt zu Moderatoren und Vermittlern. Dies geht der eigentlichen Forschung eindeutig voraus und wird ein entscheidender Faktor für den Erfolg oder Misserfolg des Forschungsprojekts sein; das Ausmaß der korrekten Interpretation Ihrer Forschungsbedürfnisse durch diese verschiedenen Gruppen von ausländischen Erwachsenen (Eltern, Moderatoren, Vermittler, vielleicht auch Dolmetscher) wird den Erfolg der ersten Schritte der Studie bestimmen. Es versteht sich von selbst, dass es von entscheidender Bedeutung ist, dass sie den Zweck und die Verfahren, die Ihr Projekt benötigt, verstehen, aber es gibt viele andere Wege, auf denen Ihre Studie schief gehen kann, und bei der Anforderung ausländischer Hilfe müssen Sie viel expliziter und präziser kommunizieren, als Sie es mit vertrauten Assistenten tun müssten.

Zum Beispiel kann das Verständnis einer bestimmten Methodik von Kultur zu Kultur sehr unterschiedlich sein. Die Benutzerforschung ist in einigen Ländern

---

[18] Für eine weitere Untersuchung der Analogie zwischen verschiedenen zeitgenössischen Familienstrukturen und dem Atommodell siehe Rahul Sharmas Klassifizierung von Familien hier: www.ncbi.nlm.nih.gov/pmc/articles/PMC4649868/.

ein etabliertes Feld, in anderen weniger – einige könnten zum Beispiel Benutzerforschung mit Marktforschung verwechseln. Wenn Sie zum Beispiel erwarten, dass die ausländischen Kinder hauptsächlich selbstständig arbeiten (der zuvor erwähnte Forschungsansatz für freies Spiel), müssen Sie sicherstellen, dass Ihre ausländischen Assistenten dies wissen. Tatsächlich müssen Sie möglicherweise im Voraus überprüfen, wie freies Spiel in dieser ausländischen Kultur interpretiert und ausgedrückt wird.

Auf der einen Seite müssen Sie auf lokale Ratschläge hören, wie Sie die lokale Studie einrichten und auf der anderen Seite müssen Sie sich an die besten Praktiken halten. Die Auswahl und Überwachung Ihrer lokalen Assistenten ist in dieser Bemühung von entscheidender Bedeutung. Es kann buchstäblich bedeuten, „das Beste aus beiden Welten" zu suchen. Es kann nicht beim ersten Versuch erreicht werden – Sie können Ihr Risiko reduzieren, indem Sie eine Vorstudie durchführen, um sicherzustellen, dass alle auf der gleichen Seite sind, und Sie müssen möglicherweise viel Zeit für Vorbereitungen, lokale Anpassungen und den Aufbau gemeinsamer Referenzen einplanen. Es kann den Einheimischen helfen, wenn Sie ihnen ein Video zeigen können, das veranschaulicht, wie Sie möchten, dass die Sitzung abläuft. Wenn das Testskript komplex und voller präziser Sprache ist, können Sie seine Übersetzung in die lokale Sprache überprüfen, indem Sie es zurück in die Originalsprache übersetzen lassen (von einem anderen Übersetzer).

Sprache und Übersetzung

Das Teilen der gleichen Sprache (oder eher, das Fehlen einer gemeinsamen Sprache) ist ein anschauliches Beispiel dafür, wie Forschung über Kulturen hinweg mehr Unsicherheit und möglicherweise auch Voreingenommenheit unterliegt als Forschung innerhalb einer Kultur. Wenn ich daran interessiert bin, in Gebieten zu studieren, in denen ich die Sprache nicht spreche, benötige ich einen Übersetzer oder Dolmetscher, entweder gleichzeitig oder nachträglich. Meine Rolle wird die eines Beobachters sein (Abb. 1-1).

Neben der Tatsache, dass der Dolmetscher qualifiziert und erfahren in der Interpretation sein muss, muss er ein festes Verständnis für die Referenzen, Idiome und den Wortschatz der Kinder haben und in der Lage sein, dies in die Sprache zu übersetzen, die wir teilen. Inwieweit der Dolmetscher die Referenzen der Kinder zu ihrer Spielwelt, zu ihren Medien und zu ihrer allgemeinen Situation versteht, ist entscheidend. Je tiefer das Verständnis des Übersetzers ist und je klarer dies den Beobachtern mitgeteilt wird, desto besser für die Studie. Eine Möglichkeit, die Chancen auf dieses tiefere Verständnis zu erhöhen, besteht darin, einen Dolmetscher einzustellen, der Elternteil von Kindern in der gleichen Altersgruppe ist, wie wir sie studieren, oder vielleicht einen zweisprachigen Lehrer, da sie darauf trainiert sind, Kinder und ihre Kommunikationswege zu verstehen. Wenn man vor der hypothetischen Wahl

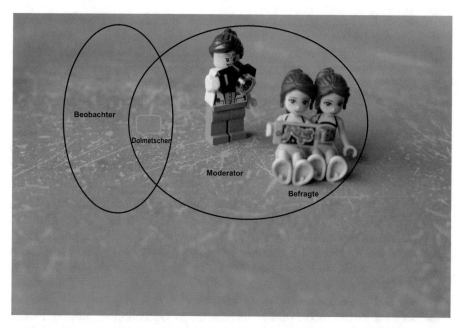

Abb. 1-1. Die Qualität der Interpretation bestimmt, ob der Beobachter die ganze Geschichte oder nur einige Teile davon (aber welche Teile?) erhält, als Ergänzung zu dem, was der
Moderator danach erklären oder in einem Bericht schreiben kann

steht, entweder eine großartige technische Übersetzung (z. B. Syntax, Gram-
matik, Wortschatz) oder eine großartige Kinderwelt Übersetzung (z. B. die
Referenzen und Assoziationen der Kinder) zu haben, könnte man argumentieren, dass es in einigen Fällen besser ist, letzteres zu haben, da es möglicherweise am wenigsten zugänglich oder am schwersten zu fassen ist. Der Punkt
ist, dass es als Beobachter wichtiger ist zu verstehen, was sie meinen, als was
sie sagen. Und auch, dass eine gute Übersetzung wertvoller ist, als man vielleicht denkt.

Kultur hat einen Einfluss auf die Forschung mit Kindern in anderen und sub-
tileren Weisen als gesprochene Sprachen und geteilte Referenzen es tun.

Auswahl der zu untersuchenden Kulturen

Wenn Sie an Projekten arbeiten, die Forschung aus den Hauptmärkten (oder
Kulturen) weltweit benötigen, benötigen Sie ein solides Modell zur Auswahl
der Kulturen, die Sie studieren möchten. Für einige Organisationen besteht
das Modell einfach darin, Kulturen auf der Grundlage der Marktgröße oder
des Marktwertes auszuwählen, zum Beispiel Bevölkerung oder Bruttoinland-
sProdukt (BIP, der Gesamtwert der in einem Land produzierten Waren und
Dienstleistungen), oder das BIP pro Kopf. Dies ist sicherlich aus geschäftlicher

Sicht relevant, obwohl die Sicht rückwärts in der Zeit ist (wie die Märkte waren, als das BIP berechnet wurde, vielleicht vor ein oder zwei Jahren oder sogar mehr) und nicht unbedingt Markttrends und Marktpotenziale berücksichtigt. Hier werde ich einen anderen Ansatz vorschlagen, der empfindlicher auf kulturelle Unterschiede als auf Marktgrößen oder -werte reagiert: einen Ansatz, der erkennt, dass es nationale und regionale kulturelle Gruppierungen gibt, die das Verhalten von Gesellschaften und Organisationen beeinflussen, und dass diese Verhaltensweisen über die Zeit hinweg beständig sind. Ich habe es hilfreich gefunden, dies im Hinterkopf zu behalten, wenn ich Forschungen vorbereite und mit Projektbeteiligten darüber diskutiere, wohin wir gehen – und nicht gehen sollten.

Als Forscher bin ich oft auf zwei verschiedene Denkrichtungen gestoßen, die dazu geführt haben, dass Projekte immer wieder in die gleichen Kulturen gehen, ohne wirklich zu verstehen oder sogar zu berücksichtigen, warum. Eine davon ist, dass das Team kulturell homogen war und es niemandem in den Sinn kam, dass die Ergebnisse, die sie möglicherweise erzielen könnten, wenn sie außerhalb dieser Kultur gehen würden, anders und relevant sein könnten. Die andere Denkrichtung kommt von Stakeholdern, die sich bequem in eine bestimmte Routine einleben, aus Gewohnheit oder um neue Studien direkt mit früheren vergleichen zu können und dabei das größere Bild zu ignorieren. In beiden Fällen könnte ein strukturierterer und strategischerer Ansatz zur Auswahl des Ziels das Ergebnis nicht ändern, aber es wird den Stakeholdern helfen, buchstäblich ihren Horizont zu erweitern und vielleicht neue Möglichkeiten zu entdecken.

Auswahl auf Basis von Polaritäten

Ich finde es oft hilfreich in explorativer Forschung (wo Unterschiede und Muster im Verhalten oder Vorlieben wichtig sind), polare Gegensätze in Betracht zu ziehen, wenn es um die kulturelle Wahrnehmung der zugrunde liegenden Werte des Produkts oder der Dienstleistung geht. Im Beispiel eines Spielzeugs (oder Spielangebots), wo der Wert des Spielens wichtig ist, werde ich Kulturen in Betracht ziehen, die polare Gegensätze darstellen, wenn es um das Spielen im Allgemeinen geht (Länder, in denen das Spielen entweder herzlich ermutigt und hoch geschätzt wird oder das Gegenteil) oder um spezifische Eigenschaften des Spielzeugs. Wenn es zum Beispiel für das Einzelspiel konzipiert ist, würde ich in Erwägung ziehen, das Spielzeug in Kulturen zu erforschen, die kollektivistische Spielweisen bevorzugen.

Der Vorteil dieses Ansatzes besteht darin, dass die Chancen, bedeutende Unterschiede und Muster zu finden, höher sind, da die Dualität oder Vielfalt von Anfang an in die Studie eingebaut ist. Es stellt sicher, dass meine Stakeholder und ich einen ganzheitlichen Ansatz verfolgen und dass wir nicht innerhalb unserer eigenen Kultur bleiben.

Wenn ich stattdessen auf den Ansatz der Auswahl auf Basis der Marktgröße vertraute, würde ich riskieren, dass meine Ergebnisse einheitlicher, vielleicht sogar fade sind, was interessant sein könnte, wenn es darum ging, die Marktattraktivität des Produkts zu schätzen, aber nicht im Kontext der Innovation.

Wenn es schwierig ist, polare Gegensätze zu finden, gibt es Hilfe von der Union der Internationalen Vereinigungen.[19] Diese sponserte eine *Enzyklopädie der Weltprobleme und Potenziale*,[20] die eine umfassende Liste von Themen enthält, die für die Menschheit relevant sind (von Anarchie, Langeweile und Kreativität bis hin zu Xenophobie, Jugendlichkeit und Fanatismus), und wie diese Themen nach polaren Gegensätzen katalogisiert werden können. Ein Problem sind beispielsweise die unzureichenden Einrichtungen für das Spiel von Kindern,[21] das mit einem breiten Spektrum von Faktoren verbunden werden kann (und letztendlich, wie die verschiedenen Kulturen diese unterschiedlich bewerten): wie Schulen und Freizeiteinrichtungen (einschließlich Parks, Sportanlagen, Spielplätze usw.) finanziert und gepflegt werden, wo sie sich befinden und wie leicht sie zu erreichen sind, ob sie knapp, kostenlos, sauber, betreut sind und so weiter.

Hierarchie

Verschiedene Kulturen haben unterschiedliche Wahrnehmungen der Hierarchie zwischen Eltern und Kindern. In meiner Heimatkultur ist der hierarchische Abstand kürzer als in den meisten anderen Kulturen, laut dem Machtdistanzindex von Gert Hofstede.[22] Kinder in Dänemark (und anderen Ländern mit geringer Machtdistanz wie Schweden und Neuseeland) erwarten, in Entscheidungen stärker einbezogen zu werden als in Kulturen mit hoher Machtdistanz (wie Malaysia und Slowakei), und sie haben in Relation eine höhere Missachtung für formelle Hierarchie, weil sie so erzogen wurden. Zum Beispiel

---

[19] Die Union der Internationalen Vereinigungen (UIA, gegründet 1907) ist ein Forschungsinstitut und Dokumentationszentrum, gegründet von Henri la Fontaine (der 1913 den Friedensnobelpreis erhielt) und Paul Otlet, einem Gründungsvater dessen, was heute als Informationswissenschaft bezeichnet wird.

[20] http://encyclopedia.uia.org/en

[21] http://encyclopedia.uia.org/en/problem/138911

[22] Geert Hofstede (1928–2020) war ein niederländischer Sozialpsychologe und Professor, der von 1965 bis 1971 die Personalabteilung von IBM Europa gründete und leitete. Während dieser Zeit entwickelte er kulturelle Dimensionen auf der Grundlage einer großen internationalen Umfrage, die aus Tausenden von Fragebogenantworten aus mehr als 60 Ländern zu spezifischen kulturellen Themen bestand. Aus den Ergebnissen entwickelte Hofstede ein Modell, bei dem einem einzelnen Land eine Punktzahl auf jeder von fünf Dimensionen zugewiesen werden konnte, was mehrere Möglichkeiten zum Vergleich verschiedener Kulturen bot. Siehe auch www.geert-hofstede.com und https://en.wikipedia.org/wiki/Geert_Hofstede.

nennen sie ihre Eltern, Lehrer und andere Erwachsene beim Vornamen, und sie warten nicht, bis sie angesprochen wurden, um zu sprechen. In Kulturen mit hoher Machtdistanz wird dieses Verhalten als unhöflich angesehen und die Kinder werden diszipliniert. Die Bedeutung dieser Unterschiede für die Forschung ist subtil, aber tiefgreifend.

Wenn ich in meiner Kultur mit geringer Machtdistanz Kultur eine Studie in einer Kultur mit hoher Machtdistanz geplant habe, muss ich meine Erwartungen an die Beziehung zwischen mir (und möglicherweise anderen Mitgliedern meiner Organisation) und den Forschern, Moderatoren, Übersetzern, Veranstaltungspersonal und Teilnehmern – erwachsene Begleitpersonen sowie Kinderbefragte – überdenken. Ich kann nicht das gleiche ungezügelte oder offene Feedback oder Kritik von den Kindern mit hoher Machtdistanz erwarten wie von den Kindern, an die ich mehr gewöhnt bin. Ich muss möglicherweise den Frageleitfaden oder den Stimulus anpassen.

In einem interkulturellen Projekt, wenn wir unterschiedliche Wahrnehmungen der Machtdistanz haben, kann die Art und Weise, wie wir kommunizieren, unbeholfen oder sogar vermindert sein, und die Forschungsergebnisse werden verzerrt sein. Um dieses Problem zu reduzieren, müssen alle Mitglieder des Forschungsprojekts, vom Kunden bis zumRekrutierer, Dolmetscher, Auswerter und Moderator, ein klares Verständnis für mögliche Hindernisse im Zusammenhang mit Machtstufen haben und wissen, wie sie sich um sie herum organisieren können.

Es ist wichtig, der begleitenden erwachsenen Person klar zu kommunizieren, welche Rolle sie spielen soll. In einer Kultur mit hoher Machtdistanz erwartet der Elternteil möglicherweise, buchstäblich im Namen des Kindes zu sprechen, also wenn dies für die Studie nicht zweckmäßig ist, muss es angesprochen werden, zum Beispiel verbal oder durch die physische Anordnung der Studie (z. B. indem der Erwachsene in einer Entfernung, aber in Sichtweite des Kindes platziert wird). Wiederum ist der Bedarf, dies explizit zu kommunizieren, noch höher, wenn der Forscher aus einer Kultur am anderen Ende der Machtdistanzskala stammt.

Bezugspunkt

Ein weiteres Feld für potenzielle Missverständnisse in der interkulturellen Forschung ist der Bezugspunkt, ob es sich dabei um Sie selbst (Individualismus) oder um Ihre Gruppe (Kollektivismus) handelt. Dies ist eine Dimension, die sowohl in der Soziologie (wie zum Beispiel von Hofstede) als auch in der Psychologie (zum Beispiel von Richard E. Nisbett, einem amerikanischen

Sozialpsychologen und Schriftsteller[23]) beschrieben wurde und bedeutende Auswirkungen auf die Forschung mit Kindern hat.

Zum Beispiel kann das Testen eines Spielzeugs in Dänemark (hoch individualistisch) und in China (hoch kollektivistisch) unter Verwendung der gleichen Forschungsverfahren zu Problemen führen. Wenn Dänen aufgrund ihrer allgemeinen kulturellen Eigenschaften hauptsächlich in ihrem eigenen Namen sprechen und Chinesen hauptsächlich im Namen ihrer Gruppe sprechen, könnten die Ergebnisse unvergleichbar sein.

Um dieses Problem im Forschungsdesign zu mildern, kann ich als Forscher aus einer individualistischen Kultur Kinder dazu ermutigen, zu versuchen zu beurteilen, was für andere oder für die Gesellschaft als Ganzes Probleme darstellen würde, anstatt für den Befragten selbst. Außerdem könnte ich versuchen, Konzepte wie „Probleme" und „Kritik" zu vermeiden und mich stattdessen auf Verbesserungsbereiche und erhöhte Harmonie zu fokussieren.

Geschlecht oder Geschlechterrollen

Ein weiteres Beispiel für ein mögliches Missverständnis liegt in der Bedeutung des Geschlechts und in der Rolle des Geschlechts. In meiner heimischen dänischen Kultur besteht ein allgemeines Interesse daran, die Kluft zwischen den Geschlechtern zu minimieren (was Hofstede eine feminine Kultur nennt, was an sich ein irreführender Begriff sein kann). Klipp und klar gesagt, haben wir eine höhere Toleranz für männliche Frauen und weibliche Männer als Länder, in denen die Art und Weise, wie ein Mann oder eine Frau sich kleiden, verhalten, riechen oder arbeiten sollte, enger definiert ist. Das Gleiche gilt für Kinder und Geschlecht, und die Toleranz für mädchenhafte Jungen oder jungenhafte Mädchen oder nicht-binäre junge Menschen.

In einer interkulturellen Studie kann ein Missverständnis in der Rekrutierungsphase auftreten, wenn ich zum Beispiel als Forscher aus einer femininen Kultur Kinder in einer maskulinen Kultur studieren will und von einem lokalen Rekrutierer eine 50-50 Geschlechterverteilung der Befragten anfordere, aber der Rekrutierer aus der maskulinen Kultur darauf besteht, dass es sich um „ein Mädchen-Spielzeug" handelt und deshalb nur weibliche Befragte liefert.

---

[23]Nisbetts Forschungsinteressen reichen von sozialer Kognition, Kultur und sozialer Klasse bis hin zum Altern. In *The Geography of Thought* (Free Press 2003) baut Nisbett auf einer Analyse der antiken griechischen und chinesischen Zivilisationen auf und zeigt, wie sie beispielsweise zu Unterschieden im Individualismus/Kollektivismus zwischen Ost und West führen. Siehe auch https://de.wikipedia.org/wiki/Richard_E._Nisbett.

Es ist komplex – aber nicht unmöglich

Polaritäten können dazu dienen, Auswahlkriterien expliziter zu machen und die Voreingenommenheit von Auswahlentscheidungen aufgrund von Vorurteilen oder Gewohnheiten zu reduzieren.

Die Berücksichtigung von Polaritäten (z. B. klassische Dichotomien wie strukturiert und flexibel, verantwortlich und frei, unterstützt und herausgefordert) kann auch die Themen oder Semantik eines Untersuchungsbereichs im Allgemeinen, aber sicherlich speziell für interkulturelle Studien erweitern. Es ist wichtig zu beachten, dass Faktoren wie diese durchdringend sind und auf allen Ebenen existieren – zwischen den Erwachsenen in einer Studie, zwischen den Kindern und zwischen den Erwachsenen und den Kindern. Bei der Forschung mit ausländischen Kindern werden Sie eine komplexere Forschungssituation erleben als wenn Sie ausländische Erwachsene studieren würden. Tatsächlich ist die Komplexität doppelt, da sie sowohl aus der interkulturellen als auch aus der Erwachsenen-Kind-Dimension resultiert.

Zusammenfassend lässt sich sagen, dass wenn Sie in einer Organisation arbeiten, die in mehreren Kulturen tätig ist, oder wenn Sie eine Studie durchführen müssen, die Kulturen in vielen Märkten einschließen muss, es viele praktische und theoretische Komplexitäten gibt, die angegangen werden müssen. Dies erfordert vom Forscher, sowohl für die kleineren Nuancen als auch für die größeren, offensichtlicheren kulturellen Unterschiede in jedem Schritt des Forschungsprozesses sensibel zu sein, was wir im nächsten Kapitel durchgehen werden.

Wie man einwandfreie Forschung in 18 Schritten (nicht) ruiniert

Der größte Lehrer Versagen ist.

—Yoda, *Star Wars: Episode VIII – Die letzten Jedi*[1]

[1] Echte Star Wars Fans werden wissen, dass ich das Zitat aus dem Kontext heraus verwende. Der Kontext sind Lukes Ablehnungen von Reys Versuchen, ihn als Lehrer zu rekrutieren und ihn dazu zu bringen, sich dem Widerstand wieder anzuschließen, und Yoda, der Luke sagt, er solle weitergeben, was er gelernt hat: „Stärke, Meisterschaft, hmm… aber auch Schwäche, Torheit, Scheitern. Ja: Scheitern am meisten." (https://medium.com/@grelan/actual-quote-from-yoda-to-luke-in-the-last-jedi-regard-ben-solo-and-rey-that-resonated-with-me-db7945ad83c8).

© Der/die Autor(en), exklusiv lizenziert an APress Media, LLC, ein Teil von
Springer Nature 2023
T. V. Snitker, *Nutzerforschung mit Kindern*,
https://doi.org/10.1007/978-1-4842-9822-0_2

Nun werden wir uns kopfüber in die Schlüsselbereiche möglicher Bias – systematische Verzerrung – in der Nutzerforschung mit Kindern stürzen. Ich stelle sie in der Reihenfolge vor, in der sie chronologisch in einem gegebenen Projekt als Kette auftreten würden, und gruppiere sie dann in 18 Schritte. Um ein Meisterforscher zu sein, muss man diese Bias und die Fehler, die sie in der Forschung mit Kindern einführen, verstehen und akzeptieren.

Wenn plötzlich etwas um uns herum geschieht, lässt uns unsere schnelle mentale Verarbeitung denken und reagieren, da diese Prozesse oder Bias es uns ermöglichen, schnell durch Reaktionszyklen zu gehen, basierend darauf, wie wir Informationen empfangen, auswählen, speichern, umwandeln, entwickeln und wiederherstellen. Dieser Prozess (man könnte auch sagen, aufgrund der Evolution) ist ständig im Gange und kann geschehen, ohne dass wir ihm zu viel Aufmerksamkeit schenken. So ist die Verzerrung in gewisser Weise ein kognitives Äquivalent zu dem, was passiert, wenn Ihr Arzt Ihre Reflexe testet, indem er auf Ihr Knie schlägt, was Ihr Bein zum Zucken bringen soll.

Dieses Kapitel könnte Sie unbeabsichtigt zu dem Gedanken führen, dass qualitative Forschung so anfällig für Verzerrungen ist, dass man genauso gut gar nicht erst qualitative Forschung betreiben könnte. Man darf jedoch die Hoffnung nicht aufgeben – obwohl es Hunderte von Möglichkeiten gibt, wie Forschung scheitern kann, können wir uns dennoch gut vorbereiten und sie gut ausführen und dabei die meiste Zeit richtig liegen.

Inklusivität und Vielfalt – Selbstverständlichkeiten in der Forschung

Inklusivität und Vielfalt sind Selbstverständlichkeiten in der Forschung, aber leider nicht in allen anderen Bereichen.

Es gibt manchmal legitime Gründe dafür, dass Forschung exklusiv und nicht vielfältig ist, oder dass sie innerhalb der eigenen Kreise des Forschers oder der Stakeholder bleibt, sei es in Bezug auf soziale Fragen, Geschlecht, Fähigkeiten, Ethnizität oder anderes. Die Überwindung dieser Hindernisse erfordert zusätzlichen Aufwand und kann auch höhere Kosten, zusätzliche Zeit, Interpretation und spezifischere Moderationsfähigkeiten erfordern.

Diese Einschränkungen sind universell und sind bei qualitativen Forschern verankert. Ich erwarte, dass alle Forscher sich vollständig über die Verzerrungen im Klaren sind, die eine klein angelegte Studie mit sich bringt, und dass sie in der Lage sind, diese ihren Stakeholdern zu erklären. Ich hoffe, dass viele Forscher auch das Gefühl haben, diejenigen Stakeholder herausfordern zu können, die ständig in ihren eigenen Kreisen verbleiben, die oft als Echo-Kammern dienen können, und dass der Forscher als Teil der Scoping-Phase die Stakeholder über die Vor- und Nachteile von weniger vs. mehr inklusiven Studien aufklärt.

Einfach ausgedrückt, hat begrenzte oder kurzsichtige Forschung eine reduzierte Wirksamkeit und Relevanz, da sie nicht auf das breitere Publikum reflektiert und nur auf einen Teil des Ganzen hinweist. Wenn Sie auf dem Markt sind, um ein Auto zu kaufen, würden Sie nicht eines wählen, das nur auf asphaltierten Straßen fährt. Wenn Sie einen Fernsehwerbespot entwerfen, würden Sie sich nicht mit einem zufriedengeben, der nur auf den neuesten Fernsehgeräten angezeigt wird. Die Herausforderung bei der Beauftragung von Forschung besteht darin, eine inklusive Denkweise beizubehalten, unabhängig von Budget- und Zeitbeschränkungen.

Was sind also einige Möglichkeiten, wie Sie skeptische oder sparsame Stakeholder dazu inspirieren können, inklusiver zu sein?

- Wenn der Auftrag des Stakeholders die Inklusivität übersieht, fügen Sie einfach die Elemente in den Umfang ein, die Ihrer Meinung nach fehlen. Dies zwingt den Stakeholder dazu, aktiv zu überlegen, ob er die Inklusivität wirklich verwerfen möchte.

- Rahmen Sie Inklusivität als Innovation. Da das Blicken in neue Richtungen zu neuen Ideen führen kann, kann Inklusivität die Innovation fördern, und das macht auf einer Geschäftsebene Sinn.

- Erstellen Sie eine Geschäftsanalyse, die die Kosten der verlorenen Chance demonstriert, zum Beispiel, dass die Forschung, sobald sie skaliert wird, alle geschäftsrelevanten Zielgruppen und Bedürfnisse identifizieren kann. Wenn beispielsweise der Weltmarkt für ein bestimmtes Produkt 100 Mio. € beträgt, aber mit dem kleinskaligen Budget nur 40% des Marktes einbezogen werden können, riskiert und spielt der Stakeholder im Grunde genommen mit 60 Mio. €. Ist der Stakeholder dazu bereit?

- Rahmen Sie Inklusivität als Zukunftsabsicherung. Mit der Entwicklung der Gesellschaften entwickeln sich auch Randsegmente – und sie könnten sogar in der Zukunft zu einem Schlüsselsegment werden.

- Inklusivität und Vielfalt sind „heiße Themen" in den meisten entwickelten Märkten. Dies nicht zu erkennen bedeutet, den aktuellen Trends nicht gerecht zu werden.

- Verwenden Sie die Verzerrungskette (siehe den nächsten Abschnitt), um die Stärken und Schwächen Ihres Forschungsportfolios zu kartieren – gibt es Anzeichen für systematische Verzerrungen? Können Sie diese Risiken mindern?

Die Verzerrungskette: Ist Verzerrung ein Merkmal oder ein Defekt?

Niemand kann jemals ehrlich behaupten, völlig verzerrungsfreie qualitative Forschung zu betreiben. Im Gegenteil, eine solche Behauptung erscheint mir wie eine offene Einladung zur Prüfung – jetzt bin ich wirklich neugierig, „die Löcher im Käse" zu finden und die Ergebnisse der Studie in den Flammen des ewigen Streits zu rösten. Selbst wenn ich diesen Ergebnissen zustimme, rechtfertigt der Zweck nicht die Mittel in Bezug auf die Forschung. Stattdessen müssen Forscher damit beginnen, den Teufel zu adressieren, den sie nicht kennen, und dies während des gesamten Prozesses fortsetzen. Besser der Teufel, den man kennt, als der Teufel, den man nicht kennt.

Verzerrung ist die ungerechte Vorliebe für, oder Vorurteil gegen, eine Person oder Gruppe; es handelt sich um eine systematische Verzerrung. Es wäre unfair gegenüber Ihren Stakeholdern, wenn Sie – ob Sie es realisieren oder nicht – Empfehlungen auf einer wackeligen oder sogar fehlerhaften Grundlage geben würden.[2] Es wäre unfair gegenüber Ihren Befragten, ihnen nicht die bestmöglichen Möglichkeiten zur Rückmeldung zu bieten. Es wäre unfair gegenüber Ihnen selbst, nicht Ihr Bestes zu geben. Eine schlechte Studie könnte sogar schlecht auf alle Ihre Kollegen innerhalb und außerhalb Ihrer Gemeinschaft reflektieren. Aber verzweifeln Sie nicht: Sie können diese flüchtigen, ausweichenden, schwer zu bemerkenden Verzerrungen angehen, indem Sie Ihren Prozess von Anfang bis Ende mit einem laser-scharfen Fokus auf die potenziellen Probleme durchgehen. Hier ist ein Rahmen, um Ihnen den Start zu vereinfachen. Es beginnt mit der Scoping-Phase und setzt sich fort durch Vorbereitungen, Durchführung, Berichterstattung und noch darüber hinaus.

Voreingenommenheit in der Scoping-Phase

Schritte in dieser Phase

1. Für die richtigen Stakeholder oder Kunden

2. Das richtige Ziel oder Problem oder Schmerz oder Ziel

3. Das richtige Produkt oder Projekt

1 Für die richtigen Stakeholder oder Kunden

Hier beginnt die Kette der Voreingenommenheit. Es ist ein schwaches Glied, wenn der Kunde oder die Stakeholder die Hauptmerkmale der Studie stark ablehnt (z. B. den Umfang, den Ansatz, den Prozess und die Methode), was es

---

[2] Für die Etymologie von Verzerrung: www.etymonline.com/word/bias

wahrscheinlich macht, dass der Kunde die Studie irgendwann ganz ablehnt. Glücklicherweise ist dies selten, aber es passiert. Und wenn Sie es erleben, werden Sie feststellen, dass es ein sehr guter Zeitpunkt ist, die Machbarkeit Ihrer Studie neu zu bewerten und sie gegebenenfalls ganz aufzugeben.

Der richtige Stakeholder oder Kunde ist eine Person oder Gruppe, die die Ergebnisse mit dem richtigen Maß an Vertraulichkeit behandelt, dem Prozess vertraut und den Forschern vertraut – jemand, der sich verpflichtet hat, die Forschung durchzuführen.

2 Das richtige Ziel oder Problem oder Schmerz oder Ziel

Das richtige Ziel zu suchen oder Problem zu lösen, ist eines mit Geschäftsauswirkungen, eines, das realistisch ist und in einer zeitlich und wirtschaftlich sinnvollen Weise untersucht werden kann. Die meisten Unternehmen haben viele „Schmerzen", aber nicht alle von ihnen können durch bloße Forschung gelöst werden. Als Forscher finde ich mich oft dabei, Stakeholder darüber zu beraten, wie sie das lohnendste Kosten-Nutzen-Verhältnis zwischen der Studie und ihrem potenziellen Ergebnis herstellen können – und das führt manchmal zum Ende des Forschungsprojekts. Außerdem frage ich mich oft, ob ich den Bedürfnissen der Stakeholder diene oder ob ich ihren Wünschen diene, oder ob in der Tat ihre Wünsche und Bedürfnisse tatsächlich die gleichen sind – ob sie nicht tatsächlich einen anderen Ansatz oder Umfang benötigen als den, den sie anfordern. Es wird für alle Beteiligten besser sein, wenn dies so schnell wie möglich geklärt wird.

Nicht alle „Schmerzen" oder Probleme sind gleich: Was für einen Stakeholder richtig ist, ist nicht unbedingt für einen anderen richtig. Was zu einem Zeitpunkt wie ein Problem erscheint, ist es vielleicht zu einem späteren Zeitpunkt nicht mehr. Zu Beginn eines jeden Forschungsprojekts müssen der Forscher und die Stakeholder sich auf eine robuste Beschreibung des Ziels einigen – andernfalls riskieren sie, Forschung zu produzieren, die niemandem dient und überhaupt keine Probleme löst. Es kann gut sein, dass die Forschung ansonsten erfolgreich war, aber wenn sich niemand für das Ergebnis interessiert hat, werden die Ergebnisse letztendlich nutzlos sein.

Siehe auch Schritt 5: „Der Konsens-Bias"

3 Das richtige Produkt oder Projekt

Dieses Glied in der Kette befasst sich mit der lediglichen Auswahl, welches Produkt oder Projekt zu erforschen ist. Das richtig zu machen, klingt vielleicht einfach, kann aber knifflig sein. Die Entscheidung, was ein- und auszuschließen ist, ist natürlich von grundlegender Bedeutung in einem Forschungsprojekt.

Auswahlbias

Sie werden sich wahrscheinlich selbst oder die Stakeholder verschiedene Fragen stellen, wie zum Beispiel: Ist es der gesamte Produktlebenszyklus – die gesamte Benutzererfahrung? Ist es nur die erste Erfahrung? Beinhaltet es Dokumentationen wie Handbücher oder Webseiten? Sollten wir es gegen eine Benchmark testen, wie zum Beispiel ein konkurrierendes Produkt? Wer entscheidet bei dieser Auswahl (Annahme oder Ablehnung, kleiner oder größer scopen) – und auf welcher Grundlage?

Oft werden Sie aufgrund von Zeit oder Budgetbeschränkungen oder praktischen Erwägungen feststellen, dass Sie in Ihrer Studie nur Teile des relevanten Produkts abdecken können, und in diesem Fall ist es unerlässlich, eine sehr klare Definition und Begründung dafür zu haben, was in die Studie einbezogen oder ausgeschlossen werden soll. Diese Auswahl und Ablehnung führt an sich zu Voreingenommenheit und tritt wahrscheinlich auf, wenn Sie an Ihrer Kapazitätsgrenze sind (was Sie wahrscheinlich die meiste Zeit aus geschäftlichen Gründen sind, oh, und auch nach Parkinsons Gesetz: „Arbeit dehnt sich aus, um die für ihre Fertigstellung verfügbare Zeit zu füllen"[3]).

Also, wenn Sie wählen müssen, welches Projekt wird es sein? Dasjenige, das den größten Einfluss haben kann? Dasjenige, das die meisten Stakeholder beeinflussen kann? Dasjenige, bei dem Sie auf dem sichersten Boden arbeiten (bekannte Methodik, bekannte Ziel-Gruppe, bekanntes Forschungssetup, etc.)? Oder dasjenige, das die höchste Rendite auf die Investition hat (wenn Sie eine Möglichkeit haben, dies auf eine realistische Weise zu bewerten)? All diese Gründe sind an sich gültig, daher ist es keine leichte Wahl; sich Ihrer Auswahlvoreingenommenheiten bewusst zu sein, wird Ihnen helfen, eine bessere Entscheidung zu treffen.

Voreingenommenheit während der Vorbereitungsphase

Schritte in dieser Phase:

4   Die richtigen Befragten, in den richtigen Begriffen beschrieben

5   Die richtigen Dinge tun

6   … zur richtigen Tages- oder Wochen- oder Monatszeit

7   … für die richtige Dauer

---

[3] https://de.wikipedia.org/wiki/Parkinsonsches_Gesetz – stellen Sie sicher, dass Sie die anderen lustigen Korollarien lesen.

8 ... am richtigen Ort/in der richtigen Umgebung

9 ... mit dem richtigen Gerät

4 Die richtigen Teilnehmer, in den richtigen Begriffen beschrieben

Der Forscher (oft zusammen mit den Stakeholdern) trifft zahlreiche und wichtige Entscheidungen, wenn er entscheidet, wie die Befragten beschrieben werden sollen. Wie definiert man, wer in das Forschungsprojekt einbezogen wird und wer ausgeschlossen wird? Schlechte Screening- und Rekrutierungsverfahren erzeugen voreingenommene Stichproben, während zufällige Stichproben bei der Rekrutierung die Stichprobenverzerrung reduzieren. Und als allgemeine Regel gilt: Das Bewusstsein für Voreingenommenheit ist entscheidend, wenn man Befragte einschließt, die man möchte, und solche ausschließt, die nicht passen.

Stichprobenverzerrung

In qualitativer Forschung verwenden wir oft ein Wort, das wir aus der quantitativen Forschung entlehnt haben, wenn wir auswählen, wen wir als Befragte einladen, eine Stichprobe. Eine Stichprobe in der quantitativen Forschung bezieht sich auf eine kleinere, handhabbare Version einer größeren Gruppe: Sie ist eine Teilmenge, die die Merkmale einer größeren Population enthält. Eine voreingenommene Stichprobe besteht aus Befragten, die die Interessengruppe nicht (oder zumindest nicht in ausreichendem Maße) repräsentieren. Mit anderen Worten, Sie studieren die falschen Leute.

Das Wort Stichprobe kann jedoch etwas irreführend sein. Es ist wirklich eher angebracht, wenn es im Begriff Blutprobe verwendet wird. In diesem Fall ist eine Blutprobe von einer Person ähnlich wie das gesamte Blut in diesem Körper (wir erwarten, dass es ähnlich ist). In der qualitativen Forschung hingegen, wenn wir die Meinungen von einer Person in einer gegebenen Gesellschaft einholen oder das Verhalten dieser Person studieren, werden wir nicht erwarten, dass die Meinungen oder das Verhalten sehr ähnlich zu allen anderen Mitgliedern dieser Gesellschaft sind. Daher kann das Wort Stichprobe irreführend sein, und Sie sollten immer sicherstellen, dass Sie und Ihre Stakeholder sich über Ihren Ansatz einig sind. (Siehe auch den Abschnitt „Beschreibungen, die aus der Marktforschung übernommen wurden.")

Die beiden Hauptpunkte, auf die man im Rekrutierungsprozess achten sollte, sind 1) der Pool, die Liste oder die Population, aus der die Menschen ausgewählt werden (überlegen Sie, wie sie erstellt wurde und welche Voreingenommenheit diese Erstellung – oder die Formulierung der Erstellung –

möglicherweise eingeführt hat), und 2) wie wir aus diesem Pool auswählen (und welche Voreingenommenheit diese Auswahl einführt).

Die gängigsten Stichprobenmethoden, die wir in der qualitativen Forschung verwenden, sind alle mehr oder weniger anfällig für Voreingenommenheit. Lassen Sie uns jede davon genauer betrachten.

Kommen Sie zum Tee!

Bequemlichkeitsstichprobe: Befragte werden aufgrund ihrer Verfügbarkeit oder anderer Faktoren ausgewählt, die für den Forscher attraktiv sind (Abb. 2-1.). Zum Beispiel könnten Sie als Student andere Studenten rekrutieren, einfach weil sie zur Hand sind. In der Kinderforschung könnten Sie Ihre persönlichen Freunde und Familie fragen, ob sie Kinder kennen, die teilnehmen können.

Der Forscher kann implizit oder explizit voreingenommen sein zugunsten oder gegen bestimmte Persönlichkeiten. Praktische Gegebenheiten können dazu führen, dass nur Personen in der Nähe des Forschers ausgewählt werden. Die mit der Studie verbundenen Praktiken können die Auswahl systematisch in Richtung bestimmter Gruppen verzerren, zum Beispiel Menschen, die während der regulären Arbeitszeit teilnehmen können, oder Menschen, zu denen der Forscher eine Art von Beziehung hat. Dies ist eindeutig nicht darauf ausgerichtet, Ergebnisse zu erzeugen, die verallgemeinert werden können.

Abb. 2-1. Es gibt immer einige Befragte, die aus der Sicht des Forschers leichter zugänglich sind als andere (der offensichtlich leicht Zugang zu Reihen und Reihen haarloser Plastikmenschen hat!)

Abb. 2-2. Der Forscher hat unter den haarlosen Plastikmenschen um Freiwillige gebeten. (Die Studie ist anscheinend sehr beliebt.)

Aber der Ansatz hat den Vorteil, dass er der kleinste gemeinsame Nenner aller Stichproben ist, ein bequemer Ausgangspunkt ohne Barrieren für den Forscher.

Freiwillige gesucht!

Wenn Sie eine Anfrage für Freiwillige stellen und freiwillige Antwortende erhalten, haben Sie viel Zeit und Energie bei der Suche nach Befragten gespart (Abb. 2-2).

Die Verzerrung in diesem Ansatz hat weniger mit dem persönlichen Netzwerk des Forschers zu tun (im Vergleich zur Gelegenheitsstichprobe) und mehr mit den Freiwilligen. Könnte es implizite oder explizite Gründe dafür geben, dass sich einige Gruppen von Menschen freiwillig melden und andere nicht? Vielleicht sind Extrovertierte eher bereit, sich zu melden als Introvertierte. Vielleicht sind Menschen, die bereits Erfahrung mit dem betreffenden Bereich oder Produkt haben, eher bereit als Menschen, die dies nicht tun. Oder vielleicht sind Menschen, die keine anderen Pläne haben, eher bereit, sich freiwillig zu melden als „beschäftigte" Menschen.

Abb. 2-3. Ein haarloser Plastikbefragter rekrutiert den nächsten und so weiter

Helfen Sie mir, den nächsten Befragten zu finden!

Schneeballprinzip, oder Ketten-Empfehlung: Der Forscher wählt den ersten Befragten aus (nach einer der beiden oben genannten Methoden), der dann den nächsten Befragten findet und rekrutiert, und so weiter (Abb. 2-3).

Dies ermöglicht es dem Forscher, Zielgruppen zu erreichen, die mit herkömmlichen Methoden schwer zu finden sind. Außerdem ist es in der Regel billiger, erfordert aber oft mehr Zeit, da Sie auf die Hilfe anderer Menschen angewiesen sind.

Die Verzerrung hier ist ähnlich: Es gibt implizite oder explizite Gründe dafür, dass sich einige Gruppen von Menschen freiwillig melden und andere nicht.

Ich möchte Sie in meiner Studie haben!

Zweckmäßige Stichprobe, oder Urteils-Stichprobe, ist, wenn der Forscher sein persönliches Urteil verwendet, um potenzielle Befragte in einer qualitativen Studie einzubeziehen oder auszuschließen, oft um eine Reihe verschiedener Perspektiven abzudecken, zum Beispiel, um die vielfältigsten Stimmen zu hören, unabhängig davon, wie speziell sie sein mögen, oder tatsächlich, aktiv nach speziellen Stimmen zu suchen (Abb. 2-4).

Abb. 2 -4 . Zweckmäßige Stichprobe

Derek Zinger, der bei der Überprüfung dieses Buches enorm geholfen hat, bemerkt, dass es gut zu wissen ist, dass wir selbst unter haarlosen Plastikmenschen noch einzigartige Individuen finden können!

Andere Stichprobenkonzepte

Hier sind einige andere relevante Konzepte, auf die Sie in der Marktforschung, Meinungsumfragen oder ähnlichem stoßen könnten, wo Ihre Ergebnisse die gesamte Bevölkerung widerspiegeln müssen, die aber im Kontext der Benutzerforschung weniger relevant sind. Sie werden hier nur beiläufig erwähnt in der Hoffnung, dass Sie Ihre Stakeholder beraten können, diese Konzepte nicht im falschen Kontext zu verwenden – daher keine haarlosen Plastikmenschen-Illustrationen.

Zufallsstichprobe

Der Forscher wählt zufällig aus allen Individuen einer Population, wie beim „Losziehen". Jeder Befragte hat die gleiche Chance, ausgewählt zu werden.

Diese Methode funktioniert offensichtlich nur, sofern der Forscher tatsächlich Zugang zu Daten oder Antworten von allen Individuen hat, was selten ist, wenn die Bevölkerung groß (z. B. erwachsene Männer zwischen 20 und 55 Jahren) oder verstreut ist (z. B. alle, die ein bestimmtes Produkt noch nicht ausprobiert haben). Die Zufälligkeit der Auswahl zielt darauf ab, den Bias zu reduzieren, und eine wirklich zufällige Stichprobe ist daher eine wünschenswerte Eigenschaft in quantitativen Studien, die darauf abzielen, gültige statistische Schlussfolgerungen über eine gesamte Bevölkerung zu ziehen.

Geschichtete Stichprobe

Der Forscher wählt aus einer spezifischen Liste von zufälligen Personen.

Diese Stichproben-Methode ist geeignet, wenn die Bevölkerung gemischte Merkmale hat und Sie sicherstellen müssen, dass jedes Merkmal (z. B. Geschlecht, Altersgruppe) proportional in der Stichprobe vertreten ist.

Aus den Gesamtproportionen der Bevölkerung berechnen Sie, wie viele Personen aus jeder Untergruppe befragt werden sollten. Dann wählen Sie eine Stichprobe aus jeder Untergruppe.

Dieser Prozess (weit verbreitet in Meinungsumfragen und politischen Umfragen) ist sinnvoll in der Forschung mit Kindern in den Fällen, in denen die Studie genau die Vielfalt der Kinderpopulation widerspiegeln muss, zum Beispiel basierend auf ihrem Alter, ihren Vorlieben oder Fähigkeiten. Anstatt eine Zufallsstichprobe aus allen Kindern zu nehmen, besteht das Ziel zunächst darin, sie in verschiedene Untergruppen zu sortieren und dann im Auswahlprozess sehr spezifisch (aber subjektiv) aus allen Untergruppen auszuwählen.

Das Ergebnis ist viel weniger Bias, aber es kommt mit einem viel höheren Aufwand (in Zeit und Kosten) als bei den vier Hauptansätzen.

Es gibt jedoch eine Falle bei diesem Ansatz. In der qualitativen Forschung untersuchen wir oft psychologische Qualitäten, wie Menschen eine Botschaft oder ein Produkt verstehen, wie sie Bedeutung daraus ableiten und welche Werte sie ihm zuschreiben. Wir wollen oft verstehen, ob Menschen unterschiedlich auf das gleiche Produkt oder die gleiche Botschaft reagieren und warum. Wir möchten ihre Interpretationen analysieren. In diesen Fällen, in diesen Forschungsbereichen, sind wir mehr an den Persönlichkeiten der Menschen und ihren früheren Erfahrungen interessiert (z. B. ob sie schon einmal etwas Ähnliches ausprobiert haben und ob sie eine Art von Training haben), und gleichzeitig sind wir sehr vorsichtig, wie viel wir sie im Voraus informieren und primen. Es kann sehr heikel sein, die Leute zu fragen, ob sie sich eines bestimmten Phänomens (einer Strata) bewusst sind, ohne... nun, sie darauf aufmerksam zu machen!

Beschreibungsverzerrung

Stichprobenbildung ist auch anfällig für Verzerrungen, da die Beschreibung einer gegebenen Zielgruppe davon abhängt, wie gut der Forscher und der Stakeholder diese Zielgruppe im Voraus verstehen; dieses Verständnis kann fehlerhaft, voreingenommen oder verzerrt sein.

Beachten Sie, dass es eine feine Linie gibt zwischen Verzerrung (der systematischen Verzerrung) und „Implizität", die sich auf die Qualität oder den Zustand bezieht, implizit oder impliziert zu sein, anstatt direkt oder explizit ausgesagt zu werden.

Verzerrungen ändern sich im Laufe der Zeit, da sich Gesellschaften ändern. Vor einer Generation ging ein beliebtes Rätsel so:

Ein Vater und sein Sohn haben einen schrecklichen Autounfall, bei dem der Vater stirbt. Der Sohn wird verletzt und ins Krankenhaus gebracht. Gerade als er operiert werden soll, sagt der Chirurg: „Ich kann nicht operieren – dieser Junge ist mein Sohn!"

Mit der Zeit und als mehr Frauen Ärztinnen wurden und gleichgeschlechtliche Ehen üblicher wurden, verlor das Rätsel an Bedeutung, aber auch heute noch ist ein Arzt in vielen Köpfen ein Mann. Dies wurde so aktuell wie 2014 in einer Studie der Boston University nachgewiesen.[*] Es gab (und gibt anscheinend immer noch) Ärzte und Ärztinnen. Wahrscheinlich ist es dasselbe mit Krankenschwestern und männlichen Krankenpflegern, der Nationalmannschaft im Handball und der Nationalmannschaft der Frauen im Handball. Diese Verzerrung ist nicht nur altmodisch, sondern auch – aus der Sicht dieses Buches – ein potentielles praktisches (und, wie ich bald argumentieren werde, kognitives) Problem. Wenn Ihre Stakeholder Ärzte, Krankenschwestern oder Spieler der Nationalmannschaft im Handball als Zielgruppe angeben, implizieren sie dann das Geschlecht oder nicht?

Um sehr detailliert über Beschreibungsvoreingenommenheit zu sprechen, verwenden wir den Begriff Arzt als Beispiel für Voreingenommenheit und Implizität. Stellen Sie sich eine Studie vor, die „Ärzte" benötigt; ein genauerer Blick auf die Beschreibung „Arzt" offenbart eine Mehrdeutigkeit in anderen Aspekten jenseits des Geschlechts:

Jeder gegebene Arzt wird immer ein Arzt sein, weil es ein Titel ist, der einer Person verliehen wird, die einen medizinischen Abschluss hat, aber die Beschreibung sagt nicht, ob die Studie jemanden braucht, der als Arzt arbeitet, oder nur Teilzeit arbeitet, oder als freiwilliger Arzt tätig ist, oder als Arzt in den Ruhestand gegangen ist. Wer kann sagen, welche von diesen als Arzt qualifizieren und welche nicht? Man könnte argumentieren, dass der Vollzeit

---

[*] www.bu.edu/articles/2014/bu-research-riddle-reveals-the-depth-of-gender-bias/

arbeitende Arzt implizit war – etwas, das hätte explizit gemacht werden sollen, um Mehrdeutigkeit zu reduzieren (da *Arzt* auch nicht arbeitende Ärzte beschreiben kann). Aber die Voreingenommenheit ist subtiler und ist etwas, dessen sich die Stakeholder in der Studie möglicherweise überhaupt nicht bewusst waren: sie selbst arbeiten, also denken sie natürlich an andere Menschen, die arbeiten. Ergo, der Arzt, den sie brauchen, arbeitet.

Sie finden das Beispiel vielleicht trivial und spezifisch für... nun, Studien mit Ärzten. Aber es steht etwas viel Größeres auf dem Spiel, das mit unseren Köpfen spielt: Metaphern, Redewendungen,[5] Tropen und Allegorien. (Siehe auch den Abschnitt „Metaphorisch gesprochen"). In den 1980er Jahren gründeten amerikanische Psychologen und Linguisten wie George Lakoff[6] das Feld der kognitiven Linguistik, und in Büchern wie *Metaphors We Live By* (University of Chicago Press 2008) untersuchen er und sein Co-Autor Mark Johnson Metaphern.

Sie argumentieren, dass Metaphern „... ein grundlegender Mechanismus des Geistes sind, der es uns ermöglicht, das, was wir über unsere physische und soziale Erfahrung wissen, zu nutzen, um unzählige andere Themen zu verstehen. Weil solche Metaphern unser grundlegendstes Verständnis unserer Erfahrung strukturieren, sind sie ‚Metaphern, nach denen wir leben‘ – Metaphern, die unsere Wahrnehmungen und Handlungen formen können, ohne dass wir sie jemals bemerken."[7]

Deshalb funktionierte das Arzt Rätsel in der Vergangenheit: Ein Arzt war immer männlich, der Beruf fungierte als Metapher für ein bestimmtes Geschlecht, und wir wussten dies aus einer persönlichen Erfahrung nach der anderen. Es war nicht so, dass die Gesetze der Physik oder der Gesellschaft explizit weibliche Ärzte verboten, sondern vielmehr war der allgemeine Konsens auf Erfahrung basierend einfach (und offensichtlich falsch), dass „Ärzte" nur in einem Geschlecht vorkamen. Und so sind wir wieder am Anfang – man kann das „Meta" nicht aus der Metapher herausnehmen.

Aber als sich Menschen und Gesellschaft änderten, verlor der metaphorische Aspekt seine Bedeutung. Der andere Aspekt des Arztes als jemand, der arbeitet (aktiv Medizin praktiziert), ist jedoch immer noch präsent.

---

[5] Eine „Redewendung" ist natürlich selbst eine Metapher, außer bei den seltenen Gelegenheiten, bei denen man spricht, während man Kaugummiblasen bläst – und so tatsächliche Sprachfiguren (nun, Sprachkugeln) erzeugt. Hier ist eine Anleitung, falls Sie vergessen haben, wie es geht: www.wikihow.com/Blow-a-Bubble-with-Bubblegum.

[6] Sie lesen eine Fußnote über George Lakoff. Das freut mich sehr. Sie könnten seine Seite auf Wikipedia genießen – sie ist hier: https://de.wikipedia.org/wiki/George_Lakoff.

[7] Das Zitat stammt von der Buchseite auf Amazon: www.amazon.de/Metaphors-We-Live-By-ebook/dp/B009KA3Y6I/.

Der Punkt ist, dass wir, wenn wir unser Publikum und damit unsere Befragten (Ärzte, Krankenschwestern oder andere) beschreiben, sehr genau auf die Worte achten müssen, die wir in unseren Beschreibungen verwenden. Schauen wir uns jetzt ein weiteres Beispiel an, das näher am Thema dieses Buches liegt; jetzt müssen Sie Kinder für eine Studie finden. Das Maß an Mehrdeutigkeit und Abstraktion ist genauso hoch wie beim Arztbeispiel, doch ich werde argumentieren, dass viele Studien mit Kindern diese grobe Definition verwenden, oft mit Geschlecht und/oder Altersgruppe hinzugefügt.

Aber das Alter ist ein sehr launischer Parameter. Ein Kind, das einen Tag jünger ist als sieben Jahre, ist etwa 15 % älter als ein Kind, das gerade sechs Jahre alt geworden ist. Die jährlichen Veränderungen innerhalb einer Gruppe von Kindern, die „im gleichen Alter" sind, nehmen offensichtlich zu, je jünger sie sind. Im Gegensatz zu, zum Beispiel, Menschen in ihren 50ern, die von 50 bis 59 Jahren auch etwa 15% älter werden (aber in zehn Jahren statt in einem).

Alter, Entwicklung und die Art und Weise, wie Gesellschaften ihre Kinder erziehen, können auch tiefgreifende Auswirkungen haben, und wir sind uns dessen nicht immer bewusst.

Eines ist der relative Alterseffekt. In einem seiner vielen bemerkenswerten Bücher, *Outliers: Die Geschichte des Erfolgs* (Back Bay Books 2008), beschreibt der Schriftsteller Malcolm Gladwell, wie bedeutend nur wenige Monate im Geburtsdatum in Bereichen wie Sport, Akademie und Politik sind. Wenn Kinder sehr jung sind und – zum Beispiel – Eishockey zu spielen beginnen, werden die Kinder entweder nach dem Kalenderjahr oder dem Schuljahr ihrer Geburt in Altersgruppen eingeteilt. Diejenigen, die im ersten Quartal geboren sind, sind im Allgemeinen marginal weiter entwickelt als die später Geborenen. Die kleinen Vorteile der Kinder des ersten Quartals werden von den Trainern erkannt und sie erhalten mehr Aufmerksamkeit und Feedback als die etwas jüngeren Kinder, und da dieses Training und diese Pflege im Laufe der Jahre fortgesetzt wird, ermöglicht es im Allgemeinen den Kindern des ersten Quartals, weiter voranzukommen. Dies erklärt, warum die meisten Spitzensportler in den ersten beiden Quartalen eines Jahres in Ländern geboren sind, in denen die Aufnahmeperiode dem Kalender folgt, und in den letzten beiden Quartalen in Ländern, in denen die Aufnahme dem Schuljahr von August bis Juli folgt.

Das soll nicht heißen, dass das Alter eine bedeutungslose Art ist, Kinder zu beschreiben und zwischen Kindern in der Forschung zu unterscheiden, sondern eher, dass es mit Einschränkungen und potenziellem Bias einhergeht.

Beschreibungen, die aus der Marktforschung übernommen wurden

Die richtigen Befragten für eine qualitative Studie zu finden, erfordert meistens eine gewisse Übersetzung zwischen der abstrakten Definition, die zur Beschreibung der Gruppe geeignet ist (z. B. Kinder, die Tiere mögen) und der

Beschreibung eines Individuums, das zu dieser Gruppe gehört (ein Kind, das Tiere mag). Das Individuum wird allgemeine Merkmale mit der Gruppe gemeinsam haben, aber gleichzeitig wird das Individuum auch Merkmale haben, die spezifischer und subjektiver sind als die der Gruppe. Zum Beispiel könnte das tierliebende Kind hauptsächlich Katzen mögen, und insbesondere süße Katzen, aber die Gruppe per Definition hat einen viel breiteren Fokus.

Die Auswahl eines einzelnen Individuums als Exemplar oder Repräsentant der Gruppe hat größere Auswirkungen in der qualitativen Forschung, wo die Anzahl der Befragten in der Regel ziemlich klein ist (z. B. 5, 10 oder 20), als in der quantitativen Forschung, die dazu neigt, Befragte in den Hunderten und Tausenden zu zählen, und dadurch die Eigenschaften der individuellen Antwort im Gesamtergebnis verwässert. Dies kann zu Problemen im Rekrutierungsprozess für eine qualitative Studie führen, wenn die Beschreibungen der Befragten aus einer Marktperspektive übernommen werden. Dies ist wahrscheinlich in marketinggetriebenen Unternehmen und Organisationen der Fall.

Als qualitativer Forscher werden Sie es wahrscheinlich auch sehen, wenn Sie mit einer Marketingabteilung zusammenarbeiten – Sie werden vielleicht bemerken, dass die Sprache nicht von „Benutzern" und „Erfahrungen" handelt, sondern von „Publikum" und „Botschaften". Marktforschung ist an Verbraucherverhalten interessiert und zielt darauf ab, ihre Bedürfnisse[8] zu identifizieren und demografische, wirtschaftliche und statistische Informationen über eine bestimmte Branche zu entdecken, und muss sich daher mit einer breiten Bevölkerung von vielen Individuen beschäftigen. Nutzerforschung hingegen zielt darauf ab zu verstehen, wie jemand welche Aufgabe erledigt, warum und mit welchem Ergebnis. Das Problem ist, dass es viele Gemeinsamkeiten in den Beschreibungen der Befragten in beiden Ansätzen gibt, aber auch viele Fallstricke, wenn man versucht, direkt von einem zum anderen zu übersetzen.

Fähigkeitsniveau als Beschreiber

Das Fähigkeitsniveau als ein Rekrutierung Kriterium ist eine reiche Quelle an Bias. Als Beispiel nehmen wir Computerkenntnisse. Wie der zuvor erwähnte Jakob Nielsen in einer Rezension eines OECD-Berichts von 2016 über Computerkenntnisse in verschiedenen Ländern beschreibt,[9] sind Sie, lieber Leser, wahrscheinlich sehr geschickt, vielleicht sogar ein Experte im Umgang mit Computern. Sie wissen zum Beispiel, wie man eine E-Mail löscht, während

---

[8] Hier ist eine gute Quelle für einen Vergleich von Marktforschung und Nutzerforschung: https://medium.com/reassemble/market-research-vs-user-research-are-they-the-same-3ec59dec637f.

[9] www.nngroup.com/articles/computer-skill-levels/

14% des OECD-Publikums in der Studie dies nicht wussten. Dies ist nur ein Beispiel dafür, wie die Verwendung Ihrer eigenen Fähigkeiten als Maßstab oder Referenzpunkt in einer qualitativen Studie erheblichen Bias in die Benutzererfahrungsforschung einführen kann.

Eine Möglichkeit, dieses Hindernis zu überwinden, besteht darin, die verschiedenen Segmente Ihres Publikums nach ihren eigenen Fähigkeiten zu beschreiben.

Das Dreyfus-Modell der Fertigkeitserwerbung[10] (später in vielerlei Hinsicht angepasst, z. B. die Theorie vom Anfänger zum Experten), erstmals vorgeschlagen von den Brüdern Hubert und Stuart Dreyfus (im Jahr 1980[11] und verfeinert in *Mind over Machine*, Free Press, 1988), besagt, dass ein Schüler die folgenden fünf unterschiedlichen Stufen durchläuft:

1. Anfänger: Sie müssen sich auf Regeln verlassen, und Ihr Verständnis Ihrer eigenen Situation sowie Ihre Fähigkeit, Urteile zu fällen, ist begrenzt.

2. Fortgeschrittener Anfänger: Sie beginnen, ein gewisses situatives Verständnis zu haben, kämpfen aber immer noch damit, verschiedene Bereiche zu priorisieren.

3. Kompetent: Sie sammeln Informationen besser, und Sie sind in der Lage, eine ganzheitliche Sichtweise zu berücksichtigen, um Pläne zu machen und mehrere Aufgaben auszuführen.

4. Versiert: Ihre Entscheidungsfindung erfolgt eher auf intuitiver als auf analytischer Ebene, daher schneller und mit weniger Aufwand.

5. Experte: Sie haben ein tief verwurzeltes Verständnis der Situation, ihrer Grenzen und Möglichkeiten und dessen, was Sie tun müssen.

Während der Lernphasen gibt es vier binäre Qualitäten, sogenannte mentale Funktionen, die helfen, das Fähigkeitsniveau zu bestimmen. Wie die Dreyfuses sagen:

---

[10] https://de.wikipedia.org/wiki/Dreyfus-Modell_der_Fertigkeitserwerbung

[11] Da die Arbeit der Brüder Dreyfus von der US-Luftwaffe unterstützt wurde, musste sie unklassifiziert sein, um öffentlich gemacht zu werden. Die ursprünglichen maschinengeschriebenen Dokumente mit hinzugefügten Genehmigungsstempeln und Unterschriften wurden gescannt und sind hier verfügbar: https://apps.dtic.mil/dtic/tr/fulltext/u2/a084551.pdf – allein schon wegen seiner Authentizität einen Blick wert.

Jede der vier mentalen Funktionen hat eine primitive und eine ausgefeilte Form und die Funktionen sind so geordnet, dass das Erreichen der ausgefeilten Form jeder Funktion das vorherige Erreichen der ausgefeilten Form aller niedriger nummerierten in der Reihenfolge voraussetzt.[12]

Ich werde versuchen, sie mit Beispielen aus dem Erlernen des Fahrradfahrens zu beleuchten:

- Erinnerung (nicht-situativ oder situativ)

  Als Anfänger versuchen Sie, sich an die Hauptregeln zu halten: treten Sie in die Pedale und lenken Sie gleichzeitig. Als fortgeschrittener Anfänger wissen Sie, das Fahrrad in eine günstige Richtung zu lenken (z. B. weg von einem Bordstein oder Hindernis), bevor Sie treten und lenken.

- Erkennung (zerlegt oder ganzheitlich)

  Der fortgeschrittene Anfänger wird Schwierigkeiten haben, die Geschwindigkeit und das Gleichgewicht des Fahrrads mit dem Lenken und der Richtung abzustimmen, und wird sich manchmal überfordert fühlen.

- Entscheidung (analytisch oder intuitiv)

  Der kompetente Fahrrad Fahrer wird immer noch eine Situation sorgfältig analysieren müssen, bevor er Entscheidungen trifft, insbesondere wenn neue Faktoren im Verkehr, auf der Oberfläche oder im Wetter auftreten. Die Zeit und geistige Energie, die es braucht, um die Situation zu analysieren, wird die Geschwindigkeit und das Vertrauen des Fahrers einschränken, wenn man ihn mit dem geübten oder erfahrenen Fahrradfahrer vergleicht, der im Gegensatz dazu intuitiver fährt, „ohne die Notwendigkeit bewusster Berechnung".

- Bewusstsein (überwachend oder absorbiert)

  Der geübte Fahrradfahrer wird immer noch die Situation und die Umgebung überwachen müssen, während der erfahrene Fahrer das nicht tun wird. Die Dreyfuses sagen, dass der analytische Verstand, befreit von seiner überwachenden Rolle bei der

---

[12] Ein Fünf-Stufen-Modell der mentalen Aktivitäten, die am gezielten Fertigkeitserwerb beteiligt sind

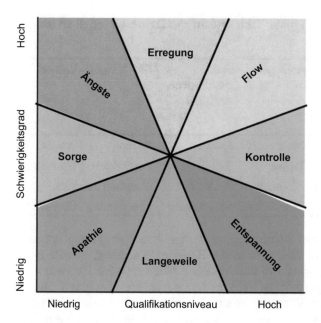

Abb. 2-5 . Beachten Sie den Flow im oberen rechten Bereich: ein Zustand, in dem die Her-ausforderungs- und Fähigkeitslevel beide hoch sind. (Quelle: https://commons.wikimedia.org/wiki/File:Challenge_vs_skill.svg)

Produktion und Bewertung von Leistung, beruhigt wird, so dass der Performer völlig in seiner Leistung aufgehen kann. Für mich klingt das nach dem Gefühl des Flows – des „Autopilot-Seins" auf eine gute Art und Weise, wo man etwas schon eine Weile auf einem völlig fähigen Level macht, aber vollständig mit anderen Dingen beschäftigt ist. Eine gute Quelle zum Thema Flow ist *Flow: Die Psychologie des optimalen Erlebens* (1997) vom ungarisch-amerikanischen Psychologen Mihaly Csikszentmihalyi. Es stellt *Flow* als einen Zustand dar, in dem die Herausforderungs- und Fähigkeitslevel hoch sind und es führt das schöne Modell ein, das in Abb. 2-5 gezeigt wird.

Kombiniert in einer Tabelle sieht das Dreyfus-Modell so aus:

Fähigkeits-level Mentale Funktion	Anfänger	Fort-geschrittener Anfänger	Kompetent	Versiert	Experte
Erinnerung	Nicht situativ	Situativ	Situativ	Situativ	Situativ
Erkennung	Zerlegt	Zerlegt	Ganzheitlich	Ganzheitlich	Ganzheitlich
Entscheidung	Analytisch	Analytisch	Analytisch	Intuitiv	Intuitiv
Bewusstsein	Überwachung	Überwachung	Überwachung	Überwachung	Aufgesogen

Dieser Ansatz ist nützlich, wenn Sie Ihre Befragungsgruppen auswählen und beschreiben, da er alle in der Zielgruppe abdeckt – jeder ist irgendwann ein neuer Anfänger, und durch stetige Nutzung oder Exposition gegenüber dem Produkt „graduieren" sie zu kompetenten, versierten und später – durch wiederholte Nutzung vielleicht nicht nur einer Marke oder eines Modells, sondern auch der Konkurrenz – zu Experten oder Super-Usern. Der Begriff Super-User stammt aus der IT, wo er sich auf eine Person bezieht, die ein Experte für ein System ist. Hier jedoch verwende ich den Begriff in einem breiteren Sinne, um jemanden zu beschreiben, der ein umfangreiches (wenn nicht vollständiges) Verständnis für ein bestimmtes Produkt (oder sogar für den Markt für dieses Produkt) hat. Ein Super-User dient somit als anschaulicher Kontrast zum Anfänger, dem unerfahrenen Benutzer oder „"Benutzern in Ausbildung".

Servicefähigkeiten sind nicht dasselbe wie Plattformfähigkeiten

Dies ist besonders nützlich bei der Forschung mit Kindern, wenn es um die Erforschung digitaler Erfahrungen geht, da diese Erfahrungen ein gewisses Maß an Fähigkeiten und Beherrschung der jeweiligen digitalen Plattform erfordern, zum Beispiel einer Spielkonsole (Xbox, Nintendo Switch, PlayStation usw.) oder einem Spiele-Service-Portal (Steam, Apple Arcade usw.), einer sozialen Netzwerkplattform (TikTok, LEGO Life usw.) oder einfach dem Betriebssystem von Smartphones (z. B. iOS und Android) und Computern (iOS, Windows, Chrome OS usw.).

Wenn man sich daran macht, eine Erfahrung auf einer dieser Plattformen zu testen, ist es wichtig zu verstehen, wie Kinder den Service mit wenig oder keiner Erfahrung mit der Plattform erleben werden, da dies – die erste Erfahrung – die Erfahrung jedes neuen Kindes auf dem Service in der Zukunft sein wird. Es ist ebenso wichtig, die Erfahrung von Kindern mit einiger vorheriger Plattformerfahrung und die von Kindern, die die Plattform viele Male benutzt haben, zu verstehen. Diese breite Verteilung der Fähigkeitsstufen macht es

Abb. 2-6. Zwei Arten
von Fähigkeitsstufen

notwendig, eine robuste Methodik zu haben, um genau festzustellen, welche Art von Plattformerfahrung man untersucht.

Dies lässt zwei Arten von Fähigkeits-stufen (Bereiche) zur Berücksichtigung bei der Rekrutierung von Befragten (Abb. 2-6):

1. Plattformfähigkeiten: Zum Beispiel, inwieweit haben die Kinder vorher andere Spiele auf dieser Plattform gespielt?

2. Servicefähigkeiten: Zum Beispiel, inwieweit haben die Kinder dieses spezielle Spiel vorher gespielt?

In meinem vorherigen Beispiel, in dem man den Service testet, ist es leicht, sich zu sehr auf die Servicefähigkeiten zu konzentrieren und die Plattformfähigkeiten bei der Beschreibung der Befragten zu vernachlässigen. Ich habe eine Pyramide als Metapher für dieses Problem verwendet, da der Service auf der Plattform beruht und da diese Tatsache das Verhältnis zwischen den beiden Bereichen und die Tatsache, dass Kinder (allgemeine) Plattformfähigkeiten *vor* (spezifischen) Servicefähigkeiten erwerben, hervorheben könnte. Der Punkt ist einfach, als Forscher, der für das Testen des Service (im Gegensatz zum Testen der Plattform) verantwortlich ist, sollte man darauf achten, nicht nur mit Blick auf ihre servicebezogenen Fähigkeiten nach Befragten zu suchen.

Fähigkeitsverteilungsmuster

Wenn Sie in einem gut etablierten Bereich arbeiten (z. B. einem Inhaltsbereich oder einer Technologie, die älter als 10 Jahre ist und hoch ausgereift ist, wie zum Beispiel Fernsehen, Waschmaschinen oder Theater), werden Sie wenige Anfänger erwarten (obwohl regelmäßig Neulinge hinzukommen werden) und dafür viele Super-Nutzer. Und umgekehrt, wenn Sie in der Innovation arbeiten: Vielleicht gibt es überhaupt keine Super-Nutzer der brandneuen Technologie (noch), und fast jeder ist ein Anfänger (zumindest für eine Weile).

Hier sind einige sehr allgemeine Schätzungen zur Fähigkeitsverteilung des Publikums aus meinem Heimatland Dänemark, um Sie dazu zu bringen, darüber nachzudenken, wie die Fähigkeiten in Ihrem Publikum verteilt sein könnten:

	Anfänger	Fort-geschrittener Anfänger	Kompetent	Versiert	Experte
Fern-sehgeräte	Keine	Wenige	Wenige	Die meisten	Viele
Klaviere	Die meisten	Wenige	Wenige	Wenige	Wenige
Türgriffe[13]	Wenige (keine?)	Wenige	Wenige	Die meisten	Viele
Computer	Einige	Einige	Einige	Wenige	Wenige
Eine neue Technologie	Die meisten	Wenige	Wenige	Wenige	Wenige (keine?)

Wenn man in Betracht zieht, welche die möglichen Bereiche sind, in denen Kinder versierte oder Expertenbenutzer sein könnten, kommt einem der Bereich des Lernens selbst in den Sinn. Die schiere Menge an Bereichen, in denen sie täglich lernen müssen – durch Regeln oder Versuch und Irrtum – ist für einen Erwachsenen überwältigend. Ein 6-jähriges Kind muss beispielsweise gesprochene Sprache (vielleicht mehrere Sprachen), geschriebene Sprache, Verkehr, Schnürsenkel, Zähneputzen, Tischmanieren, Zahlen, vielleicht einen Sport oder mehrere, Sozialität und Beziehung sowie alle Themen in der Schule und viele weitere Themen erlernen.

Der Begriff „digitale Eingeborene", geprägt von Mark Prensky[14] im Jahr 2001, wird verwendet, um die Generation von Menschen zu beschreiben, die in der Ära der allgegenwärtigen Technologie, einschließlich Computern und dem Internet, aufgewachsen sind, und er weist auf Bereiche hin, in denen heutige Kinder im Vergleich zu früheren Generationen einen Vorteil haben. Es ist jedoch wichtig, dass uns dieser Begriff nicht täuscht – die Kinder von heute sind keineswegs digitale Profis oder digitale Experten, obwohl viele 6-jährige Kinder mehr Zeit mit iPads verbringen als mit, sagen wir, Zahnbürsten und Schnürsenkeln.

Ein weiterer Bereich, in dem Kinder – und insbesondere Vorschulkinder – hervorragend sind, ist die Vorstellungskraft und das Vorgeben. Ihre Superkräfte ermög-

---

[13] Dies bietet eine großartige Gelegenheit, auf Don Norman und sein Buch *The Design of Everyday Things* (BasicBooks, 1988) hinzuweisen – ein Muss, auch wegen seines Abschnitts über das Design von Türgriffen.

[14] https://de.wikipedia.org/wiki/Marc_Prensky

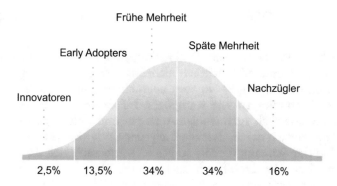

Frühe Mehrheit

Späte Mehrheit

Early Adopters

Nachzügler

Innovatoren

2,5%   13,5%   34%   34%   16%

Abb. 2-7. Der Innovationsadoption-Lebenszyklus

lichen es vielen Kindern, nah und fern zu reisen, ohne sich zu bewegen, und blitzschnell alle Arten von Identitäten und Eigenschaften anzunehmen. Ähnlich wie beim Lernen ist Vorstellungskraft eine Fähigkeit, die Pflege und Übung erfordert, und die Unterstützung von den umgebenden Erwachsenen und Spielkameraden, so dass sie nicht gleichmäßig unter der Kinderbevölkerung verteilt sind. Diese Fähigkeiten sind wichtig zu bedenken, wenn man die Art von Befragten beschreibt, die Ihr Projekt benötigt. Vielleicht bevorzugt Ihr Produkt Kinder, die eher zum Lernenden Typ oder zum Vorstellungskraft-Typ neigen – oder zu beiden Typen. Wenn es in der Erfahrung, die Sie testen werden, Hauptaspekte des Lernens oder der Vorstellungskraft gibt, kann es notwendig sein, diese Aspekte bei der Rekrutierung von Kindern für Ihre Studie explizit zu machen.

In gewissem Maße gruppiert sich das Publikum selbst nach dem Technologie-Adoptions-Lebenszyklus-Modell (Abb. 2-7),[15] von Innovatoren zu frühen Adoptierern zu (früher und später) Mehrheit und Nachzüglern (ein Begriff, der heute etwas veraltet wirkt), oft dargestellt als Glockenkurve (siehe Illustration). Das Modell hat einen interessanten Hintergrund, da es ursprünglich in den 1950er Jahren von Agrarforschern in der Studie zur Verbreitung von landwirtschaftlichen Praktiken entwickelt wurde.[16] Es wurde später als die Diffu-

---

[15] Illustrationsquelle: CC BY 2.5, https://de.wikipedia.org/w/index.php%3Fcurid%3D11484459.

[16] Der Bericht fasste die Kategorien zusammen als

Innovatoren – hatten größere Farmen, waren gebildeter, wohlhabender und risikoorientierter

Frühe Adoptierer – jünger, gebildeter, neigten dazu, Gemeinschaftsführer zu sein, weniger wohlhabend

Frühe Mehrheit – konservativer, aber offen für neue Ideen, aktiv in der Gemeinschaft und Einfluss auf Nachbarn

Späte Mehrheit – älter, weniger gebildet, ziemlich konservativ und weniger sozial aktiv

Nachzügler – sehr konservativ, hatten kleine Farmen und Kapital, älteste und am wenigsten gebildet.

sion of Innovation (DOI) Theorie, entwickelt von E.M. Rogers im Jahr 1962, veröffentlicht.[17,18]

Die Tatsache, dass der Bereich, die Produktgruppe oder die Technologie gut etabliert ist, bedeutet offensichtlich nicht, dass diese Verteilung mit wenigen Anfängern und vielen Super-Nutzern allumfassend und gesellschaftsweit ist. Ausgereifte Technologien wie Kampfjets, MR-Scanner und Kernkraftwerke werden wahrscheinlich auch wenige Anfänger und viele Super-Nutzer haben, aber das liegt einfach daran, dass die Zielgruppe oder Benutzergruppe so klein ist, während der Schulungsbedarf so groß ist und auch weil das Bedienen der Systeme ein Beruf ist. Darüber hinaus sind die Nutzer dieser Systeme wahrscheinlich eher daran interessiert, die Systeme einfach so zu verwenden, wie es in der Anleitung vorgeschrieben ist, anstatt eine Erfahrung zu machen – die Erfahrungswerte für schulungsintensive Bereiche wie Kampfjets und Kernkraftwerke sollten dokumentieren, ob Anleitungen eingehalten werden und ob das Personal das tut, wofür es ausgebildet wurde, oder nicht.

Fähigkeit oder Häufigkeit der Aufgabe

Ein weiterer Rekrutierungsansatz, den ich in der Benutzerforschung (und nicht in der Marktforschung) nützlich gefunden habe, ist die Beschreibung der Häufigkeit der Aufgabe der Befragten, die einfach darauf verweist, wie oft das Publikum die gegebene Aufgabe ausführt. Ist eine Aufgabe beispielsweise so häufig, dass die Befragten sich deutlich daran erinnern, was sie beim letzten Mal getan haben? Ist es sogar häufig genug, um sie als Super-Nutzer zu betrachten (jemand, der in einem bestimmten System außerordentlich fähig ist und von anderen Menschen als überlegene Ressource in diesem Bereich angesehen wird)?

Wenn Sie eine bestimmte Aufgabe täglich oder mehrmals pro Woche ausgeführt haben und dies schon seit einiger Zeit tun, ermöglicht Ihnen das Verständnis und die Fähigkeiten, die Sie angesammelt haben, ein klareres Set von Erwartungen und einen großen Referenzrahmen. Es könnte Ihren Wortschatz in diesem Bereich verbessert haben. Es könnte Sie mehreren ähnlichen Systemen ausgesetzt haben, in denen diese Aufgaben ausgeführt werden. Dieses Wissen und diese Fähigkeiten können Sie zu einem ausgezeichneten Befragten machen – einem, der alle Ressourcen hat, um eine Menge relevantes Feedback in Tiefe sowie in Breite zu liefern, und in der explorativen Forschung können diese ressourcenreichen Befragten äußerst wertvoll sein. Also, obwohl diese Gruppe in der Gesamtbenutzerpopulation möglicherweise nicht viel ausmacht (z. B., weil die ressourcenreichen Benutzer eine kleine Nische sind), könnte es sehr gut eine

---

[17] https: //de.wikipedia.org/wiki/Diffusion_of_innovations.

[18] Es gibt auch eine detailliertere Darstellung hier: https://livinghistoryfarm.org/farminginthe50s/crops_02.html

Priorität sein, sie in die Studie einzubeziehen. Außerdem könnte es der Fall sein, dass der Rest der Bevölkerung mit der Zeit ressourcenreich wird, und somit sind die Erkenntnisse, die Sie von den Ressourcenreichen haben, nicht mehr Nische sind. Also selbst wenn aus der Perspektive der Marktgröße die Ressourcenreichen möglicherweise kein attraktives Forschungsziel sind, könnten sie dennoch sehr relevant aus Forschungsperspektive sein, angesichts der potenziellen Erkenntnisse, die sie liefern können.

Statischer Bias

Es ist oft überraschend schwer, Menschen in Schubladen zu stecken, wenn wir alle so dynamische Leben führen. Selbst scheinbar statische Beschreibungen, wie ein „Arzt" oder „Autobesitzer", können sich über Nacht ändern, oder sie können zu offen für Interpretationen sein und erfordern eine überraschend detaillierte Beschreibung von Einschluss- und Ausschlusskriterien.

Die Beschreibungen von Zielgruppen können einen Bias einführen, zum Beispiel, wenn sie zu eng oder zu statisch sind. Wenn die Beschreibung vorschreibt, dass eine Person nur in einer Untergruppe sein kann, dann wird es einen Bias in Richtung Forschungsbereiche geben, die statisch sind, im Gegensatz zu Bereichen, in denen Menschen häufig ihren Status dynamisch ändern. Wenn Sie zum Beispiel einen Snack testen, könnten Sie Ihre Zielgruppe als „hungrige Menschen" beschreiben, aber ihr Zustand wird sich von „verhungert" über „ein bisschen hungrig" bis „satt" in sehr kurzer Zeit ändern. Diese Attribute können dynamisch sein, aber sie sind sehr real. Im Gegensatz dazu könnte die Beschreibung der Zielgruppe für den Snack einfach als „Menschen, die in bestimmten Abständen Snacks essen" angegeben werden. Sie tun es entweder oder nicht, und so sprechen wir letztendlich von einem sehr statischen Attribut. Wer kann schon sagen, was in einer Forschungsstudie mit Nicht-Snackern passieren würde, die nach den regulären Mahlzeiten stattfindet und den Befragten Snacks vorlegt?

Statische Eigenschaften sind besonders wichtig, wenn es um Forschung mit Kindern geht, da sie per Definition mitten in der dynamischen Entwicklung des Erwachsenwerdens sind. Was sie gestern mochten oder worum sie sich kümmerten, ist vielleicht nicht das, was sie heute oder morgen mögen. Aber es könnte auch umgekehrt sein, also ist es am besten, extrem präzise zu sein, wenn Sie beschreiben, welche Zielgruppe Sie für Ihre Studie rekrutieren möchten.

Befragte in der Forschung sind ähnlich wie die Rohstoffe oder Hauptzutaten beim Kochen, und wie sie beschrieben und ausgewählt werden, wird das Ergebnis enorm beeinflussen. Die Vorurteile des Forschers und der Stakeholder können beeinflussen, wie diese Qualifikation oder Disqualifikation von Befragten geschieht.

Darüber hinaus kann ein Bias in die Beschreibungen der Zielgruppen eingeführt werden, einfach aufgrund der Tatsache, dass sie vom Forscher definiert werden, im Gegensatz dazu, dass sie von den Befragten selbst formuliert werden. Zum Beispiel sucht der Forscher nach Ärzten oder Menschen, die ein Auto besitzen – nicht nach Menschen, die glauben, dass sie Ärzte sind oder die sich vorstellen, wie es ist, ein Auto zu besitzen. Wenn sie ein kürzlich pensionierter Arzt sind oder ihr Auto gestern verkauft haben, sollten sie eingeschlossen oder von der Studie ausgeschlossen werden? Aber wenn der Forscher nur begrenzte Kenntnisse darüber hat, was es bedeutet, ein Arzt zu sein (oder wie ein Arzt zu denken oder sich zu fühlen) oder sich auf fehlerhafte, übermäßig starre oder lockere Definitionen dessen stützt, was einen Arzt, einen Autobesitzer oder einen Snacker ausmacht, wird die Stichprobe eindeutig voreingenommen sein.

Die Voreingenommenheit von Gatekeepern und professionellen Befragten

Professionelle Befragte verursachen ebenfalls eine Stichprobenverzerrung. Als Erwachsene tauchen sie typischerweise in Verbraucherstudien wie Fokusgruppen auf. Ihr Ziel ist es, ein Teilzeitgehalt aus den Anreizen für Fokusgruppen und Umfragen zu verdienen, und sie sind voreingenommen in der Art und Weise, wie sie die Studie angehen. Sie werden versuchen, ihre Meinungen oder ihr Verhalten anzupassen, um sich einzufügen und den Erwartungen zu entsprechen, die sie glauben, dass Sie sie haben.

In der Kinderforschung muss man auch berücksichtigen, dass man die Kinder über jemand anderen rekrutiert, oft einen Elternteil oder Lehrer, und diese Person kann Interessen ähnlich denen eines professionellen Befragten haben, oder einfach andere Interessen, die sich von denen des tatsächlich teilnehmenden Kindes unterscheiden. Außerdem kann der als Gatekeeper fungierende Erwachsene einfach nicht auf dem neuesten Stand der aktuellen Vorlieben des Kindes sein und daher während des Screening-Prozesses keine genauen Informationen geben.

Sie können die Voreingenommenheit des Gatekeepers und bei der Rekrutierung von professionellen Befragten auf mehrere Arten reduzieren:

- Wenn Sie potenzielle Befragte screenen, hören Sie auf Antworten oder das Fehlen von Antworten. Können Sie ein Gespräch mit dem Kind einrichten (natürlich mit dem Gatekeeper-Erwachsenen in der Nähe), um einen direkten Eindruck von ihren tatsächlichen Vorlieben zu bekommen?

- Reagieren sie auf den richtigen Aufruf zur Teilnahme oder nicht? Wenn die Antworten oberflächlich sind oder nicht richtig erscheinen, müssen Sie sie möglicherweise aussortieren. Ausgebildete Rekrutierer entwickeln ein

Gespür für professionelle Befragte in der
Verbraucherforschung.

- Das Problem ist, dass es manchmal lukrativ oder lohnend
  sein kann, ein Befragter zu sein, und der tatsächliche
  Befragte kann tatsächlich „seinen Platz am
  Forschungstisch" an jemand anderen verkaufen. In einigen
  Kulturen ist es üblich, zur Vermeidung von Betrügern die
  Fotoausweise der Befragten zu überprüfen, wenn sie zur
  Teilnahme erscheinen. Sind die Befragten diejenigen, die
  sie sagen, dass sie sind, oder sitzen sie für „den richtigen"
  Befragten ein?

5 Die richtigen Dinge tun

In einer Studie entwickeln Sie oft ein Aufgabendesign oder Testprotokoll, das
beschreibt, auf was der Befragte reagieren muss und wie man ihn zu Antworten auffordert. Es ist eine klare Quelle von Bias, wenn es eine zu große Lücke
zwischen dem Skript und dem gibt, was der Befragte tun würde, wenn er seinen eigenen Geräten überlassen würde (Abb. 2-8). Die Studie muss so auf-
gebaut sein, dass sie die realistischen Bedürfnisse und das Verhalten des Befragten mit dem Verhalten oder der Erfahrung, wie sie vom Stakeholder beabsichtigt und gestaltet wurde, übereinstimmt.

Konsensbias

In einer vielzitierten Studie aus dem Jahr 1931 zeigten die Pionier-Sozial-
psychologen Daniel Katz, Margaret Babcock Jenness und Floyd Henry Allport,
dass die Schätzungen der Studenten über die Häufigkeit, mit der andere Teilnehmer betrügen, positiv mit ihrem eigenen Verhalten korreliert waren – je
weniger Sie betrügen, desto weniger erwarten Sie, dass andere betrügen werden. Ein dänisches Sprichwort kann sinngemäß so übersetzt werden: *Ein Dieb
denkt, dass jeder stiehlt.*

Konsensbias ist ein häufiger kognitiver Bias, der beschreibt, wie wir – eher
egozentrisch – dazu neigen zu glauben, dass Menschen im Allgemeinen unsere
eigenen Überzeugungen, Werte und sogar Verhaltensweisen teilen. Im Zeit-
alter der sozialen Medien wird dieses Phänomen manchmal mit der Metapher
„Echo-Kammer" beschrieben, ein selbsterklärender Begriff, der dem Inter-
netaktivisten Eli Pariser um 2010 zugeschrieben wird und der auf eine Filter-
blase hinweist, die durch die Inhaltsrelevanzfilter, die wir als Individuen setzen
(bewusst oder unbewusst) durch das Klicken auf Beiträge, die uns interessieren, und die Art und Weise, wie Algorithmen in sozialen Medien unsere Auswahl ad libitum verstärken.

Abb. 2-8. Mögliche Bereiche von Bias in dem, was Befragte während der Studie tun

In der Forschung kann dieser Bias (vielleicht bewusst, aber wahrscheinlich unbewusst) dazu führen, dass Forscher und Stakeholder ihre eigenen Überzeugungen und Verhaltensweisen beim Entwickeln des Testskripts nachbilden. Die Implikation ist, dass die Studie eine sich selbst erfüllende Prophezeiung sein wird: Wenn Sie die eigenen Überzeugungen und Handlungen der Befragten nicht in die Studie einbeziehen, riskieren Sie, eine Studie durchzuführen, die sich um sich selbst (d. h., Ihre Blase) und nicht um das Publikum dreht.

In den Fällen, in denen das Ziel der Studie darin besteht, Schlüsselhypothesen über ein Produkt oder eine Dienstleistung zu validieren (z. B., ob die Befragten verstehen, wie man es benutzt oder nicht), geht dieser Bias Hand in Hand mit dem Testskript: Sie studieren tatsächlich, ob (oder nicht) Ihr Konzept, Inhalt und Interaktionen mit den Befragten über das Design geteilt werden. Sie untersuchen, ob Ihre Echo-Kammer für Ihr Publikum inklusiv ist. Zu einem extremen Schluss gezogen, wird diese Studie Ihnen nichts erzählen, was Sie nicht bereits wussten – es ist eine sinnlose Zeitverschwendung.

Überwinden Sie die Effekte der Aktualität und Primarität

Dieser Effekt, auch als Serienpositionseffekt bezeichnet, ist die Tendenz einer Person, sich am besten an die ersten und letzten Elemente einer Reihe zu erinnern und die mittleren Elemente am schlechtesten. Wenn man die Kinder in einer Studie bittet, eine Liste von Elementen in beliebiger Reihenfolge (auch freies Erinnern genannt) zu erinnern, beginnen sie in der Regel mit dem Ende der Liste und erinnern sich am besten an die neuesten Elemente (der Aktualitätseffekt). Aufgrund der Art und Weise, wie Informationen im Gehirn gespeichert werden, werden die ersten präsentierten Elemente häufiger erinnert als die mittleren Elemente (der Primaritätseffekt). Eine einfache Möglichkeit, diesen Effekt zu korrigieren, besteht darin, die Reihenfolge oder Anordnung der Reize zwischen jedem Teilnehmer zu variieren oder zufällig zu machen. Eine andere Möglichkeit besteht darin, die Geschwindigkeit und Betonung zu berücksichtigen, die auf jedes Element gelegt wird, da die Kinder Elemente deutlich besser erinnern, wenn diese langsam oder mit großer Betonung präsentiert werden als das Gegenteil.

Es ist die Aufgabe des Forschers, sicherzustellen, dass die Studie ihren Ausgangspunkt in der Welt der Befragten nimmt – in ihren Bedürfnissen, Überzeugungen, Erwartungen und Verhaltensweisen. Es gibt mehrere Möglichkeiten, dies zu tun, indem man ethnographische und befragungszentrierte Ansätze kombiniert, und sie funktionieren sowohl mit explorativen als auch mit validierenden Studienansätzen:

- Beginnen Sie die Entwicklung eines Testskripts mit Beobachtungen und Interviews (zum Beispiel, indem Sie das reale Verhalten auf Video oder schriftlich festhalten und es im Forschungskontext replizieren).

- Testen Sie das Testskript vorab mit Fachexperten aus verschiedenen Bereichen.

- Denken Sie über Ihre eigene Echokammer hinaus; konzentrieren Sie sich auf Vielfalt bei der Auswahl der Befragten und der Entwicklung des Skripts.

- Entwickeln Sie das Testskript gemeinsam mit den Befragten, zum Beispiel während eines Vorab-Interviews über ihre vergangenen Erfahrungen, ihre Erwartungen und ihre täglichen Praktiken.

- Lassen Sie die Befragten aus einer Reihe von potenziellen Testskriptelementen wählen („Was möchten Sie zuerst tun?") anstatt eine feste Aufgabenliste zu haben.

6 ... zur richtigen Tages-, Wochen- oder Monatszeit

Es mag zunächst harmlos klingen, aber es ist wichtig, im Voraus zu planen, um sicherzustellen, dass der Zeitpunkt der Forschung dem Zeitpunkt der Nutzung des Produkts oder Dienstleistung (oder des Konsums des Inhalts) entspricht, den Sie untersuchen.

Wenn das Produkt ein Spielzeug ist, das unter Aufsicht eines Erwachsenen von einem Kind benutzt werden soll, fällt der Zeitpunkt eindeutig in den Tag, vielleicht sogar noch genauer definiert als ein Arbeitstagnachmittag oder den ganzen Tag am Wochenende.

Wenn die Studie herausfinden soll, ob Eltern daran interessiert sind, ein Spielzeug zu kaufen, kann es eine Rolle spielen, zu welchem Zeitpunkt des Monats (relativ zum Zahltag) Sie die Studie durchführen. Es kann auch die Einstellung der Geschenkgeber beeinflussen, wenn die Studie kurz vor oder während einer Geschenkgebenden Saison stattfindet, da die Geschenkgeber in diesen Zeiten einfach aufmerksamer gegenüber Spielzeug sind.

Kinder haben andere Zeitpläne als Erwachsene. Schulkinder haben wahrscheinlich mehr Verfügbarkeit, an Forschungen außerhalb der Schulzeiten teilzunehmen, vielleicht in außerschulischen Aktivitäten. Es kann schwieriger sein, eine Sitzung mit dem Forscher (und Beobachtern) während der Nachmittagsstunden zu organisieren, wenn sie nahe oder nach dem Ende eines normalen Arbeitstages liegt.

Typischerweise haben Kinder oft mehr Energie in der ersten Hälfte des Tages – diese Energieschwankung ist auch bei Erwachsenen üblich, aber ausgeprägter je jünger die Kinder sind. Jüngere Kinder brauchen vielleicht ihre Mittagsschlafzeit. Die Geschwindigkeit der verschiedenen Teile unserer kognitiven Apparatur – unser Gedächtnis, unsere Aufmerksamkeitsspanne, unsere Entscheidungsfindung – schwankt im Laufe des Tages sowohl bei Kindern als auch bei Erwachsenen. Dies beeinflusst den Zeitpunkt sowie den nächsten Punkt, den wir untersuchen werden: die Dauer der Forschung.

7 ...für die richtige Dauer

Wie lange kann eine Forschungssitzung mit einem Kind laufen? Es gibt keine universelle Antwort, aber hier sind einige Hinweise:

- Zu lange Dauer: Tests können die Aufmerksamkeit der Kinder übermäßig fokussieren, was zu einer besseren als realen Erfahrung führt. Andererseits kann die Aufmerksamkeit des Kindes abnehmen, wenn die Sitzung sich hinzieht.

- Zu kurz: Die Sitzung spiegelt nicht die volle Erfahrung wider, was wiederum zu einer besseren als realen Erfahrung führt. Dies kann verstärkt werden, wenn die Sitzung kurz ist und die Aufmerksamkeit des Kindes höher hält als realistisch.

Eine allgemeine Empfehlung ist, das Skript oder den Sitzungsleitfaden in 15-minütige Segmente zu unterteilen und nach jedem eine Bewertung vorzunehmen, um zu beurteilen, ob das Kind in der Lage ist, zum nächsten Segment überzugehen oder nicht, und vielleicht das Kind in diese Entscheidung einzubeziehen. Stellen Sie sicher, dass Sie die wichtigsten Bereiche priorisieren, indem Sie sie möglichst in die früheren Segmente einfügen.

Seien Sie sich der Art der Erfahrung bewusst, die Sie erforschen. Wenn es sich um eine lustige und anregende Aktivität handelt, bei der die Zeit verfliegt, können Sie die Sitzungsdauer, verglichen mit einer ernsteren oder anstrengenderen Aktivität, wahrscheinlich erhöhen. Wenn die Aktivität ein soziales Element hat, können Sitzungen mit zwei oder mehr Befragten (z. B. Freunden oder Geschwistern) Projektzeit sparen, indem sie eine kürzere Dauer pro Befragtem haben; jedoch kann der soziale Kontext oder die Möglichkeit des Gruppendenkens verschiedene Arten von Bias einführen, wenn das Produkt als Einzelerfahrung gedacht ist.

Es ist immer eine gute Idee, Ihr Skript mit einem realistischen, aber toleranten Befragten zu testen, um zu sehen, wie lange es dauert, es im Voraus durchzugehen, bevor Sie die Termine mit den tatsächlichen Befragten vereinbaren. Außerdem müssen Sie möglicherweise laufende Überarbeitungen des Plans einbeziehen und die Dauer anpassen, wenn sie nicht so gut passt wie erwartet.

Sie sollten auch berücksichtigen, welche realistische Nutzungsdauer oder Verbrauchsdauer zu erwarten ist. Wenn ein Produkt für einen Pick-up-and-use-Kontext konzipiert ist, sollte das Skript das nachahmen. In diesem Fall sollten Sie keine Einführung oder Schulung anbieten und dies wird die Dauer der Sitzung reduzieren (insofern alles andere gleich bleibt). Wenn das Produkt Installation, Montage oder andere zeitaufwändige Aktivitäten erfordert, überlegen Sie, ob diese simuliert werden können, zum Beispiel in einem Videoclip, um die Sitzungsdauer zu verkürzen, aber in diesem Fall seien Sie sich jedes Bias bewusst, den diese kürzere als reale Erfahrung einführen wird.

Zuletzt, aber nicht unwesentlich zu bemerken, ist eine „Einflug"-Zeit oder „Aufwärm"-Zeit notwendig, damit das Kind sich entspannen und mit der Einrichtung und den Personen vertraut machen kann. Wenn der Ort vertraut ist und der Moderator vertraut ist, kann es überhaupt keine Zeit in Anspruch nehmen. Wenn alles dem Kind unbekannt ist, überlegen Sie, ob es Möglichkeiten gibt, wie das Kind sich im Voraus vorbereiten kann (z. B. durch das Anschauen eines Videos über den Ort, die Personen und den Zweck) oder

Abb. 2-9. Mögliche Verzerrungen in dem, was die Befragten während der Studie tun

planen Sie einfach 5 oder 10 Minuten gegenseitige Vorstellungszeit vor der eigentlichen Studie ein.

8 ...am richtigen Ort/in der richtigen Umgebung

Der beste Forschungsort mit Kindern ist nicht immer der bequemste für den Forscher. Es ist dort, wo das Kind sich wohl fühlt, wo es mit der Umgebung und den Menschen vertraut ist und sich zu Hause fühlt.

Einige Faktoren sind physisch, dargestellt durch den gelben Rahmen in Abb. 2-9:

- Kinder können leicht schüchtern werden, wenn die Forschung in einer Unternehmensumgebung durchgeführt wird, die der Forscher sonst aus praktischen oder wirtschaftlichen Gründen bevorzugen könnte.

- Kinder können durch Dekoration abgelenkt werden und sogar anfangen, damit zu spielen. Sie könnten mehr

Energie und Aufmerksamkeit auf das Drehen des Bürostuhls verwenden als auf das Produkt oder die Dienstleistung, die Sie testen.

- Kinder könnten sich auch unwohl fühlen, wenn sie Möbel benutzen, die für Erwachsene konzipiert sind, wie Bürotische und -stühle.

Andere potenzielle Stolpersteine sind psychologisch, dargestellt durch den ziegelorangen Rahmen in Abb. 2-9:

- Sie könnten sich unwohl fühlen, unter Beobachtung zu stehen.

- Sie könnten sich isoliert fühlen, wenn sie das einzige Kind in einem Raum voller Erwachsener sind.

- Sie könnten sich unwohl fühlen, mit bestimmten anderen Kindern zusammen zu sein.

- Sie könnten verwirrt über ihre Rolle sein und unsicher, was von ihnen erwartet wird.

Das soll nicht heißen, dass diese Gefühle einzigartig für Kinder sind – viele Erwachsene könnten genau so reagieren. Allerdings kann die Tatsache, dass Kinder nicht ihre eigenen Herren sind, zu ihrem Unbehagen beitragen. Denken Sie daran, dass sie nicht die gleiche Fähigkeit haben, aus einer unangenehmen Situation auszusteigen, wie Erwachsene es haben.

9 ...das richtige Gerät verwenden

Oft benötigen Sie ein Gerät, wie ein Smartphone, ein Tablet, eine Spielkonsole, einen Fernseher oder ein anderes Gerät, um auf den Inhalt oder die Funktionen zuzugreifen.

Das richtige Gerät muss eines sein, mit dem das befragte Kind vertraut ist und das von den Stakeholdern vorgesehen und beabsichtigt ist. Bei der Forschung mit Kindern sollten Sie jedoch bedenken, dass diese nicht immer identisch sein müssen. Kinder haben oft ältere Smartphones oder Tablets, die vielleicht mehrere technologische Generationen zurückreichen. Entwickler und Designer hingegen verfügen oft über modernste Geräte, die wahrscheinlich ein besseres Erlebnis bieten. Den Kindern die neuesten Geräte zum Testen eines Dienstes oder Produkts zu geben, kann das bestmögliche Erlebnis bieten (und das Erlebnis, das Kinder in der Zukunft haben werden, sobald ihre Geräte aufgerüstet wurden), aber es wird auf Kosten der Realität geschehen.

Vielleicht ist der Sprung nicht so groß, wenn das Gerät des Kindes auf demselben Betriebssystem (z. B. iOS oder Android für Smartphones und Tablets) oder Plattform (z. B. eine PlayStation oder Xbox) läuft, aber die bloße Tatsache, dass die neuesten Geräte bessere Erlebnisse bieten (Sounds, Grafiken, Reaktionszeit, Verarbeitung usw.) wird das Kind zugunsten des Erlebnisses beeinflussen.

Wenn das Kind eine bestimmte Plattform oder ein Betriebssystem zum allerersten Mal verwendet, wird es wahrscheinlich die Plattform selbst – nicht den Dienst oder das Produkt – sein, das Sie testen. Das kann an sich relevant sein – Sie sollten dies bei der Analyse der Ergebnisse im Hinterkopf behalten.

Eine andere Sicht auf den Begriff Gerät könnte den Text und seine Lesbarkeit in Bezug auf das Alter des Befragten einschließen. Buchstaben und Zahlen auf einem Bildschirm oder einem Stück Papier sind potenziell eine Quelle von Voreingenommenheit, die für einen gebildeten Erwachsenen schwer zu bemerken ist. Wenn das Kind Informationen aus einem Text entnehmen soll, muss dieser den Fähigkeiten des Kindes entsprechen, ähnlich wie die Verwendung des richtigen Geräts auf jeder digitalen Plattform wichtig ist. Ein gebildeter Erwachsener hat möglicherweise wenig oder gar keine Einsicht in das Lesevermögen eines 6-, 7- oder 8-jährigen Kindes, und die Lese- und Schreibfähigkeit variiert natürlich von Kind zu Kind. Eine Perspektive auf das Erlernen des ABCs und was dies vom Kind verlangt, wird in Fernsehsendungen wie der *Sesamstraße* veranschaulicht.[19]

Voreingenommenheit während der Ausführungsphase

Das ist bereits eine ganze Menge Voreingenommenheiten, und wir sind noch nicht einmal „im Feld" angekommen! Das Feld ist die chaotische und gefährliche reale Welt, in der all unsere guten Absichten und großartigen Pläne auf die Probe gestellt werden. Aber keine Angst: das Ende der Liste der Voreingenommenheiten rückt näher!

---

[19] Hier gibt es eine anschauliche Schritt-für-Schritt-Anleitung https://muppet.fandom.com/wiki/Learning_About_Letters. Als Gegengewicht gibt es hier einen Text, der auf Mängel in der Art und Weise hinweist, wie die *Sesamstraße* Kinder erzieht: https://newrepublic.com/article/123405/sesame-street, z. B., dass sie eine Welt präsentiert, in der „Erwachsene alles initiieren. Und die Anliegen (der Kinder) sind trivial." Es wird gesagt, dass die Vorstellung der *Sesamstraße* von der intellektuellen Entwicklung von Kindern auf einige mechanische Operationen beschränkt ist. Für weitere kritische Reflexionen folgen Sie diesem Link: https://en.wikipedia.org/wiki/Influence_of_Sesame_Street#Critical_reception.

In dieser Phase:

- 10 Korrekt vorbereitet und instruiert
- 11 Die richtige Menge an Vorbereitung und Anweisung
- 12 Korrekt moderiert
  - 12a Voreingenommene Fragen
  - 12b Voreingenommene Antworten
- 13 Überwacht von den richtigen Personen

10 Korrekt vorbereitet und instruiert

Wie Sie die Befragten instruieren oder vorbereiten, wird davon beeinflusst, ob Sie einen explorativen oder einen validierenden Ansatz zur Forschung wählen. Exploration (z. B., was wäre, wenn wir in diese Richtung gehen?) findet oft früher in einem Projektzyklus statt, und ihr Zweck – und daher die Anweisungen, die den Befragten gegeben werden – sind oft lockerer definiert als in Studien, die eine Validierung suchen (z. B., wie gut funktioniert das?), die oft später in einem Projektzyklus stattfindet. Die Exploration könnte mehr mit dem Wie und Was zu tun haben, während die Validierung daran interessiert sein könnte, in welchem Ausmaß etwas wahr ist, oder an einem einfachen binären Ergebnis wie „ja" (ja, die Befragten konnten etwas erreichen) oder „nein" (sie konnten es nicht).

Um ein Beispiel aus der natürlichen Welt zu verwenden, wenn Sie eine Erkundung des Meeres durchführen, werden Sie sehen, was im Ozean ist und vielleicht neues Meeresleben finden. Wenn Sie eine Validierung durchführen, werden Sie nach bestimmten Arten suchen oder versuchen zu beweisen, dass eine Art in einem bestimmten Gebiet lebt.

Die Verzerrung wird verstärkt, wenn die Anweisungen nicht dem Zweck entsprechen. Wenn Sie in einer Exploration mit einem Studienleitfaden enden, der hauptsächlich geschlossene Fragen stellt (z. B., funktioniert das für Sie?) oder sich hauptsächlich mit der Beurteilung der Genauigkeit von etwas befasst (z. B., wie gut funktioniert das für Sie?), wird die Studie nicht das volle Ergebnis liefern – Sie riskieren, das Pferd von hinten aufzuzäumen, und Sie werden den Studienleitfaden überarbeiten und sicherstellen wollen, dass die Anweisungen offener für das Unbekannte sind.

Priming – die Technik, bei der die Exposition gegenüber einem Reiz die Reaktion auf einen nachfolgenden Reiz beeinflusst, ohne bewusste Führung oder Absicht – ist an sich klar eine Quelle der Verzerrung. Beispiele aus der Sozialpsychologie zeigen, dass die Exposition von Befragten gegenüber positiven oder negativen Stereotypen vor einem Test ihre Leistung beeinflusst.

Experimente der Psychologen Dijksterhuis und van Knippenberg[20] haben gezeigt, dass das Priming des Stereotyps von Professoren auf das Merkmal „intelligent" die Leistung der Teilnehmer auf einer Skala zur Messung des Allgemeinwissens verbessert hat. Ebenso hat das Priming des Stereotyps von Fußballhooligans auf das Merkmal „dumm" die Leistung der Teilnehmer auf einer Allgemeinwissensskala reduziert.

In einem anderen Priming-Klassiker haben die Psychologen Shih, Pittinsky und Ambady[21] asiatisch-amerikanische Frauen entweder mit ihrer asiatischen Identität (stereotyp mit hoher Mathematikfähigkeit), weiblicher Identität (stereotyp mit niedriger Mathematikfähigkeit) oder ohne Priming vor der Verabreichung eines Mathematiktests vorbereitet. Von den drei Gruppen schnitten die asiatisch vorbereiteten Teilnehmer am besten beim Mathematiktest ab, und die weiblich vorbereiteten Teilnehmer schnitten am schlechtesten ab.

So ist Priming ein Faktor, mit dem man rechnen muss. In der Forschung mit Kindern kann es voraussichtlich eine Rolle spielen, zum Beispiel, wenn ein Testskript oder ein anderer Reiz daran erinnert, wie alt die Kinder biologisch sind – sie könnten besser oder schlechter abschneiden, je nachdem, wie ihr Entwicklungs- oder geistiges Alter ihrem biologischen Alter entspricht. Ähnliche Effekte können auftreten, wenn das Testskript auf ihre persönlichen Interessen abzielt, wobei die positiven oder negativen Aspekte eines Interesses sie möglicherweise unbewusst vorbereiten. Dies könnte dazu führen, dass sie ihre Interessen überproportional aufbauschen – sie werden während der Forschungssitzung deutlich mehr engagiert oder desinteressiert sein, als wenn sie nicht vorbereitet wären.

Einige Spiele oder Spielzeuge können kulturell bestimmten Altersintervallen oder nur einem der Geschlechter zugeschrieben werden. Das Vorbereiten von Kindern mit diesen Normen (z. B., das ist kein Spielzeug für Mädchen oder das ist ein Spielzeug für jüngere Kinder) kann sie auch dazu verleiten, während der Forschung anders zu agieren, zu reagieren oder sich zu verhalten. In Forschungssituationen werden Kinder oft ein gewisses Maß an Unsicherheit verspüren; vielleicht werden sie nervös sein, was dazu führt, dass sie sich unter ihrem Standard verhalten und leisten. Forscher müssen sehr vorsichtig mit dem Priming sein. Einerseits müssen sie darauf abzielen, es für die Kinder so angenehm wie möglich zu machen. Aber andererseits könnte dies dazu führen, dass die Kinder sich übermäßig umsorgt und geliebt fühlen und weniger befähigt sind, sich zu behaupten und auszudrücken.

---

[20] Dijksterhuis, A., & van Knippenberg, A. (1998). Der Zusammenhang zwischen Wahrnehmung und Verhalten, oder wie man ein Spiel Trivial Pursuit gewinnt. *Journal of Personality and Social Psychology*, 74(4):865–877. https://doi.org/10.1037/0022-3514.74.4.865.

[21] Shih, M., Pittinsky, T.L., Ambady, N. (1999). Stereotypenanfälligkeit: Identitätssalience und Verschiebungen in der quantitativen Leistung. *Psychological Science*, 10:80–83.

Für Forscher ist es hilfreich, verschiedene Moderationstechniken zu üben, damit sie schnell in verschiedenen Situationen angewendet werden können, zum Beispiel, wenn ein Kind negativ auf einen liebevolleren Moderationsstil reagiert oder nervös erscheint. Auch um das Priming zu reduzieren, ist es wichtig, den Kindern ein klares Verständnis (in Kürze) über das Ziel der Studie und die Rolle des Moderators im Voraus zu verschaffen, indem man betont, dass es keine richtigen oder falschen Antworten oder Handlungen gibt und dass der Moderator gleich glücklich oder traurig ist, wenn die Studie in die eine oder andere Richtung geht, solange sie den Interessen des Kindes folgt.

11 Die richtige Menge an Vorbereitung und Anweisung

Dieser Schritt befasst sich mit dem potenziellen Bias, der durch zu viele oder zu wenige Anweisungen entsteht. Das Kind benötigt genügend Anweisungen, um ein dichtes, reichhaltiges Verständnis zu erlangen und um umfangreiches Feedback jenseits eines einfachen „Ja" oder „Nein" zu geben. Andererseits können zu viele Anweisungen das Kind überfordern, was zu Verwirrung oder Langeweile und einer anschließenden Veränderung seines Verhaltens oder seiner Vorlieben führen kann.

Und ich denke, dass dies vielleicht gerade die richtige Menge an Anweisung für diesen Abschnitt ist!

12 Korrekt moderiert

Moderator Bias

Der Moderator sammelt die Daten und hat einen großen Einfluss auf deren Qualität.

Die Gesichtsausdrücke, Körpersprache, Tonfall, Kleidungsstil und Sprachstil des Moderators können Bias einführen. Ebenso können das Alter, der soziale Status, die Herkunft und das Geschlecht des Moderators Bias erzeugen.

Einige dieser Einflüsse sind unvermeidlich, aber Sie können einige der physischen Einflüsse kontrollieren. Bleiben Sie so neutral wie möglich in Kleidung, Tonfall und Körpersprache. Und geben Sie keine Meinungen ab, während Sie moderieren. Versuchen Sie, das Energielevel des Kindes nachzuahmen. Wenn das Kind ruhig ist, seien Sie ruhig; wenn das Kind laut ist, spielen Sie mit.

12a Voreingenommene Fragen

Eine voreingenommene Frage oder die Art und Weise, wie Sie eine Frage stellen, kann die Antwort beeinflussen (Abb. 2-10). Erkennen und vermeiden Sie Ihre eigenen voreingenommenen Fragen. Als Moderator haben Sie die

Abb. 2-10. Voreingenommene Fragen

Kontrolle über die Fragen. Überprüfen Sie Ihren Interviewleitfaden auf voreingenommene Fragen und formulieren Sie sie um oder entfernen Sie sie.

Hier sind einige häufig vorkommende voreingenommene Fragen, die in qualitativen Forschungen gefunden wurden.

Leading Question Bias

Leading Questions legen nahe, was die Antworten sein sollten. Worte in den Mund der Befragten zu legen, verfälscht ihre Antworten.

Ein Beispiel für eine Leading Question ist: „Einige Leute denken, dass zuckerhaltige Süßigkeiten schlecht für Sie sind. Denken Sie das auch?" Stellen Sie die Frage stattdessen neutral: „Was ist Ihre Meinung zu zuckerhaltigen Süßigkeiten?"

Indem Sie die Fragen neutral halten, reduzieren Sie den Fragebias.

Missverstandene Frage Bias

Manchmal stellen Moderatoren Fragen, die die Befragten missverstehen. Wörter, Kontext, Kultur und unterschiedliche Interpretationen von Wörtern und Sätzen können zu Missverständnissen führen.

Einfache, klare und konkrete Fragen reduzieren Missverständnisse.

Unbeantwortbare Frage Bias

Einige Befragte können Fragen nicht beantworten, weil ihnen Erfahrung oder Bezugspunkte zu einem Thema fehlen. Zum Beispiel kann ein bestimmtes Kind mit einem bestimmten Spielzeug oder Spiel nicht vertraut sein, versucht aber dennoch, Fragen dazu zu beantworten. Wenn die Befragten keine Erfahrung mit einem Produkt oder einer Produktkategorie haben, können ihre Antworten fehlerhaft sein.

Stellen Sie sicher, dass Sie Befragte mit tatsächlicher Erfahrung in dem betreffenden Thema interviewen, wenn Sie qualitative Forschung moderieren.

Metaphorisch gesprochen

Verzerrungen durch unbeantwortbare oder missverstandene Fragen treten auch auf einer anderen kognitiven Ebene auf, da Metaphern nicht immer zwischen Moderatoren und Kindern geteilt werden. Moderatoren führen möglicherweise eine Verzerrung ein, wenn sie eine Sache durch Bezugnahme auf eine andere Sache durch Analogien (z. B. wird eine mit der anderen verglichen, wie in „dieses Spielzeug ist schneller als ein Blitz"), Vergleiche (z. B. eine ist wie die andere: „dieses Spielzeug ist wie ein Auto") und Metaphern (z. B. eine ist die andere: „dieses Spielzeug ist ein Auto") beschreiben oder erklären.

Autos und Blitze können tatsächlich als Referenzpunkte für die meisten Kinder dienen, aber bei vielen anderen Metaphern riskieren Sie, dass Kinder, die sie zum ersten Mal in Ihrer Studie hören, sie wörtlich nehmen oder die zugrunde liegende Bedeutung ihnen völlig entgeht, zum Beispiel in Ausdrücken wie „an deinem Sitz kleben", „die Augen schälen", „den Atem verlieren", usw.[22]

(Siehe auch den Abschnitt Beschreibungsverzerrung über Metaphern).

Verzerrung durch Frageordnung

Die Reihenfolge, in der Sie die Fragen stellen, kann eine Verzerrung einführen. Minimieren Sie diese Art von Verzerrung in qualitativen Forschungen, indem Sie folgendes tun:

---

[22] Viele komplexere Beispiele finden Sie hier: www.ereadingworksheets.com/figurative-language/figurative-language-examples/metaphor-examples

- Stellen Sie allgemeine Fragen vor spezifischen Fragen

- (z. B., Würdest du jemals mit einem Auto spielen? vor Würdest du mit diesem Auto spielen?)

- Stellen Sie offene Fragen vor geschlossenen Fragen

- (z. B., Wie würdest du mit diesem Auto spielen? vor Würdest du mit diesem Auto spielen?)

- Stellen Sie unausgeführte Fragen vor ausgeführten Fragen

- (z. B., Wie würdest du mit einem Auto spielen? vor Wie würdest du mit diesem Auto spielen?)

- Stellen Sie positive Fragen vor negativen Fragen

- (z. B., Was sind einige gute Dinge über dieses Auto? vor Was sind einige schlechte Dinge über dieses Auto?)

- Stellen Sie Verhaltensfragen vor Einstellungsfragen

- (z. B., Wie hast du mit diesem Auto gespielt? vor Hat es dir gefallen, mit diesem Auto zu spielen?)

Sorgfalt ist notwendig, wenn Sie Ihre Themen, Fragen und Aktivitäten ordnen. Fragen Sie sich, ob die Reihenfolge der Fragen eine Verzerrung verursacht, aufgrund der Reihenfolge, in der die Fragen präsentiert werden. Ändern Sie die Reihenfolge, wenn nötig und sehen Sie, was Sinn macht.

Für weitere Informationen zum Priming siehe Schritt 10 („Korrekt vorbereitet und instruiert").

12b Verzerrte Antworten

Eine verzerrte Antwort ist eine unwahre oder teilweise wahre Aussage eines Befragten. Verzerrung beeinflusst und verfälscht Antworten und verschleiert die Wahrheit. Eine unwahre Aussage kann absichtlich oder unbeabsichtigt sein. In jedem Fall wird sie als Verzerrung betrachtet und kann aus verschiedenen Gründen auftreten. Eine verzerrte Antwort ist zum Beispiel eine natürliche Reaktion auf eine verzerrte Frage, aber Sie sollten auch bedenken, dass der Befragte viele andere Faktoren (neben der Frage) berücksichtigt, wenn er eine Antwort gibt, und dies kann fast jedes Detail rund um die Frage umfassen (Abb. 2-11).

Verzerrte Antworten sind also häufig, und ein Forscher muss genauso auf der Hut vor ihnen sein wie vor den anderen Verzerrungen in diesem Kapitel. In den folgenden Abschnitten beschreibe ich einige gängige Arten von verzerrten Antworten, die oft in qualitativen Forschungen gefunden werden.

Abb. 2-11. Verzerrte Antworten

Kognitive Überlastungsverzerrung

Die kognitive Überlastung beschreibt eine Situation, in der jemand oder ein Medium (z. B. ein Moderator oder Lehrer) einer Person (z. B. Befragten oder Lernenden) zu viele Informationen oder Aufgaben auf einmal gibt, was dazu führt, sodass diese Person die Informationen nicht verarbeiten kann. In dieser Situation übersteigen die kognitiven Verarbeitungsanforderungen einer Aktivität die Verarbeitungsgrenzen des Befragten oder Lernenden.

Dies ist ein bekanntes Problem bei der Usability-Testung, die das Think-Aloud-Protokoll anwendet, bei dem die Befragten dazu ermutigt werden, ihre Denkprozesse während der Aufgabenerfüllung explizit zu machen. Die bloße Tatsache, laut zu denken, verlangsamt viele andere kognitive Prozesse, wie Schlussfolgerungen, Gedächtnis, Entscheidungsfindung, motorische Fähigkeiten oder Sprechen. Die kognitive Überlastungsverzerrung wird weiter durch andere Faktoren verstärkt, die eine Studie verzerren können – insbesondere die Konsistenzverzerrung, auf die wir in wenigen Sätzen eingehen werden. Wenn das kognitive System überlastet ist, verlangsamt sich der Entscheidungsprozess, die Fehlerquote steigt und es wird zunehmend schwieriger, konsistent zu sein und Informationen oder Situationen zu verstehen.

Mehrere Studien (und wahrscheinlich auch die meisten anekdotischen Beweise von Eltern) kommen zu dem Schluss, dass Kinder schlechter (oder weniger konsistent) als Erwachsene abschneiden, wenn sie überlastet sind. Zum Beispiel kam eine Studie aus dem Jahr 2017[23] zum Thema Aufgabenwechsel zu dem Schluss, dass Kinder (im Alter von 6–16 Jahren) durchweg schlechter abschnitten und anfälliger für Aufgabenmanipulationen waren als Erwachsene (18–27 Jahre alt). Eine weitere Studie aus dem Jahr 2011[24] fand heraus, dass jüngere Kinder (1.-2. Klasse) schlechter abschneiden als ältere Kinder (6.-7. Klasse) oder Erwachsene (Studenten) bei Tests des Arbeitsgedächtnisses.

Das bedeutet, dass Forschungen mit Kindern (es sei denn, es handelt sich natürlich um eine Studie über kognitive Überlastung) sehr auf die Forschungssetup achten und sie speziell an das Entwicklungsstadium und die kognitiven Einschränkungen der Kinder anpassen sollten. Das bedeutet, dass je jünger die Kinder sind, desto weniger „bewegliche Teile" sollten eingeführt werden: Es sollte weniger Reize, weniger und einfachere Aufgaben, weniger Wechsel zwischen Aufgaben, weniger Anweisungen, weniger Moderation und eine Wirtschaft der Sprache geben, die weniger und einfachere Worte verwendet.

Konsistenzverzerrung

Die Befragten versuchen, in ihren Antworten konsistent zu erscheinen. Dies geschieht zum Beispiel in einem Test oder Interview, wenn eine vorherige Aussage einer Person spätere Aussagen beeinflusst, auch wenn eine der Aussagen nicht wahr ist. Zum Beispiel könnte ein Befragter sagen, dass er eine bestimmte Aufgabe auf eine bestimmte Weise ausführt oder eine bestimmte Vorliebe hat, und dann im Laufe des Tests feststellen, dass das tatsächlich nicht korrekt war, aber um konsistent zu bleiben, fährt er ungehindert fort, anstatt seine Position zu korrigieren.

Die Konsistenz unterscheidet sich zwischen verschiedenen Altersgruppen – das Streben nach Konsistenz ist bei jüngeren Kindern weniger ausgeprägt und weniger offensichtlich. Unabhängig vom Alter des Befragten, wenn eine Antwort nicht richtig erscheint, fragen Sie einfach nach einer Klärung – zumindest werden Sie wissen, ob es eine Inkonsistenz gibt und Sie können diese in Ihre Analyse einbeziehen.

---

[23] Konsistente Leistungsunterschiede zwischen Kindern und Erwachsenen trotz Manipulation von Cue-Target-Variablen von Jessie-Raye Bauer https://www.ncbi.nlm.nih. gov/pubmed/%3Fterm%3DBauer%2520JR%255BAuthor%255D%26cauthor%3Dtrue&ca uthor_uid%3D28824489, et al. (2017) www.ncbi.nlm.nih.gov/pubmed/?term=Bauer%20 JR%5BAuthor%5D&cauthor=true&cauthor_uid=28824489.

[24] Altersunterschiede in der Kapazität des visuellen Arbeitsgedächtnisses: Nicht auf Kodierungsbeschränkungen basierend von Nelson Cowan https://www.ncbi.nlm.nih.gov/ pubmed/?term=Cowan%20N%5BAuthor%5D&cauthor=true&cauthor_uid=21884322 et al. (2011) www.ncbi.nlm.nih.gov/pmc/articles/PMC3177168/.

Dominanter Befragten-Bias

Wenn Sie mehr als einen Befragten gleichzeitig einbeziehen (z. B. in einer Fokusgruppe oder bei der Befragung einer Gruppe von Geschwistern oder Freunden), werden Sie manchmal (oder sogar meistens) auf dominante Befragte stoßen. Sie können andere Befragte beeinflussen. Dominante Befragte werden die Gesprächszeit dominieren, indem sie ihr Wissen, ihre Expertise, ihre Energie, ihre Attraktivität und ihr Charisma nutzen, um dominant zu sein, genau wie sie es in anderen sozialen Situationen tun würden. Dies geschieht auch bei Gruppensitzungen mit jüngeren Kindern.

Um den Bias zu reduzieren, halten Sie dominante Befragte in Schach, indem Sie sicherstellen, dass andere Befragte gleich viel Zeit zum Nachdenken und Sprechen bekommen.

Fehler-Bias

Befragte haben nicht immer recht; manchmal machen sie Fehler. Erinnerungen verblassen und Menschen vergessen. Als Forscher müssen Sie überprüfen, ob das Verhalten der Befragten das, was sie sagen, unterstützt oder widerspricht, und Ihre Daten und Ergebnisse überprüfen. Zum Beispiel können Sie sich in einem Test mit Aufgaben nicht einfach auf die Selbstberichterstattung der Befragten über ihre Leistung verlassen. Ironischerweise kann der Fehler-Bias auch in die andere Richtung gehen: Befragte können Fehler melden, die tatsächlich keine Fehler waren.

Diese Art von Fehler-Bias sollte nicht mit der Tatsache verwechselt werden, dass Fehler auftreten – und regelmäßig auftreten – in der Forschung mit Kindern, und dass diese Fehler selbst wichtige Erkenntnisse sein können (z. B. die Fehler zeigen, dass die Kinder Schwierigkeiten haben, eine bestimmte Aufgabe auszuführen, vielleicht weil das Design oder die Benutzeroberfläche in irgendeiner Weise fehlerhaft ist). Sie sollten Ihre Studie so aufsetzen, dass sie Ihnen sagt, ob es einen echten Fehler gibt – nicht nur anzeigt, was die Befragten für einen Fehler halten.

Feindseligkeits-Bias

Einige Befragte könnten wütend auf den Moderator, den Stakeholder oder den Sponsor sein und als Ergebnis negative Antworten geben. Bewahren Sie Ihre Ruhe. Fahren Sie fort Fragen zu stellen; wenn die Feindseligkeit jedoch anhält oder die Daten verfälscht, brechen Sie das Interview ab. Eine Snackpause könnte vielleicht dazu beitragen, Gefühle der Feindseligkeit bei dem Kind zu reduzieren und zu mehr Engagement zu führen. Feindseligkeit kann auch ein Zeichen für niedrigen Blutzucker, Verwirrung oder Stress sein – allesamt hervorragende Gründe, entweder eine Pause einzulegen oder die Sitzung zu verschieben oder abzusagen.

Andererseits kann Feindseligkeit manchmal eine Reaktion sein, die an sich zu berücksichtigen ist. Wenn zum Beispiel ein Produkt, eine Marke oder eine Botschaft eine unbeabsichtigte feindselige Reaktion hervorruft, könnten Sie sie je nach Ihrer Perspektive eher als Erkenntnis denn als Biasquelle betrachten. Sie kann Änderungen oder Neugestaltungen des Produkts oder der Dienstleistung, der Marke oder der Botschaft nahelegen.

Moderator-Akzeptanz-Bias (Zustimmungs- oder Bestätigungs-Bias)

Manchmal geben Befragte Antworten, einfach um den Moderator zu erfreuen. Befragte interpretieren, was sie glauben, dass der Moderator hören möchte, und so können ihre Antworten falsch sein. Der Zustimmungs-Bias (auch bekannt als Freundlichkeits-Bias oder „Jasagerei") ist in der Forschung üblich. Sie werden ihn bemerken, wenn ein Befragter dazu neigt, allem zuzustimmen, was Sie fragen oder behaupten. Das ist menschliche Natur: Einige Menschen haben von Natur aus zustimmende Persönlichkeiten und stimmen eher Aussagen zu als dass sie widersprechen, unabhängig vom Inhalt. Manchmal – und besonders bei Kindern – nehmen die Befragten den Moderator (einen Erwachsenen) als Autorität oder Experten wahr, was sie eher dazu bringt, positiv auf eine Frage zu reagieren.

Zustimmung ist manchmal der Weg des geringsten Widerstands für einen Befragten – ein „einfacher Ausweg" – da es weniger Zeit und Mühe kostet, als jede der Optionen sorgfältig zu überdenken. Manchmal sind Kinder ungeduldig und stimmen einfach zu, damit sie eine Aufgabe oder Studie so schnell wie möglich abschließen können.

Wenn Sie als Moderator das Gefühl haben, dass die Antworten nicht stimmig sind, stellen Sie sie auf freundliche Weise in Frage. Versuchen Sie gleichzeitig, nicht zu viel über sich selbst und etwaige Voreingenommenheiten, die Sie haben könnten, preiszugeben (siehe auch Schritt 10 „Korrekt vorbereitet und instruiert").

Stimmungsverzerrung

Wenn Befragte sich in einem extremen Stimmungszustand befinden – übermäßig glücklich oder traurig, energisch oder lethargisch – können sie Antworten geben, die ihre Stimmung widerspiegeln. Ähnlich manifestieren sich bestimmte Persönlichkeitsmerkmale bereits bei jungen Kindern: wütende oder negative Menschen geben wütende oder pessimistische Antworten. Ebenso können ungeduldige Kinder kurze, knappe, gehetzte Antworten geben.

Wieder einmal könnte ein Snack und/oder eine Pause die Stimmung zum Besseren verändern.

Als Forscher werden Sie sich wahrscheinlich mental auf eine Forschungssitzung vorbereiten, indem Sie Ihr „Spielgesicht" aufsetzen, indem Sie Ihre

Forscherpersönlichkeit annehmen – die Version von Ihnen, die aufmerksam, zugänglich, professionell, höflich und daher positiv und vielleicht sogar fröhlich ist.

Vergleichen Sie aber diese standardmäßige Forscherstimmung zum Beispiel mit einem müden, mürrischen Befragten (aber nicht zu müde und mürrisch, um an der Sitzung teilzunehmen) und überlegen Sie, wie Sie das beste Ergebnis der Sitzung erreichen können. Vielleicht funktioniert es am besten, wenn Sie Ihre Einstellung auf ein ähnliches Maß an Mürrischkeit ändern. Oder vielleicht führt ein fröhliches Verhalten zu besseren Ergebnissen. Oder vielleicht ist ein Mittelweg zwischen den beiden das, was benötigt wird. (Natürlich ist auch eine vollständige Absage der Sitzung eine Option.) Das Ungleichgewicht zwischen fröhlich und mürrisch kann ein größeres Hindernis für die Datenerhebung sein als die ausgewogenere mürrische Stimmung, da der mürrische Befragte noch mürrischer werden könnte, wenn er auf Ermutigung von einem fröhlichen Moderator trifft. Aus meiner persönlichen Erfahrung als Moderator finde ich, dass meine natürliche Reaktion darin besteht, meine Stimmung und mein Energielevel an das des Befragten anzupassen, was bedeutet, dass ich mich zurücknehme, wenn der Befragte ruhig ist, um den Befragten so viel Raum wie möglich zu geben, und meine Stimme und allgemeine Reaktionsfähigkeit erhöhe, wenn der Befragte laut, herausfordernd oder sogar konfrontativ in seiner Einstellung ist. Auf diese Weise lade ich den Befragten ein, sich mit der Situation wohlzufühlen. Ihre beste Option als Forscher ist es, den Stimmungszustand zu überprüfen und die Antworten, die Sie erhalten, kontinuierlich zu bewerten.

Übertreibungsverzerrung

Manchmal übertreiben Befragte ihre Absichten oder Meinungen. Dies geschieht zum Beispiel als Ergebnis von Priming – wenn zum Beispiel eine bestimmte Affinität (wie das Fansein eines bestimmten Teams oder Produkts) oder Zugehörigkeit (z. B. zu einer sozialen Gruppe) in einem frühen Teil der Studie hervorgehoben oder verstärkt wird (siehe auch Schritt 10 „Korrekt vorbereitet und instruiert").

Allerdings kann eine Übertreibung auch auftreten, wenn das Kind das Gefühl hat, dass der Moderator zusätzliche Überzeugungsarbeit benötigt, zum Beispiel, wenn der Moderator nicht (oder nicht ausreichend) auf die Aussage oder das Verhalten des Kindes reagiert und das Kind dann beschließt, „eine Schippe draufzulegen". Auf diese Weise funktioniert die Übertreibungsverzerrung ähnlich wie die Fehlerverzerrung: Wenn sie vom Befragten nicht erkannt wird (unbeabsichtigt und unbewusst), kann sie eine Erkenntnis an sich sein, aber wenn sie absichtlich ist, ist sie eine Quelle von Verzerrung.

Als Forscher müssen Sie auf Übertreibungen achten und sie erkennen und mäßigen – wenn nicht während der Sitzung, dann zumindest in der Analysephase.

Referenzverzerrung (Reihenfolgeverzerrung)

Während einer Forschungssitzung entwickeln Befragte einen Rahmen von Referenz aus einer vorherigen Frage, Diskussion, Aktivität oder Gedanken. Sie tragen diese Referenz zur nächsten Frage, was ihre Antworten beeinflusst. Die genaue Reihenfolge von Reizen, Themen, Fragen und Aktivitäten erzeugt diese Referenzverzerrung.

Sie können die Referenzverzerrung in qualitativen Forschungen reduzieren, indem Sie Fragen, Themen und Aktivitäten logisch ordnen. Eine logische Reihenfolge folgt oft einer einfachen Chronologie und gewichtet jeden Schritt sorgfältig und gleichmäßig, um Überbetonung und Unterbelichtung zu vermeiden.

Wenn Sie eine kleinere oder größere Gruppe von Befragten haben, in Fokusgruppen zum Beispiel, können Sie den Einfluss, den die Befragten aufeinander haben können, reduzieren, indem Sie sie bitten, ihre Reaktionen aufzuschreiben oder zu zeichnen, bevor sie darüber sprechen.

Referenzverzerrung stellt eine besondere Herausforderung für den Forscher dar, wenn das Ziel der Studie darin besteht, zu bestimmen, wie viel Erklärung von einer Nachricht oder einem Produkt benötigt wird. Wenn Sie zum Beispiel drei Versionen eines Produkts erstellen – eine mit wenig Erklärung, eine mit viel und eine dazwischen – müssen Sie die Reihenfolge zwischen den Befragten zufällig gestalten. Deshalb benötigen Sie wahrscheinlich dreimal so viele Befragte im Vergleich zu einer Forschung für eine einzelne Nachricht oder ein einzelnes Produkt. Durch ihre Erfahrung mit einer ersten Produktvariation lernen die Befragten Dinge, die unweigerlich ihre Begegnungen mit anderen Produktvariationen beeinflussen und somit zu verzerrten Ergebnissen führen.

Empfindliche Themen Bias

Während der Studie können Sie auf empfindliche Themen stoßen, über die die Befragten lieber nicht sprechen würden. In solchen Fällen können die Befragten falsche Antworten geben, um Geheimnisse zu verbergen oder die empfindlichen Themen ganz zu vermeiden. Es mag zunächst nicht klar sein, welche Themen für Kinder empfindlich sein könnten, daher möchten die Forscher dies so schnell wie möglich klären – zum Beispiel durch Schreibtischforschung und Interviews mit Betreuern und Spezialisten.

Abb. 2-1 2. Soziale Akzeptanz Bias

Wenn Sie feststellen, dass ein Thema empfindlich ist, müssen Sie eine festere und vertrauensvollere Beziehung als üblich aufbauen. Kinder werden eher mit anderen sprechen, wenn sie spüren, dass die Atmosphäre positiv und vertrauensvoll ist. Eine andere Strategie besteht darin, projektive Techniken und indirekte Fragen zu verwenden (z. B., was würden Kinder in deinem Alter denken? oder jemand wie du, was würde er denken?).

Soziale Akzeptanz Bias

Befragte geben manchmal Antworten, die sozial akzeptabel, aber falsch sind; sie sagen eine Sache, obwohl sie vielleicht etwas anderes fühlen oder denken (Abb. 2-12). Sie können die Wahrheit verdrehen oder Halbwahrheiten anbieten. Die meisten Menschen – Erwachsene und Kinder gleichermaßen – wollen sich ihrer Gruppe anpassen und es kann unangenehm sein, aus den Normen und Standards herauszutreten. Dennoch ist es offensichtlich eine robuste Quelle von Bias, wenn Sie sich nicht auf das Feedback der Befragten verlassen können.

Als Forscher möchten Sie diese Art von Antworten vielleicht taktvoll in Frage stellen. Sie können projektive Techniken oder indirekte Fragen verwenden (siehe Abschnitt „Empfindliche Themen Bias").

Sponsor Bias

Wenn die Befragten wissen, wer die Forschung sponsert, können ihre Gefühle und Meinungen über den Sponsor die Antworten beeinflussen. Kinder können eine endlose und ausgeprägte Liebe für ein bestimmtes Spielzeug haben, oder sie können eine bestimmte Marke mit Spielzeug für eine andere Altersgruppe oder Geschlecht als sich selbst assoziieren.

Versuchen sie, so weit wie möglich, den Namen des Sponsors nicht zu enthüllen. Halten Sie Ihre Studien in der qualitativen Forschung so lange wie möglich „blind". Wenn Sie zum Beispiel die Exposition der Sponsor-Marke begrenzen möchten, können Sie Stimuli von anderen ähnlichen Marken zu Ihrer Studie hinzufügen.

Die am meisten gefürchtete Antwort: „Ich weiß es nicht."

Kinder antworten in Studien häufiger mit „Ich weiß es nicht" als Erwachsene, und es gibt viele Gründe dafür.

Einer davon ist, dass sie es einfach nicht wissen. Wissen impliziert eine Gewissheit, Kenntnisse, Bewusstsein und Bewusstheit, die mit Alter und Erfahrung und mit Status einhergehen – tatsächlich verlassen sich Kinder in den meisten Bereichen ihres Lebens auf Erwachsene, um Dinge zu wissen. Also selbst wenn das Kind tatsächlich weiß, hat es vielleicht nicht das Gefühl, dass es dies ausdrücken darf oder kann. Nicht zu wissen kann auch bedeuten, nicht die richtigen Worte für eine Meinung oder Erfahrung zu kennen – dass man die Worte nicht kennt, um auszudrücken, was man tatsächlich tief im Inneren weiß.

Ein weiterer Grund ist Erschöpfung – das Kind kann nicht die benötigte Energie aufbringen, um eine Antwort zu formulieren. Ein erwachsener Befragter, der Erfahrung aus einer breiteren Palette von Situationen hat, benötigt vielleicht weniger Energie, um eine Antwort zu finden, oder fühlt sich mehr verpflichtet oder gezwungen zu antworten, aufgrund der gemeinsamen sozialen Normen unter Erwachsenen.

Ein dritter Grund ist Gleichgültigkeit oder die Erkenntnis des Kindes, dass es in diesem Abschnitt der Studie nichts zu gewinnen gibt. Sie haben sich damit abgefunden, und „Ich weiß es nicht" bedeutet eigentlich „Es ist mir egal" oder „Ich will es nicht wissen."

Ein vierter Grund ist Verwirrung – zum Beispiel, wenn die Frage etwas betrifft, über das sie sich noch keine Meinung gebildet haben. Wenn sie gefragt werden, ob sie etwas mögen oder bevorzugen, vielleicht gegenüber einer Alternative, könnte „Ich weiß es nicht" tatsächlich bedeuten „Ich mag es nicht." Dies unterscheidet sich von den drei vorherigen Gründen für das Nichtwissen (keine Tatsache zu wissen, nicht die Energie zum Antworten zu haben oder sich nicht zu kümmern) darin, dass das Kind mit der Erfahrung von etwas (anstatt den Fakten darüber) nicht vertraut sein könnte, und deshalb wissen sie nicht, ob sie es mögen oder nicht.

Ein fünfter Grund ist, dass sie das Gefühl haben, keine Zeit zu haben, um eine Antwort zu finden. Das Kind könnte das Gefühl haben, dass die Verarbeitung der Frage und die Überlegung relevanter Antworten einige Zeit in Anspruch nehmen wird und sie noch zu keinen Schlussfolgerungen gekommen sind. Vielleicht spüren sie, dass keine Lösung in Sicht ist. Also sind sie einerseits höflich und lassen Sie mit Ihrer Studie fortfahren, andererseits könnten sie tatsächlich in der Lage sein, zu einem späteren Zeitpunkt kohärent zu antworten – vielleicht sogar sehr bald (…oder vielleicht auch nicht). Der Punkt ist, dass sie es gerade nicht wissen. Als Moderator müssen Sie klar kommunizieren, damit das Kind Ihre Prioritäten versteht – vielleicht legen Sie tatsächlich Wert darauf, dass sie Zeit für die Antwort aufwenden, weil die Antwort Ihnen wichtig ist.

Erwachsene Moderatoren könnten überrascht oder genervt sein von häufigen „Ich weiß es nicht" Antworten und könnten das Gefühl haben, dass Kinder es als einfachen Ausweg aus einer Situation nutzen, aber Moderatoren müssen sich daran erinnern, dass sie das Kind in die Situation gebracht haben, nicht umgekehrt. Die Kinder könnten sagen „Ich weiß es nicht", was höflicher ist als „Das ist langweilig" oder „Ich habe das Gefühl, dass Sie meine Zeit verschwenden" oder „Ich würde viel lieber spielen."

Angela Watson ist eine Lehrerin, deren Blog, *The cornerstone for teachers,*[25] folgende nützliche Ideen für die Reaktion auf Kinder, die antworten, dass sie es nicht wissen, liefert. Die meisten, wenn nicht alle, sind auch in einem Forschungskontext relevant. Im Allgemeinen handelt es sich dabei um Nachfragen mit themenspezifischen Fragen, die einige der fehlenden Informationen oder den Wortschatz liefern, den das Kind benötigt, um die Teile des Puzzles zusammenzusetzen. Variationen davon beinhalten

- *Ich verstehe, dass du es nicht weißt. Was würdest du sagen, wenn du es wüsstest?*

- *Welchen Teil weißt du sicher?*

- *Stell dir vor, du hättest eine Auswahl an Antworten: Welche würdest du wählen?*

- *Was wäre deine beste Vermutung, wenn du es wüsstest?*

- *Was sind die Möglichkeiten?*

- *Wenn du eine Idee hättest, was wäre sie?*

---

[25] https://thecornerstoneforteachers.com/bright-idea-responding-kids-say-dont-know/

Zusätzlich dazu sind manchmal Eltern während der Studie anwesend, und sie können oft wertvolle Hilfe leisten, um ein Kind aufzulockern, da Eltern normalerweise Wege kennen, um ihrem Kind zu helfen, effektiver zu kommunizieren.

13 Überwacht von den richtigen Personen

Die richtigen Beobachter sind diejenigen, die sich für die Forschungsergebnisse interessieren und danach etwas damit anfangen können – sie können aufgrund der Ergebnisse etwas entscheiden oder entwerfen. Beobachter können möglicherweise unschätzbare Informationen aus einer Forschungssitzung gewinnen – ihre bloße Anwesenheit und direkte Exposition gegenüber dem Publikum kann sowohl selten als auch nützlich sein.

Es besteht das Risiko, dass Ihre Studie durch die Anwesenheit der falschen Beobachter verzerrt wird. Zum Beispiel könnten Stakeholder, die sich bereits entschieden haben oder ein berechtigtes Interesse an einem bestimmten Ergebnis haben, versuchen, Sie oder andere Forscher zu beeinflussen. Eine andere Gruppe von Beobachtern sind diejenigen, die statt den Sitzungen zuzuhören, die Anwesenheit anderer Stakeholder als Gelegenheit sehen, Diskussionen zu beginnen und ihre Aufmerksamkeit Themen zu widmen, die nichts mit der eigentlichen Forschung zu tun haben. Eine weitere Gruppe von Beobachtern sind diejenigen, die nur einen Bruchteil der Sitzungen miterleben und dann eine starke Meinung bilden, dass sie jetzt „alles gesehen haben".

Beobachter haben oft Schwierigkeiten, einen klaren Blick auf den Befragten und seine Interaktionen zu bekommen, und dies wird verstärkt, wenn der Befragte mit kleineren Objekten wie Produkten oder Smartphones interagiert. Wenn sie näher an das Kind heranrücken müssen, könnte sich das Kind eingeengt und eingeschüchtert fühlen und seine Antworten könnten gehemmt sein. Kameras und Bildschirmspiegelung können dies manchmal mildern.

Als Forscher ist es auch Ihre Aufgabe, die Beobachter und ihre Erwartungen zu managen, vielleicht durch mündliche Anweisungen oder sogar einen schriftlichen Verhaltenskodex.

In Bezug auf diese Art von Verzerrung, aber von völlig anderer Natur, sind die kommenden Befragten (z. B. Geschwister, Klassenkameraden oder Freunde des Befragten), die unbeabsichtigt in Sicht- oder Hörweite der laufenden Sitzung sein könnten. Sie werden beeinflusst, indem sie die Fragen und Antworten der anderen gehört haben. Dies wird ihnen Dinge oder Ideen gelehrt oder gezeigt haben, die die Art und Weise, wie sie diese gleichen Dinge oder Ideen während ihrer Forschungssitzung erleben, verändern werden.

Verzerrung während der Analyse- und Berichtsphase

In dieser Phase:

14 Eine rigorose, methodische Analyse

15 Ein zeitnaher, relevanter und umsetzbarer Bericht

16 Eine einfache und fokussierte Präsentation

17 Die Ergebnisse aufrechterhalten

18 Richtig umgesetzt

14 Eine rigorose, methodische Analyse

Richtig analysiert bedeutet, eine Forschermentalität mit Strenge und Methode anzuwenden – nicht nur einige der Forschungsdaten anzusehen oder sie willkürlich zu betrachten.

Mit qualitativen Daten meine ich nichtnumerische Informationen wie Interviewtranskripte, Notizen, Video- und Tonaufnahmen, Bilder und Texte. Es kann Zeichnungen oder andere Materialien enthalten, die die Kinder vor oder während der Sitzung erstellt haben. (Allerdings kombinieren wir manchmal quantitative und qualitative Ansätze – siehe den Abschnitt „Die eine Punktzahl, die alles beherrscht" in Kap. 4.) Die Daten werden hinsichtlich ihres Inhalts, ihrer Erzählung, ihres Diskurses, ihres thematischen Rahmens oder ihrer Semantik analysiert. In jüngster Zeit hat die Grounded Theory an Einfluss gewonnen: Bei diesem Ansatz beginnen Sie mit der Analyse eines einzelnen Falles, um eine Hypothese zu formulieren (in der Grounded Theory als Theorie bezeichnet). Dann schauen Sie sich zusätzliche Fälle an, um zu sehen, ob sie zur Hypothese (Theorie) beitragen.

Im Gegensatz zu quantitativen Methoden hat die qualitative Datenanalyse wirklich keine universell anwendbaren Techniken, die Erkenntnisse generieren können. Die analytischen und kritischen Denkfähigkeiten des Forschers spielen eine bedeutende Rolle bei der Datenanalyse in qualitativen Studien. Daher kann nicht erwartet werden, dass eine zweite qualitative Studie genau die gleichen Ergebnisse liefert.

Teil der Analyse besteht darin, gemeinsame Themen, Muster und Beziehungen im Verhalten und den Antworten Ihrer Befragtengruppe zu identifizieren (Abb. 2-13). Der Forscher sucht nach Wort- und Phrasenwiederholungen, vielleicht mit ungewöhnlichen Emotionen ausgedrückt, und vergleicht seine Ergebnisse mit denen anderer Forscher, vielleicht durch eine Literaturübersicht. Was die Befragten gesagt – oder nicht gesagt – haben in Bezug auf das, was sie erwartet wurden zu sagen, wird berücksichtigt, ebenso wie Meta-

Abb. 2-13. Die Analyse kann aus Post-it-Collagen bestehen (und hat ihre eigene besondere Art von Schönheit)

phern und Analogien, die die Studie mit anderen in verschiedenen Bereichen in Beziehung setzen und Ähnlichkeiten und Unterschiede zwischen ihnen aufdecken können.

15 Ein zeitnaher, relevanter und umsetzbarer Bericht

Mit Berichterstattung meine ich oft ein schriftliches Produkt – ein Dokument oder eine Präsentation, oder vielleicht eine E-Mail, wenn es eilig ist – aber es kann auch ein Prototyp, ein Video, eine Tonaufnahme, eine Zeichnung oder sogar eine Theaterpräsentation oder Nachstellung sein. Tatsächlich kann ein schriftlicher Bericht – starr, umfassend, detailliert, in einem langen Format – genau das sein, was das beabsichtigte Publikum (Stakeholder, Designer, Entwickler, Projektmanager usw.) am *wenigsten* interessiert. Ein umfangreicherer Bericht dauert länger in der Erstellung, aber vielleicht hat das Projekt Eile und Ihre wertvollen und präzisen Ergebnisse könnten veralten sein, wenn Sie sie nach der Frist der Stakeholder liefern. Also bedeutet richtig berichtet, in einer *zeitnahen, relevanten und umsetzbaren* Weise berichtet.

Altmodische Forscher (wie ich selbst) werden wahrscheinlich auch das *Common Industry Format for Usability Test Reports* erwähnen, das vom NIST[26] (Das National Institute of Standards and Technology in den Vereinigten Staaten) als

---

[26] https://tsapps.nist.gov/publication/get_pdf.cfm?pub_id=151449

Inspirationsquelle dafür dient, was ein Bericht enthalten kann (obwohl es seit 2001 nicht mehr aktualisiert wurde).

Voreingenommene Berichterstattung

Moderatoren und Analysten erzeugen manchmal als Nebeneffekt der Berichterstattung über die Ergebnisse qualitativer Forschung eine Voreingenommenheit. Eine offene Geisteshaltung zu bewahren erfordert außerordentliche Disziplin. Erfahrungen, Überzeugungen, Gefühle, Wünsche, Einstellungen, Ansichten, Fehler und Referenzen, sowie Kultur, Gemütszustand und Persönlichkeit können die Analyse und Berichterstattung beeinflussen. Sowohl das bewusste als auch das unbewusste Denken sind bei der Berichterstattung im Spiel. Moderatoren und Analysten sind, wie jeder andere auch, fehlbare Menschen. Ein Forscher-Mindset zu haben bedeutet jedoch, nach größtmöglicher Unparteilichkeit zu streben, die Daten (anstatt Vorurteile) Ihre Argumentation leiten zu lassen, explizit auf Ihre eigenen Schlussfolgerungen und Ergebnisse hinzuweisen, und stets eine offene Geisteshaltung zu bewahren und nach alternativen Schlussfolgerungen zu suchen.

Es ist hilfreich, mehr als einen Analysten zu haben. Wenn zwei Personen die Daten analysieren, erhalten Sie zwei verschiedene Perspektiven. Wenn ein Analyst die Berichterstattung unbewusst verzerrt, kann der andere es bemerken.

Darüber hinaus können Sie die Befragten Ihre Ergebnisse überprüfen lassen, aber das kann schwierig sein, wenn Sie mit kleinen Kindern arbeiten.

Positiver Berichts-Bias und Publikations-Bias

Ein interessanter Nebeneffekt von etwas Bedeutungsvollem, wie Forschung, ist, dass – wenn Sie sich darauf einlassen – Sie dazu neigen könnten, ein bedeutungsvolles Ergebnis zu produzieren. Sie wollen nicht, dass all Ihre Arbeit umsonst war; Sie erwarten, dass sie zu etwas Positivem führt. Bei der Berichterstattung über eine Studie muss ein Forscher auf den Publikations-Bias achten, der auftritt, wenn das Ergebnis oder die Ergebnisse der Studie die Entscheidung beeinflussen, ob die Ergebnisse veröffentlicht oder anderweitig verbreitet werden.

Der interessante Teil dieses Bias ist „das Problem der Aktenschublade", wie es der NASA-Forschungs-Astrophysiker Jeffrey D. Scargle beschreibt.[27] Forscher lassen diese Ergebnisse, die mit Bestätigungen alter Erkenntnisse herauskamen oder gar keine Ergebnisse erbrachten – etwas, an dem niemand inter-

---

[27] Journal of Scientific Exploration, Vol. 14, No. 1, pp. 91–106, 2000, www.scientificexploration.org/docs/14/jse_14_1_scargle.pdf

Abb. 2-14. Das chinesische Flüsterspiel – eine Metapher dafür, wie Berichtsergebnisse weiterleben – Schritt eins. (In dieser Darstellung des chinesischen Flüsterspiels trage ich aus irgendeinem Grund einen Tauchtank.)

essiert ist – in der Schublade. Die unveröffentlichten Ergebnisse werden sich vorgestellt, als wären sie in Schubladen in den Aktenschränken der Forscher verstaut. Das Ergebnis ist, einfach ausgedrückt, dass, wenn wir nur die Studien veröffentlichen, die neue Erkenntnisse liefern oder ein Ergebnis haben, unser Eindruck und unsere Erwartung sein werden, dass jede Studie ein Ergebnis haben muss oder wird. Die Forscher werden darauf abzielen, etwas Veröffentlichbares zu finden, anstatt die Studie sich entfalten zu lassen – ob spektakulär oder nicht.[28]

16 Eine einfache und fokussierte Präsentation

Das chinesische Flüsterspiel (auch bekannt als „Stille Post") ist ein Partyspiel, bei dem eine Person eine Nachricht an die Person neben ihr flüstert und die Geschichte wird dann progressiv an mehrere andere weitergegeben, wobei sich Ungenauigkeiten ansammeln, je länger das Spiel dauert (Abb. 2-14 und 2-15).

---

[28] In Wissenschaften, die viel quantitative Forschung produzieren, wie die Astrophysik, ist das Ergebnis des Publikations-Bias auch, dass, wenn Forscher nur Ergebnisse veröffentlichen, die eine signifikante Erkenntnis zeigen, es das Gleichgewicht der Ergebnisse als Ganzes stört und einen Bias zugunsten positiver Ergebnisse einführt.

Abb. 2 - I 5 . Das chinesische Flüsterspiel – Schritt zwei

Die letzte Person in der Reihe muss die Nachricht laut aussprechen und es kann sehr amüsant sein, sie mit der ursprünglichen Nachricht zu vergleichen.

Ich denke manchmal an das chinesische Flüsterspiel, wenn ich Ergebnisse berichte. Ich bin die erste Person in der Reihe, die die Nachricht weitergibt, und ein Teil der Aufgabe des Forschers besteht darin, die Menge an Rauschen und Verzerrung, die in die Nachricht einfließt, während sie in den Bereich der Stakeholder (und manchmal der Stakeholder der Stakeholder) übergeht, zu begrenzen. Obwohl leichter gesagt als getan, ist eine effektive Kommunikation beim Präsentieren von Forschungsergebnissen entscheidend. Sie sollten sich bemühen, die Nachricht so einfach wie möglich zu halten, explizite Schlüsselerkenntnisse bereitzustellen und den Bericht auf vorher festgelegte Bereiche zu konzentrieren (z. B. den ursprünglichen Zweck und die Ziele der Studie).

Zusätzlich stellen sich mehrere alltägliche Überlegungen, wie das Vermeiden von Missverständnissen, das Geben eines angemessenen Kontexts für die Ergebnisse und das Bewusstsein für technische Vorbehalte in den Ergebnissen. Es kann hilfreich sein, die Präsentation als Höhepunkt eines Forschungsprojekts zu betrachten, als etwas, bei dem man sehr vorsichtig und überlegt vorgehen sollte: Sie können eine fantastische Studie vorbereiten, durchführen und berichten, aber all dies kann umsonst sein, wenn sie in der Präsentation scheitert.

Rückschaufehler

Manchmal, wenn Sie Ergebnisse präsentieren, hören Sie Stakeholder sagen: „Das wussten wir schon" oder „Das ist nichts Neues", aber irgendwie war dieses Wissen nicht verfügbar oder präsent am Anfang der Studie. Lassen Sie sich nicht täuschen – Rückschaufehler sind sehr verbreitet.

Die Psychologen Baruch Fischhoff und Ruth Beyth demonstrierten diesen Fehler in *Ich wusste, dass es passieren würde: Erinnerte Wahrscheinlichkeiten von einst zukünftigen Dingen*[29] mit ihren Ergebnissen einer Studie im Jahr 1975 während der Nixon-Präsidentschaft. Menschen, die dem Präsidenten nahestanden, hatten die Wahrscheinlichkeit verschiedener möglicher Ergebnisse von Präsident Nixons Reisen nach Peking und Moskau im Jahr 1972 vorhergesagt, und die Forscher baten sie später und ohne Vorwarnung, sich an ihre eigenen Vorhersagen zu erinnern (oder sie zu rekonstruieren, falls sie sie vergessen hatten). Die Studie kam zu dem Schluss, dass die Probanden selten wahrgenommen hatten, dass sie sehr überrascht waren von dem, was passiert war oder nicht passiert war – im Wesentlichen erinnerten sie sich an ihre Vorhersagen als genauer, als sie tatsächlich waren.[30]

Offensichtlich kann dieser Bias in jeder Art von Studie auftreten – unabhängig vom Alter der Befragten – solange es Stakeholder gibt, die mit der Studie verbunden sind.

Ein positiver Aspekt dieses Bias ist, dass, wenn Ihre Präsentation eine „Ich wusste es!" Reaktion hervorruft, dies auf die Relevanz der Ergebnisse der Forschung und – offensichtlich – ihre Resonanz mit Ihren wichtigsten Stakeholdern zurückzuführen ist. Was keine Kleinigkeit ist.

17 Die Ergebnisse aufrechterhalten

Ich habe diesen Schritt aufgenommen, um etwas zu betonen, das in den vorherigen Schritten über das Berichten und Präsentieren von Ergebnissen impliziert ist: nämlich, dass die Ergebnisse einer Studie oft im Bereich der Stakeholder weiterleben. Wenn Sie eine wirkungsvolle Studie mit vielen prägnanten Ergebnissen berücksichtigen, könnte es eine gute Nutzung Ihrer und der Zeit Ihrer Forschungskollegen sein, Funktionen oder Prozesse zu implementieren, die das Leben dieser Ergebnisse aufrechterhalten. Um auf die Metapher des chinesischen Flüsterns aufzubauen, möchten Sie vielleicht den

---

[29] www.researchgate.net/publication/223213727_I_Knew_It_Would_Happen_Remembered_Probabilities_of_Once-Future_Things

[30] Das Ergebnis für die Vereinigten Staaten war eine verbesserte Beziehung zu China, die im Laufe der Zeit eine Lücke zwischen China und der Sowjetunion öffnete. Darüber hinaus wurden wichtige Abkommen zur Kontrolle von Kernwaffen mit der UdSSR unterzeichnet. (https://de.wikipedia.org/wiki/Richard_Nixon%2527s_1972_visit_to_China).

Abb. 2-16. Das chinesische Flüsterspiel, Schritt drei. (Immer noch in meiner Tauchausrüstung halte ich die Nachricht entlang der Linie aufrecht.)

Haupterzähler in die Mitte der Reihe der Flüsterer einfügen, um die Verzerrung zu überwachen und die Erzählung zu korrigieren (Abb. 2-16).

18 Richtig umgesetzt

Wir sind angekommen an unserem Ziel. Wir, die Forscher, haben die Ergebnisse an Designer, Entwickler, Entscheidungsträger und andere Stakeholder übergeben, und jetzt liegt es an ihnen, Maßnahmen zu ergreifen. Es wäre traurig, wenn sie es nicht täten. Es wäre noch trauriger, wenn sie das Gegenteil unserer Empfehlungen täten. Nur wenige Vollzeitforscher haben die Möglichkeit (oder manchmal die Neigung), die von den Stakeholdern zu einem späteren Zeitpunkt im Entwicklungsprozess ergriffenen Maßnahmen nachzuverfolgen oder zu beeinflussen.

Aber das ist das größere Bild von Forschung und Voreingenommenheit – es kommt weder aus dem Nichts und noch wird es von selbst etwas. Die 18 Schritte werden nicht immer richtig gehen – es kann zwei Schritte vorwärts und einen Schritt rückwärts gehen. Sie kommen vielleicht überhaupt nicht an einem Ziel an. Großartige Forschung passiert nicht durch Fehler oder durch Zufall, sondern durch Strenge, Prozess, harte Arbeit und sorgfältige Prüfung Ihrer eigenen Praktiken. Und um Yoda zu paraphrasieren, durch das Lernen aus den eigenen Fehlern.

Voreingenommenheit ist kein Fehler – sie ist eine Funktion

Um fair zu sein (und weil es ziemlich interessant und relevant für dieses Kapitel ist!), ist Voreingenommenheit in vielerlei Hinsicht sehr hilfreich für die menschliche Kognition – tatsächlich ist sie entscheidend für unser Funktionieren als Menschen. Wenn wir mit komplexen oder dynamischen Situationen mit vielen Optionen konfrontiert sind, oder wenn wir schnell Entscheidungen treffen müssen – wenn die Welt Dinge auf uns wirft – verlassen wir uns auf unsere bisherigen Erfahrungen und das, was sie uns gelehrt haben – ob es sich um die Gesetze und Realitäten der Physik, der Gesellschaft oder unseres eigenen Selbst handelt. Wir machen Vorhersagen darüber, welche Szenarien und Ergebnisse am wahrscheinlichsten sind, wir bewerten sie und wählen zwischen ihnen. Je sicherer wir uns über unsere Einschätzung fühlen, desto schneller kommen wir zu einem Schluss. Vorurteile und Stereotypen ermöglichen uns eine kognitive Abkürzung bei unserer Entscheidungsfindung.

Die Forschung zur Voreingenommenheit selbst ist häufig in der Neurowissenschaft und Sozialpsychologie[31] und sie legt nahe, dass Voreingenommenheit uns viele Vorteile bietet. Voreingenommenheit kann dazu führen, dass wir nicht den Fakten folgen, sondern eher unserem „Bauchgefühl" vertrauen und gegen unser besseres Urteil handeln. Voreingenommenheit lässt uns Optionen prüfen und ein Ziel oder einen Schwerpunkt (ob physisch oder mental) auswählen, auf den wir uns zuerst konzentrieren, anstatt zu erstarren und von den Eingaben überwältigt zu werden. Voreingenommenheit hilft uns, eine schnelle und praktische Reaktion in situ zu entwickeln, anstatt eine möglicherweise optimale langfristige Lösung zu finden. Sie durchbricht die Informationsflut und hilft uns, sie zu verstehen, indem sie Kategorien, Genres und mentale Modelle aufbaut und aufrechterhält. Voreingenommenheit ermöglicht uns auch den Freiraum, mehr Problemlösung zu erforschen und abzuschließen, die wir sonst vielleicht zu früh hätten aufgeben müssen. Durch die Evolution hat die Voreingenommenheit den Menschen geholfen, schneller zu denken und zu handeln, sich selbst zu schützen und egoistisch zu sein, aber gleichzeitig auch empathisch und sozial. In der Forschung müssen wir uns

---

[31] Zum Beispiel, www.ncbi.nlm.nih.gov/pubmed/10580317

bemühen, ein ähnliches Gleichgewicht zu erreichen und mit der Voreingenommenheit zu koexistieren. Dieses Kapitel wird hoffentlich die Forscher daran erinnern, die Voreingenommenheit, die sie nicht kennen, anzusprechen und dies während des gesamten Prozesses zu tun. Besser die Voreingenommenheit, die Sie kennen, als die, die Sie nicht kennen.

Weiterführende Literatur über Vorurteile

Menschen haben im Laufe der Generationen Vorurteile kultiviert. Und umgekehrt: Bestimmte Vorurteile mögen in der Steinzeit oder im Mittelalter relevant und nützlich gewesen sein, haben sich aber möglicherweise verändert oder verschwunden, als sich die Gesellschaften entwickelten. Unsere Vorurteile sind kein Missgeschick der Evolution: Unsere Körper haben sich entwickelt und angepasst, um spezifische Aufgaben zu erfüllen, und so haben es auch unsere Gehirne getan. In dieser Denkrichtung ist Vorurteil nicht etwas, von dem wir uns trennen können. Wir *sind* unsere Vorurteile; wir sind unsere Überlegungen – so perfekt oder fehlerhaft sie auch sein mögen.

Der Begriff *kognitive Verzerrung* wird mit Daniel Kahneman und Amos Tversky und ihren Studien zur Verhaltensökonomie in den frühen 1970er Jahren in Verbindung gebracht. Ihre Forschung untersuchte offensichtliche Anomalien und Widersprüche im menschlichen Verhalten. Insbesondere stellten sie fest, dass Menschen, wenn ihnen eine Wahl auf eine bestimmte Weise formuliert angeboten wird, Risikoaversion zeigen könnten, aber wenn ihnen im Grunde die gleiche Wahl auf eine andere Weise formuliert angeboten wird, Risikosuchverhalten zeigen könnten. 2002 erhielt Kahneman den Nobelpreis für Wirtschaftswissenschaften[32] und 2012 veröffentlichte er *Schnelles Denken, langsames Denken,*[33] was das Interesse an Verhaltenswissenschaften weckte.

Die hier beschriebenen Vorurteile beeinflussen, wie Kinder sich als Befragte verhalten, sowie wie Erwachsene Konzeption, Planung, Durchführung, Moderation und Berichterstattung von Studien mit Kindern wahrnehmen, aber Vorurteile haben offensichtlich Konsequenzen über die Nutzerforschung hinaus.[34] Alle kognitiven Verzerrungen, die in Wikipedia (Stand 2016) beschrieben sind, wurden von John Manoogian III („jm3") wunderschön und kunstvoll arrangiert und gestaltet, mit den Kategorien und Beschreibungen ursprünglich

---

[32] https://de.wikipedia.org/wiki/Liste_der_Träger_des_Alfred-Nobel-Gedächtnispreises_für_Wirtschaftswissenschaften.

[33] Veröffentlicht von Farrar, Straus und Giroux: https://de.wikipedia.org/wiki/Schnelles_Denken,_langsames_Denken.

[34] Zum Beispiel in der klinischen Forschung: Eine Gruppe von Gesundheitsforschern in Großbritannien führt hier einen Katalog von Vorurteilen: https://catalogofbias.org/about/.

von Buster Benson.[35] Es ist als Poster erhältlich, wenn Sie interessiert sind.[36] Ich war interessiert (und bin es immer noch!) und jetzt hängt es in meinem Büro und zieht ein wenig Aufmerksamkeit von meinen Kollegen auf sich.

Sie sind nun am Ende des Kapitels über Vorurteile, aber wenn Sie mehr wissen möchten, gibt es eine umfassende Liste der relevantesten Vorurteile in der Verhaltensökonomie (derzeit sind es 40).[37] Nicht alle Vorurteile sind speziell auf die Forschungssituation an sich anwendbar, aber sie sind relevant für den Entscheidungsprozess[38] und sind in dieser Hinsicht sehr interessant.

---

[35] Buster Benson schrieb „Warum schreien wir – ein neuer Rahmen, der Sie von der Sinnlosigkeit unproduktiver Konflikte und sinnloser Argumente befreit" (2019) – Ich hörte ihn es auf Audible lesen und lernte viel. Sein Blog, Buster's wobbly rickshaw, ist hier: https://buster.substack.com/.

[36] https://commons.wikimedia.org/wiki/File:The_Cognitive_Bias_Codex_-_180%2B_biases,_designed_by_John_Manoogian_III_(jm3).png

[37] Finden Sie es unter https://thedecisionlab.com/biases/.

[38] Laut der Website treffen Menschen etwa 35.000 Entscheidungen pro Tag, was mich darüber nachdenken lässt, wie sie so etwas zählen, zumal unsere Gehirne seit der Steinzeit weitgehend unverändert geblieben sind.

Erfolg durch bessere Forschungs- praxis

Dieses Kapitel bietet eine Liste von Praktiken – Ratschläge, Bedenken, Über-legungen – die Sie dazu inspirieren können, sich zu verbessern und bessere Forschungsergebnisse zu erzielen.

Einhaltung von Regeln und Vorschriften

Im Vergleich zur Forschung mit Erwachsenen liegt in der Forschung mit Kin-dern noch mehr Fokus auf GDPR[1] (Allgemeine Datenschutz-Verordnung,

---

[1] Die Allgemeine Datenschutzverordnung (GDPR) ist ein rechtlicher Rahmen, der Richt-linien für die Sammlung und Verarbeitung von persönlichen Informationen von Personen, die in der Europäischen Union (EU) leben, festlegt.

T. V. Snitker, *Nutzerforschung mit Kindern*,
https://doi.org/10.1007/978-1-4842-9822-0_3

wenn Sie in der Europäischen Union sind) und den COPPA-Regelungen (Children's Online Privacy Protection Act, in den Vereinigten Staaten). Dieser Abschnitt verweist Sie auf drei Hauptquellen des internationalen Rechts, aber es gibt wahrscheinlich auch lokale oder nationale Gesetzgebung, die die Forschung mit Kindern in Ihrem Gebiet oder dem Gebiet, das Sie untersuchen werden, regelt. In Dänemark sind beispielsweise eine Vielzahl von öffentlichen Behörden, NGOs, Vereinen und privaten Institutionen gesetzlich verpflichtet, potenzielle Mitarbeiter und Freiwillige, die regelmäßigen Kontakt mit Kindern haben, zu überprüfen. Inhaber eines Børneattest (Kinderzertifikat) wurden überprüft und haben keine strafrechtliche Vorgeschichte von sexuellem Missbrauch.

Die UN hat die Konvention über die Rechte des Kindes im Jahr 1989 angenommen.[2] Sie listet 12 Rechte auf und stellt fest, dass die Kindheit von der Erwachsenenzeit getrennt ist und bis zum 18. Lebensjahr andauert; „es ist eine besondere, geschützte Zeit, in der Kinder wachsen, lernen, spielen, sich entwickeln und mit Würde gedeihen dürfen." Die Konvention wurde zum am weitesten ratifizierten Menschenrechtspakt in der Geschichte und hat dazu beigetragen, das Leben von Kindern zu verändern.

An der Basis der Konvention stehen die folgenden drei Aussagen, die auch bei der Forschung mit Kindern beachtet werden sollten:

- Kinder und Jugendliche haben die gleichen allgemeinen Menschenrechte wie Erwachsene und auch spezifische Rechte, die ihre besonderen Bedürfnisse anerkennen.

- Kinder sind weder Eigentum ihrer Eltern noch sind sie hilflose Objekte der Wohltätigkeit.

- Sie sind menschliche Wesen und sind das Subjekt ihrer eigenen Rechte.

DSGVO (Datenschutz-Grundverordnung)

Kurz gesagt, legt die DSGVO[3] Prinzipien für die rechtmäßige Verarbeitung personenbezogener Daten fest, die die Sammlung, Organisation, Strukturierung, Speicherung, Änderung, Konsultation, Nutzung, Kommunikation, Kombination, Einschränkung, Löschung oder Zerstörung von personenbezogenen Daten umfasst. Als Forscher bedeutet die DSGVO, dass Sie Folgendes einhalten müssen.

---

[2] Finden Sie es hier: www.ohchr.org/en/professionalinterest/pages/crc.aspx.

[3] https://ico.org.uk/for-organisations/guide-to-data-protection/guide-to-the-general-data-protection-regulation-gdpr/

Eine Einverständniserklärung

Dies ist ein Formular, das Sie zu Beginn einer Studie zusammen mit einer Beschreibung des Befragtenprofils oder einem Rekrutierungsscreener erstellen. Das Einverständniserklärungsformular führt potenzielle Befragte durch die Daten, die der Forscher sammeln möchte, und wie, wo und warum diese Daten verwendet werden. Der Teilnehmer (z. B. der Elternteil, Lehrer oder Vormund) muss das Einverständniserklärungsformular lesen, die Kästchen „Ich stimme zu" selbst ankreuzen und eine Unterschrift leisten, um zu bestätigen, dass er der Datenverarbeitung zugestimmt hat. Sie müssen dieses Formular speichern und es zusammen mit allen zusätzlichen Daten aus dieser speziellen Sitzung (z. B. Videoaufnahmen) so aufbewahren, dass Sie es leicht abrufen können, falls der Befragte zu einem späteren Zeitpunkt seine Zustimmung widerrufen möchte.

Minimieren Sie die Sammlung unnötiger Informationen

Sprechen Sie mit Ihren Stakeholdern darüber, welche Art von Informationen Sie unbedingt sammeln und speichern müssen. Videoaufnahmen sind ein gutes Beispiel für etwas, über das Sie diskutieren könnten: Wie wahrscheinlich ist es, dass jemand sie jemals überprüfen wird? Haben irgendwelche Teammitglieder konkrete Pläne, sie zu überprüfen? Wenn nicht, dann sind vielleicht Videoaufnahmen für das Projekt tatsächlich nicht notwendig.

Stellen Sie sicher, dass alle Benutzerdaten (einschließlich der von Drittanbieter-Tools verwendeten Daten) sicher gespeichert und verarbeitet werden

Wenn Sie die Daten selbst speichern und verarbeiten (oder in Ihrer unmittelbaren Abteilung), können Sie wahrscheinlich besser für die Sicherheit bürgen als für einen Drittanbieter Mitwirkenden, wie z. B. ein E-Mail- oder Umfrageprogramm wie SurveyMonkey oder MailChimp. Dennoch müssen Sie, um die DSGVO einzuhalten, für jeden Schritt, den die Benutzerdaten durchlaufen, Sicherheit gewährleisten.

Geben Sie den Benutzern die Kontrolle über ihre Daten

Sie sind verpflichtet, Ihren Benutzern (wiederum dem Elternteil, Lehrer oder Vormund) zu sagen, warum Sie die Daten sammeln, was Sie damit machen und wie lange Sie sie aufbewahren. Das bedeutet:

- Wenn ein Benutzer es verlangt, sind Sie verpflichtet, ihm eine Kopie aller Daten, die Sie über ihn gesammelt haben, zu geben.

- Wenn ein Benutzer sagt, dass seine Daten ungenau sind, müssen Sie diese korrigieren. (Das bedeutet, dass Sie die Daten finden müssen, also müssen Sie wissen, wie Sie sie überhaupt speichern.)

- Wenn ein Benutzer es verlangt, sind Sie verpflichtet, die Verarbeitung seiner Daten zu stoppen.

- Wenn ein Benutzer es verlangt, müssen Sie alle seine Daten löschen.

- Wenn der Benutzer von Ihrem Dienst zu einem anderen Dienst wechseln möchte, müssen Sie ihm erlauben, seine Daten in einem maschinenlesbaren Format aus Ihrem Dienst zu übertragen.

- In den meisten Fällen sind Sie verpflichtet, alle diese Benutzeranfragen innerhalb eines Monats zu bearbeiten.

Dies sind die Hauptregeln für die Forschung, aber es gibt viele andere Regeln, wenn Sie die Daten beispielsweise für Marketing oder maschinelles Lernen verwenden.

COPPA (Gesetz zum Schutz der Privatsphäre von Kindern im Internet)

Das Gesetz zum Schutz der Privatsphäre von Kindern im Internet Act „legt bestimmte Anforderungen an Betreiber von Websites oder Online-Diensten fest, die sich an Kinder unter 13 Jahren richten."' Dies ist besonders relevant, wenn Sie junge Befragte online rekrutieren, interviewen und/oder mit ihnen interagieren. Im Wesentlichen funktioniert COPPA für Forscher auf die gleiche Weise wie die DSGVO. (Wenn Sie jedoch eine Website für Kinder betreiben, ist das eine ganz andere Sache.)

'www.ftc.gov/enforcement/rules/rulemaking-regulatory-reform-proceedings/childrens-online-privacy-protection-rule

ESOMAR Codes und Richtlinien

Auch hoch relevant für Forscher, die mit Kindern arbeiten, sind die *ESOMAR Codes und Richtlinien für die Befragung von Kindern und Jugendlichen.*[5] ESOMAR steht für European Society for Opinion and Market Research und ist eine gemeinnützige Organisation, die ethische und professionelle Leitlinien in der Forschung fördert. Die Richtlinien helfen Forschern, sich für die heikle und spezifische Natur der Forschung mit Kindern und Jugendlichen jeden Alters zu sensibilisieren. Es gibt auch ein explizites Erfolgskriterium, das hier erwähnt werden sollte: „Ein Schlüsselkriterium muss immer sein, dass, wenn der Elternteil oder eine andere für das Kind verantwortliche Person von dem Inhalt oder den Umständen des Interviews erfährt, keine vernünftige Person erwarten würde, dass sie verärgert oder gestört wäre."[6]

Beste Praxis

Dieser Abschnitt soll die vorherigen Kapitel mit Tipps und Tricks aus meiner Forschungspraxis ergänzen. Mit dem Ziel, sie nützlich und praktisch zu machen, habe ich sie in drei Forschungsprojektphasen unterteilt: Vorbereitung, Durchführung und Berichterstattung.

Bereiten Sie sich auf die besten Praktiken vor

1. Planen Sie Ihre Sitzung und gestalten Sie den Forschungskontext mit den Fähigkeiten und Interessen des Kindes im Herzen. Stellen Sie sicher, dass die Sicherheit und der Komfort des Kindes höher auf der Prioritätenliste stehen als der bequeme Ort und die Zeit für Sie und Ihre Stakeholder.

2. Wenn möglich, arrangieren Sie die Studie so, dass sie an einem Ort stattfindet, der den Befragten vertraut ist, wie zum Beispiel ihr Zuhause oder ihre Schule.

3. Wenn Sie die Sitzung ausrichten oder einen Veranstaltungsort mieten, dekorieren Sie den Forschungsort auf kinderfreundliche Weise, prüfen Sie, ob die Möbel für ein Kind bequem sind, und stellen Sie

---

[5] https://www.esomar.org/uploads/public/knowledge-and-standards/codes-andguidelines/ESOMAR_Codes-and-Guidelines_Interviewing-Children-and-Young-People.pdf

[6] www.esomar.org/uploads/public/knowledge-and-standards/codes-and-guidelines/ESOMAR_Codes-and-Guidelines_Interviewing-Children-and-Young-People.pdf

sicher, dass der Ort tolerant gegenüber dem natürlichen Verhalten von Kindern ist (z. B., dass es leicht zu reinigen ist, wenn etwas verschüttet wird, dass genug Platz für Kinder zum Herumlaufen und Dampf ablassen ist, dass Kabel und Drähte nicht quer über den Boden oder in der Nähe von empfindlichen Möbeln liegen, die leicht umgestoßen werden können). Planen Sie, wo eventuell begleitende Erwachsene oder Kinder während der Sitzung sein werden (z. B., in Sicht- oder Hörweite oder in einem benachbarten Raum). Vermeiden Sie drehbare Bürostühle (sie machen es schwer für Kinder, still zu sitzen) und offensichtliche Ablenkungen in der Nähe (z. B., ein Fernseher, der eine Kindersendung zeigt, oder Spielzeug, das nicht zum Spielen gedacht ist).

4. Überlegen Sie, was die einfachste Einrichtung für die Einholung von Feedback von den Kindern sein wird. Begrenzen Sie Anweisungen (sowohl mündliche als auch insbesondere schriftliche Anweisungen), begrenzen Sie Stimulusmaterialien, begrenzen Sie die Anzahl der Ablenkungen am Ort, begrenzen Sie die Anzahl der Beobachter, begrenzen Sie die Sitzungsdauer und halten Sie die Anzahl der Geräte und Vorrichtungen auf ein Minimum.

5. Nehmen Sie sich Zeit und Ressourcen für einen Pilotentest ohne Kinder: eine oder zwei Sitzungen, in denen die Moderatoren den Ablauf, die Stimuli und die Fragen wirklich testen, aber mit einem oder mehreren erwachsenen Befragten. Um Ihnen einen nüchternen Blick darauf zu geben, wie viel Material Sie tatsächlich während des vorgesehenen Sitzungsintervalls abdecken können, sollten Sie bei der Rekrutierung von Pilotentestern einige auswählen, die

   a. Tolerant sind (z. B., wenn Ihr System oder Prozess zusammenbricht, werden tolerante Befragte Ihnen mehr Spielraum für Fehler lassen – sie werden nicht auch zusammenbrechen)

   b. Jemand, der keine andere Agenda hat als den „Test zu testen" (also kein Stakeholder wie ein Designer, Entwickler oder eine andere Person, die ein Interesse am Ergebnis hat)

6. Um einen Frageleitfaden zu ergänzen, sollten Sie in Erwägung ziehen, einen Spiel- oder Geschichtenleitfaden zu erstellen, der das Kind dazu einlädt, eine Geschichte mit den betreffenden Elementen und Themen zu erzählen.

7. Überlegen Sie, ob es sinnvoll ist, dass die Kinder eine Zeichnung von ihrer Erfahrung machen. Wenn ja, denken Sie daran, Zeichenpapier und Buntstifte mitzubringen und genügend Zeit für diese Aktivität einzuplanen.

8. Überlegen Sie, ob es sinnvoll ist, physische Objekte (Tangibles) einzubeziehen, deren einziger Zweck es ist, als Gesprächsstarter zu dienen und dem Kind bei der Erklärung seiner Gedanken zu helfen. Wenn Ihre Forschung Vergleiche beinhaltet, zwischen verschiedenen Versionen wählt oder Entscheidungen trifft, können Objekte auch nützlich und förderlich für die Kinder sein.

9. Versuchen Sie in Ihrem Frageleitfaden so oft wie möglich offene Fragen zu verwenden. Überlegen Sie, ob Sie Ja/Nein-Fragen mit Verständniskontrollen ergänzen (z. B., *Wie haben Sie diese Frage verstanden?*).

10. Verwenden Sie in Ihrem Frageleitfaden eine einfache Sprache mit Wörtern und Metaphern, die für die Altersgruppe des Kindes geeignet sind.

Forschung und Berichterstattung nach besten Praktiken

1. Bieten Sie Snacks und Getränke an, die von den Eltern und anderen Stakeholdern genehmigt sind. Vielleicht beginnen Sie die Sitzung mit einer Snackpause und der Möglichkeit, die Toilette zu benutzen.

2. Die Verbindung zwischen dem Moderator und dem Kind ist entscheidend für das Ergebnis. Etablieren Sie eine Beziehung, indem Sie etwas gemeinsam tun und mit dem Befragten plaudern, aber beachten Sie, dass Kinder nicht so geübt in den Künsten und Bräuchen des Smalltalks sind wie Erwachsene und das Gespräch ernst nehmen werden. Eine Aufwärmübung ist auch eine Option. Selbst die kleine gemeinsame Reise vom Empfangspunkt zum Forschungspunkt kann als Eisbrecher dienen.

3. Die erste Begrüßung des Kindes sollte ihm in Erinnerung rufen, dass es nicht bewertet, abgefragt oder getestet wird – dass der Zweck darin besteht, Ideen für zukünftige Entwicklungen zu generieren und dass es in der Sitzung keine richtigen oder falschen Antworten, keine dummen Fragen und kein Urteil gibt.

4. Als Moderator kann es schwierig sein, mitten in einer Sitzung die richtige Antwort, Ermutigung oder Frage zu finden.

   Ergänzend zu Ihrem Frageleitfaden oder Testskript, erstellen Sie sich eine Bibliothek von Standardantworten oder Standardsondierungen, die für die spezifische Studie und die Altersgruppe des Befragten relevant sind; entscheiden Sie im Voraus, was Sie sagen werden, wenn das Kind gelangweilt, zögerlich, frech, hungrig oder verwirrt ist.

5. Entscheiden Sie im Voraus, welcher Umfang an Unterstützung und Anleitung ratsam ist, vom Moderator gegeben zu werden und wie er sie gibt.

6. Entscheiden Sie im Voraus, was mit Eltern oder begleitenden Erwachsenen und anderen Kindern zu tun ist. Sind sie Beobachter, sind sie Teil der Sitzung, oder sind sie vollständig von der Studie getrennt (z. B. in einem anderen Raum)? Machen Sie diese Regelung für alle in der Sitzung explizit. Der Erwachsene kann in einigen Fällen eine wertvolle Informationsquelle oder Co-Moderation sein, in anderen Fällen aber eine Ablenkung.

7. Das mag trivial klingen, aber Moderatoren müssen darauf achten, was das Kind antwortet, zum Beispiel, wenn Sie nach ihren Lieblingsaktivitäten fragen, oder ob sie Geschwister haben, oder wie ihr Tag bisher war. Dies ist nur eine von vielen Möglichkeiten, wie Sie zeigen können, dass Sie sie und ihre Antworten ernst nehmen.

8. Seien Sie so ehrlich und realistisch wie möglich in Ihrem Feedback mit dem Kind. Überschätzen Sie ihre Leistung nicht, aber unterstützen Sie sie. Stellen Sie sie nicht als etwas Besonderes dar, als sie sind – sie sind wahrscheinlich sehr besonders, aber nicht super-duper extra besonders. Sie werden wahrscheinlich jede Vortäuschung seitens des Moderators durchschauen.

9. Überlegen Sie, ob Sie parallele Forschungssitzungen mit anderen Kindern in der Nähe durchführen können, damit sich jeder einzelne Befragte durch die Anwesenheit anderer Kinder wohler fühlt.

   Stellen Sie jedoch sicher, dass zukünftige Befragte, die in der Nähe warten, den Stimulus oder die Fragen nicht sehen oder hören.

   Denken Sie auch an die mehr als 15 potenziellen Verzerrungen allein in der Forschungsdurchführungsphase, die wir in Kap. 2 untersucht haben.

10. Denken Sie nicht darüber nach, dass Sie einen Bericht erstellen werden, der am genauesten oder attraktivsten oder schnellsten ist, sondern eher den der den größten Einfluss hat. Es wird notwendig sein, alle drei dieser Attribute – Präzision, Attraktivität und Geschwindigkeit – auszubalancieren, und dieses Gleichgewicht wird von Projekt zu Projekt variieren. Ein Bericht, der ungenau und hässlich, aber schnell ist, kann mehr Einfluss haben und dem Team, das ihn braucht, und zwar jetzt braucht, mehr Wert liefern.

    Erinnern Sie sich an die Metapher des chinesischen Flüsternspiels aus Kap. 2? Vielleicht ist es hilfreich, über Ihre Position am Anfang dieser langen Reihe von „hörenden Flüsterern" nachzudenken und wie Ihre Botschaft unbeschadet bis zum Ende durchkommen wird. Was ist die beste Mischung aus Aktualität, Präzision und Ästhetik für Ihren Bericht und die darin enthaltene Botschaft?

11. Müssen Sie Video- und/oder Fotomaterial mit Kindern teilen? Vorausgesetzt, dass Sie bereits die notwendigen Genehmigungen haben, seien Sie vorsichtig, keine persönlichen Informationen über sie weiterzugeben.

    Vielleicht sind Sie nicht in der Lage, irgendein sinnvolles Videomaterial zu produzieren, ohne einige persönliche Informationen preiszugeben – es könnte tatsächlich mehr Ärger als Nutzen sein, Video und Fotos in Ihren Bericht aufzunehmen.

Von Best Practices zu tatsächlicher Forschung und Messungen

In diesem Kapitel haben wir die vielen Perspektiven auf Bias und Best Practices durch alle Phasen eines Forschungsprojekts mit Kindern untersucht. Wir sind nun bereit, all dies in tatsächlichen Studien anzuwenden. Die folgenden zwei Kapitel werden sich zunächst damit befassen, wie tatsächliche Messungen, die Ergebnisse, in einer Studie nicht mit der *Empfehlung einer Erfahrung an andere* verwechselt werden dürfen. Des Weiteren werde ich demonstrieren, wie die Messungen als hilfreiches Werkzeug dienen können, um nicht nur die Erfahrung einer Gruppe von Kindern zu verstehen, sondern auch wie sich Erfahrungen unterscheiden und über Perspektiven wie Geschlecht, Alter, Kultur und Zeit verglichen werden können.

Richtung Unendlichkeit und darüber hinaus: Ein KX-Score

In diesem Kapitel werden wir uns zunächst näher mit verschiedenen Arten von Forschung mit Kindern und den Arten von Daten, die wir von ihnen erhalten können, beschäftigen und besser verstehen, was wir realistisch von der Benutzerforschung mit Kindern erwarten können. Es wird zeigen, dass die kognitiven Fähigkeiten von Erwachsenen, insbesondere ihre metakognitiven Fähigkeiten und ihre Fähigkeiten in Mathematik, sie (nun, uns) sowohl als Forscher als auch als Befragte von Kindern trennen. Wir können uns nicht in demselben Maße auf Selbstberichte verlassen wie bei Erwachsenen, und das verpflichtet uns, uns auf andere Forschungsmethoden zu konzentrieren als auf die, die wir verwenden würden, wenn Erwachsene unsere Befragten wären.

Durch die Benutzerforschung mit Kindern müssen wir die Erfahrungen von Kindern zuverlässig messen, um in Zukunft neue und bessere Produkte und Dienstleistungen zu entwickeln. Wir müssen eine Erfahrung an sich studieren, aber auch im Vergleich mit anderen Erfahrungen (ist es besser oder schlechter? – warum?). Tatsächlich haben wir eine lange Liste von Forschungsbedürfnissen, insofern wir die Erfahrung jüngerer Kinder mit der von älteren vergleichen müssen, die Erfahrung von Kindern in einer Kultur mit der von Kindern in anderen Kulturen, und wir müssen auch vergleichen, wie sich die Erfahrung der gleichen Kinder im Laufe der Zeit ändert (z. B., wenn sie wachsen und neue Fähigkeiten erwerben, aber auch wenn sich ihr Kontext ändert, zum Beispiel mit dem Eintreffen neuer Technologie). Wir brauchen ein universelles Bewertungssystem, eine Wertung.

Einige werden argumentieren, dass wir bereits eine solche Bewertung haben, in Form des Net Promoter Score (NPS), daher wird dieses Kapitel zweitens einen genauen Blick darauf werfen, was der NPS ist und wie er funktioniert, wenn es um Forschung mit Kindern geht, denn – wenn es darum geht, Entscheidungsträger, Innovatoren und Designer mit tatsächlich bedeutungsvollen Fakten zu inspirieren – funktioniert er überhaupt nicht gut. Der NPS bleibt jedoch eine Macht, mit der man rechnen muss. In vielen Unternehmen sind die Gewinn- und Verlustrechnung und der Net Promoter Score die Leitsterne, wenn es um die Führung des Unternehmens geht. Daher ist es sehr wahrscheinlich, dass Sie als Forscher auf ihn stoßen werden. Dieses Kapitel wird jedoch argumentieren, dass Forscher (und Unternehmen), die sich hauptsächlich auf den NPS verlassen, ob seine Bewertung nun auf Kindern oder ihren Eltern oder beiden basiert, Gefahr laufen, irrelevante Zahlen zu betrachten und uninformierte Entscheidungen zu treffen.

Einige Dinge, die wir durch Forschung von Kindern lernen können (und nicht lernen können)

In Kap. I haben wir gesehen, dass ein großer Faktor in der Forschung mit Kindern tatsächlich die Erwachsenen der Kinder sind (z. B. Lehrer oder Eltern) und die Sicht auf die Rolle der Kinder in der Gesellschaft. In Kap. 2 haben wir die mühsam lange Reise durch die vielen potenziellen Verzerrungen in der Forschung mit Kindern unternommen. Kap. 3 hat die regulatorischen Anforderungen hervorgehoben. In diesem Abschnitt werden wir einige der methodischen Einschränkungen und Möglichkeiten untersuchen, weil wir *tatsächlich* ein breites und tiefes Arsenal an erprobten und wahren Forschungsmethoden zur Verfügung haben.

Hier sind die wichtigsten Forschungswege:

Durch Interviews (normalerweise halbstrukturierte Interviews) können wir zum Beispiel fragen: *„Was hältst du von diesem Spielzeug?"* und eine offene verbale Antwort erhalten. Anstatt nach einer verbalen Antwort zu fragen, können wir nach einer Zeichnung oder einem Tagebucheintrag als schriftliche Antwort fragen.

Durch Fragebögen können wir zum Beispiel fragen: *„Magst du dieses Spielzeug?"* (beachten Sie die Ja/Nein-Skala) oder *„Wie sehr magst du dieses Spielzeug?"* (beachten Sie, wie es sich für einen Grad oder eine Skala eignet, zum Beispiel in hohem Maße) und wir erhalten eine geschlossene verbale Antwort. Anstatt nach einer verbalen Antwort zu fragen, können wir auch hier nach einer schriftlichen Antwort fragen.

Wir können Beobachtungstechniken verwenden und die Kinder bitten, *„Geh deinen Tag so durch, wie du es normalerweise tun würdest."* Dies würde uns offene Verhaltens- oder Leistungsdaten liefern. Wenn wir sie stattdessen bitten, ein spezifisches Problem oder eine Aufgabe zu lösen, würden wir geschlossene Verhaltens- oder Leistungsdaten erhalten.

Idealerweise kombinieren wir diese Methoden und bauen auf ihren individuellen Stärken auf. Wenn wir zum Beispiel ein bestehendes Produkt oder eine Dienstleistung untersuchen oder wenn wir Ideen für neue Produkte entwickeln würden, könnten wir damit beginnen, offenes Verhalten zu beobachten, dann offene Fragen stellen und schließlich einen Fragebogen erstellen, um zu sehen, wie weit verbreitet ein bestimmtes Verhalten oder Gefühl ist. Wir könnten uns nur auf die Antworten der Kinder konzentrieren oder diese mit den Antworten der Betreuer ergänzen. Wir könnten auch Daten aus der Umgebung und anderen kontextuellen Quellen in die Studie einbeziehen.

Es gibt jedoch mehrere Herausforderungen. Als erwachsener Forscher kann es schwierig sein, genau die Unterschiede in den Antworten zu verstehen, die wir von anderen Erwachsenen im Vergleich zu denen, die wir von Kindern erhalten können, aber es ist klar, dass in den meisten Fällen Erwachsene mehr kognitive Ressourcen als Antwortende zur Verfügung haben (z. B. in der Art und Weise, wie wir Aufgaben lösen, auf Probleme und Herausforderungen reagieren und wie wir Entscheidungen treffen, indem wir aktiv Informationen kodieren, verarbeiten und abrufen) als Kinder, zum Beispiel:

- Erwachsene können besser über ihr eigenes Verhalten nachdenken.

- Erwachsene können besser über ihre eigene Reflexion nachdenken.

- Erwachsene können ihre eigenen Wünsche und Verhaltensweisen genauer mit denen anderer vergleichen.

- Erwachsene können sich allgemein und speziell über ihre eigenen Reflexionen besser artikulieren.

- Erwachsene sind toleranter gegenüber einer Forschungssituation – sie verstehen, welche Rolle sie in einer Forschungssituation spielen sollen und sie können sie besser spielen.

Das knifflige ist, dass die kognitiven Aktivitäten des Selbstreflektierens, Vergleichens, Artikulierens und des situativen Bewusstseins so integral und automatisch für die meisten erwachsenen Überlegungen und Seinsweisen sind, dass Erwachsene diesen Prozessen selbst wenig Gedanken schenken. Daher besteht die Gefahr, dass erwachsene Forscher sich nicht bewusst sind, dass diese kognitiven Faktoren in der Forschung mit Kindern in viel größerem Umfang erkannt und berücksichtigt werden müssen. Ein Beispiel sind Zahlen und Mathematik, die wir im nächsten Abschnitt genauer betrachten werden.

Wir können zählen, wie viele Kinder einen Prozess durchlaufen

Die geheime Sprache der Statistik, so ansprechend in einer faktenorientierten Kultur, wird verwendet, um zu sensationisieren, aufzublasen, zu verwirren und zu vereinfachen. Statistische Methoden und statistische Begriffe sind notwendig, um die Massendaten von sozialen und wirtschaftlichen Trends, Geschäftsbedingungen, „Meinungsumfragen", der Volkszählung zu berichten. Aber ohne Schriftsteller, die die Worte mit Ehrlichkeit und Verständnis verwenden, und Leser, die wissen, was sie bedeuten, kann das Ergebnis nur semantischer Unsinn sein.[1]

— Darrell Huff

Für viele Menschen – zum Beispiel die CEOs vieler Unternehmen – ist der NPS eine sehr aussagekräftige Zahl. Andere aussagekräftige Zahlen beziehen sich auf den Marketing- und Verkaufstrichter (oder im E-Commerce den Conversion-Trichter), der heutzutage eine Vielzahl von Kanälen[2] sowohl in Bezug auf Erwachsene als auch auf Kinder umfasst:

- Eigene Kanäle wie Ihre Website, unser Kanal auf YouTube oder unsere Seite auf Facebook (wo die Altersbeschränkung 13 Jahre beträgt, also wahrscheinlich keine Überschneidung mit Kindern), unsere Publikationen usw.

---

[1] https://en.wikipedia.org/wiki/Darrell_Huff und Wie man mit Statistik lügt (1954)
[2] https://en.wikipedia.org/wiki/Earned_media

- Erworbene Medien wo unsere Kunden positiv über unsere Produkte oder Dienstleistungen sprechen, zum Beispiel durch Nachrichten auf Social-Media-Plattformen wie TikTok oder Instagram (aber wahrscheinlich nicht mit Kindern, da die Altersbeschränkung für beide Dienste 13 Jahre beträgt), oder durch Mundpropaganda

- Bezahlte Medien, wie Werbung auf unseren Kanälen (und wieder: am wahrscheinlichsten auf YouTube), in Suchergebnissen oder in TV oder Außenwerbung

Für Marketer ist es sinnvoll, dies als Trichter zu verstehen, bei dem Sie in jedem Schritt versuchen, die Anzahl der Kinder zu optimieren, die zum nächsten Schritt übergehen:

- Wie viele Kinder wurden ausgesetzt und

- ... haben tatsächlich auf die Medien (oder Werbung) geachtet

- Wie viele Kinder mochten es

- Wie viele haben es verstanden

- Wie viele haben es in Betracht gezogen

- Wie viele haben darauf reagiert

- Wie viele haben darauf geantwortet

- Wie viele haben es sich gewünscht

- Wie viele Kinder haben ihre Eltern gebeten, etwas aufgrund dessen zu kaufen

- Wie viele hatten eine positive Erfahrung beim Konsumieren

- Wie viele Kinder waren geneigt, es zu empfehlen (z. B. ein NPS) und möglicherweise

- ... bitten ihre Eltern, es erneut zu kaufen

Es macht auch Sinn, diesen Prozess aus einer transaktionalen Perspektive zu betrachten, die Umwandlung vom Sehen von etwas zum Begehren von etwas zum Tun von etwas, ohne jegliche monetäre Elemente. Kinder können nicht so viele tatsächliche Käufe tätigen wie Erwachsene, aber oft bleiben die Taktiken die gleichen – jemand (z. B. Marketer, Verleger, Sender oder Produzenten) versucht, Menschen durch den Trichter zu einem gewünschten Ergebnis zu führen, sei es einen Kauf zu tätigen oder jemand anderen darum zu bitten, ihn für Sie zu tätigen (z. B. was ein Kind durch eine Wunschliste tun könnte).

Aufmerksamkeitsökonomie[3] betrachtet die Aufmerksamkeit eines Kindes (sowie die eines Erwachsenen) als die knappe Ressource, die sie ist, und „jemanden zu konvertieren" durch den hier skizzierten Prozess erfordert viel Aufmerksamkeit seitens des „Konvertierten". In diesem Sinne hat das Kind für ein Video auf YouTube mit der Währung ihrer Aufmerksamkeit bezahlt, die, wie sich herausstellte, nicht für eine der Millionen anderen Möglichkeiten ausgegeben wurde, seine Aufmerksamkeit auf, sagen wir, YouTube zu verwenden.

In Wirklichkeit ist der Trichter tatsächlich ein Sieb, da Kinder von Schritt zu Schritt in größeren oder kleineren Zahlen herausfallen werden, außer in den seltenen Fällen, in denen jeder, der die Anzeige gesehen hat, darauf reagiert hat und das Produkt gekauft hat (in welchem Fall ich vermute, dass die Anzahl der Kinder relativ gering ist, was das Wort Trichter ein wenig überdimensioniert macht – vielleicht ist ein Strohhalm eine passendere Metapher).

Wir müssen vorsichtig mit Zahlen in der Nutzerforschung mit Kindern sein

Hier sind einige Beispiele für die Möglichkeiten und Fallstricke im Zusammenhang mit der Verwendung von Zahlen und Arithmetik als Teil der Forschung mit Kindern, zum Beispiel als etwas, das wir von Kindern in Testaufgaben oder Bewertungen verlangen. Es ist ein sehr vertrautes Gebiet für erwachsene Befragte, aber nicht navigierbar für Kinder bis vielleicht im Alter von 7–9 Jahren.

Eine Sequenz von Zahlen zu verfolgen, um eine Form zu zeichnen (wie in Abb. 4-1.) ist eine einfache Aufgabe – aber nur, wenn man die Sequenz der Zahlen gelernt hat (d. h., gelernt hat, wie man zählt!).

Arithmetik ist ein weiteres Beispiel für das, was die meisten Erwachsenen als triviale kognitive Aufgaben betrachten würden, die dennoch Lernen erfordern. Sie, lieber Leser, würden wahrscheinlich nicht viel Zeit benötigen, um die folgenden Aufgaben zu erledigen:

Dies...	...ergibt:
10 + 20	?
30 + 40	?
50 + 60	?
70 + 80	?

Sie haben wahrscheinlich sehr schnell die Zahlen zusammengezählt. Aber lassen Sie uns einen Schritt in das Vor-Mathematik-Gehirn eines 6-Jährigen machen, indem wir uns die folgenden Ergebnisse ansehen:

---

[3] https://de.wikipedia.org/wiki/Aufmerksamkeitsökonomie

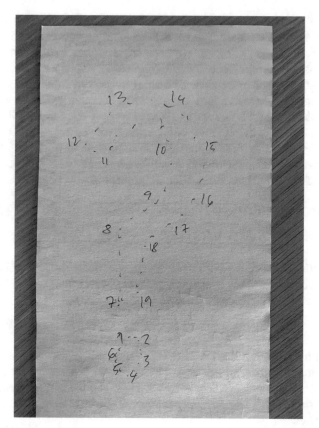

Abb. 4-1. Verbinde die Zahlen – es ist vielleicht nicht so einfach, wie Erwachsene denken

Dies...	...ergibt:
10 + 20	2
30 + 40	2
50 + 60	3
70 + 80	4

Wie kann das wahr sein? Sehen Sie die Erklärung in der Fußnote unten.' Neben ihren numerischen Werten haben die Zahlen eine geometrische Bedeutung, die so offensichtlich ist, dass ein 6-Jähriger sie sehen (und zählen, aber nicht die Arithmetik durchführen) wird, während Ihr post-mathematisches erwachsenes Gehirn einfach nicht anders kann, als die Aufgabe zu erfüllen, die es gelernt hat zu tun. Wir ignorieren das Offensichtliche, obwohl

---

'Sie addieren nicht, sondern zählen die Anzahl der Kreise in jeder Gleichung.

die „Zahlen" direkt vor unseren Augen liegen. Das Post-Mathematik-Gehirn kann nicht leicht abgeschaltet werden. Dies kann uns dazu führen, Zahlen und Mathematik in unsere Forschung einzubeziehen, was irreführend sein kann, wenn wir Kinder vor sie stellen. Wenn man zum Beispiel eine ursprünglich mit erwachsenen Befragten konzipierte Studie erweitern muss, um auch Kinder einzubeziehen, kann man nicht einfach den Forschungsansatz wiederholen oder reproduzieren. Werfen wir einen genaueren Blick auf den NPS, eine sehr weit verbreitete Methode und ein Beispiel für eine ursprünglich für Erwachsene konzipierte Forschungsmethode, die aber auch auf Kinder angewendet wird, da sie sich im Schnittpunkt zwischen Geschäft, Forschung mit Kindern und quantitativen Methoden befindet.

Wir können Kinder fragen, ob sie etwas einem Freund empfehlen würden – oder nicht

Evangelistische Kundenloyalität ist eindeutig einer der wichtigsten Wachstumstreiber. Während sie kein Wachstum garantiert, kann in der Regel kein profitables Wachstum ohne sie erreicht werden.

– Fred Reichheld[5]

Das NPS funktioniert, indem es eine Frage einheitlich über alle möglichen Berührungspunkte mit dem Kunden stellt: *„Wie wahrscheinlich würden Sie dieses Produkt einem Freund empfehlen, auf einer Skala von 0 (unwahrscheinlich) bis 10 (sehr wahrscheinlich)?"* Die Antworten werden berechnet und Durchschnittswerte erzeugt:

- Ein Wert unter 7 wird als „Kritiker" interpretiert, jemand, der Ihr Produkt abwertet.

- Nur 9 und 10 werden als „Befürworter" eingestuft.

- 7 und 8 werden als „Passive" bezeichnet, „was darauf hinweist, dass sie Ihr Unternehmen wahrscheinlich nicht aktiv anderen empfehlen werden" (Ich finde diesen Begriff fragwürdig, da er Menschen beschreibt, deren Antworten in der Mitte der beiden anderen Positionen lagen, die aber keineswegs passiv sind).

---

[5] http://hbr.org/2003/12/the-one-number-you-need-to-grow/ar/1http://hbr.org/2003/12/the-one-number-you-need-to-grow/ar/1. Die NPS-Metrik wurde erstmals 1993 von Fred Reichheld entwickelt und später im Jahr 2003 von Bain & Company (wo Reichheld seit 1977 gearbeitet hatte) und Satmetrix als Methode zur Vorhersage des Kauf- und Empfehlungsverhaltens der Kunden übernommen.

Es kann angenommen werden, dass die Antworten, die von Erwachsenen und Kindern als Kritiker gegeben werden, in ihrem Unzufriedenheitsgrad variieren können, und insbesondere die Erwachsenen können wie folgt charakterisiert werden, wenn wir es aus der Perspektive des Unternehmens betrachten, das seinen NPS auswertet:

- Diejenigen, die sehr unglücklich sind und bereits entschieden haben, unser Produkt abzulegen und uns jetzt sagen wollen, warum

- Diejenigen, die frustriert sind und aktiv nach Alternativen suchen und überlegen, aber uns noch nicht aufgegeben haben

- Diejenigen die von bestimmten Aspekten unseres Produkts oder einer einzelnen Interaktion enttäuscht sind, aber immer noch glauben, dass unser Produkt oder Dienstleistung Potenzial hat und uns helfen wollen, es zu verbessern

- Diejenigen, die unglücklich sind und unser Produkt nur aus Notwendigkeit nutzen und nicht aktiv über einen Wechsel zu einer Alternative nachdenken, aber ihre Beschwerden und Kritik äußern wollen

Aber was ist mit den Kindern, können sie auf ähnliche Weise gruppiert werden? Können sie tatsächlich als gleichwertig in Bezug auf die verfügbaren kognitiven Ressourcen betrachtet werden, um eine glaubwürdige Bewertung abzugeben, wie es Erwachsene können? Dies ist eine der ersten Fragen, mit denen wir uns beschäftigen sollten. Um unseren Stakeholdern aussagekräftige und zuverlässige Erkenntnisse zu liefern, benötigen wir ein Maß für die Erfahrungen der Kinder, das auf ihren eigenen kognitiven Fähigkeiten aufbaut, was auch immer sie sein mögen.

Die Frage *„Wie wahrscheinlich würden Sie empfehlen ...?"* geht nicht darum, wie zufrieden Kunden mit dem Produkt oder der Dienstleistung sind, sondern eher darum, wie wahrscheinlich sie das Unternehmen im Allgemeinen oder den Service oder das Produkt speziell empfehlen würden. Ein Unternehmen kann den berechneten Wert verwenden, um sein Potenzial für echtes, nachhaltiges Wachstum durch Kundenbindung und Mund-zu-Mund-Empfehlungen anzuzeigen.

Der Sinn des NPS besteht darin, die Umfrageantworten (speziell: Bewertungen) von tatsächlichen Käufern mit einem Verhalten (etwas jemandem empfehlen) zu verknüpfen, das in einem Geschäftskontext sinnvoll ist. Der NPS wird derzeit auf dem Markt nicht als aussagekräftigste Zahl in Frage gestellt, es gibt jedoch natürlich viele Alternativen von anderen Marktforschern. Die Hauptfrage ist, ob die Zahl es Ihnen ermöglicht, etwas von geschäftlichem

Wert zu lernen, und in diesem Kontext, ob es eine nützliche Methode ist, um Forschung mit Kindern durchzuführen. Lassen Sie uns jeden Schritt des Prozesses durchgehen, um das zu sehen.

„Wie wahrscheinlich würden Sie sein…"

Es gibt ein philosophisches Problem dabei, „etwas" von geschäftlichem Wert (z. B., zu wissen, ob Menschen Ihr Produkt in der Zukunft kaufen werden) auf der Grundlage von Menschen Antworten auf eine Nachkauf-Umfrage darüber, ob sie das Produkt anderen empfehlen würden, zu extrahieren.

Ein Bias in der Umfrage selbst besteht darin, dass es keine Rechenschaftspflicht für den Befragten gibt: niemand wird überprüfen, ob der Befragte (sollte die Gelegenheit zur Empfehlung entstehen) das Produkt tatsächlich jemandem empfohlen hat. Oder ob der Befragte 10 oder 100 Gelegenheiten hatte, das Produkt jemandem zu empfehlen, und der Durchschnitt dieser tatsächlichen Empfehlungen der Statistik entspricht (gleich den vorgestellten Empfehlungen ist). Darüber hinaus ist es reine Spekulation, ob die Befragten über ihre eigene wahrscheinliche zukünftige Empfehlungsaktivität wahrheitsgemäß antworten werden oder nicht.

„… um <Produktname hier einfügen> zu empfehlen …"

Ein weiterer Bias entsteht, wenn man Menschen in die hypothetische Situation versetzt, *etwas zu empfehlen*. Betrachten Sie alle Produkte, die Sie als Erwachsener in einem Monat kaufen – Lebensmittel, Konsumgüter, Dienstleistungen. Ein Blick auf Ihren Kontoauszug gibt einen Hinweis auf die Anzahl der Transaktionen, sagt aber nicht aus, ob Sie bei jeder Transaktion 5 oder 10 Artikel gekauft haben. Ich würde vermuten, dass die meisten Erwachsenen mindestens 100 verschiedene Produkte oder Dienstleistungen pro Monat kaufen. Vielleicht sogar noch mehr. Kinder im Alter von 6–10 Jahren hingegen kaufen viel weniger, vielleicht weniger als 20 Produkte pro Monat. Während es für Erwachsene eine Herausforderung ist, so viele Produkte zu *empfehlen*, scheint das Gegenteil bei Kindern der Fall zu sein; das vorgeschlagene wöchentliche Taschengeld in den USA im Jahr 2019 von einer Quelle[6] beträgt 50 Cent bis einen Dollar für jedes Lebensjahr eines Kindes, also ein monatliches Einkommen für ein 7-jähriges Kind von 14–28 US$.

Aber wie wahrscheinlich ist es, dass Erwachsene und Kinder Produkte oder Dienstleistungen einem Freund *empfehlen?* Denken Sie an zehn Produkte, die

---

[6] www.babycenter.com/child/parenting-strategies/giving-kids-an-allowance-what-you-need-to-know_10304079 zitiert Kristan Leatherman, die Mitautorin von *Millionaire Babies or Bankrupt Brats? Love and Logic Solutions to Teaching Kids about Money*

Sie regelmäßig kaufen. Wie wahrscheinlich ist es, dass Sie diese zehn Produkte empfehlen? Es scheint eine seltsame Frage zu sein – es sei denn, es ist ein natürlicher Teil Ihres Verhaltens. Empfehlen Sie ständig Produkte? Oder erhalten Sie ständig Empfehlungen von Ihren Freunden? Möchten Sie überhaupt häufige Einkaufstipps von Ihren Freunden? Oder ist das nur in bestimmten Fällen akzeptabel – vielleicht haben Sie eine unausgesprochene Vereinbarung zwischen Ihnen und Ihren Freunden, welche Artikel oder Produktkategorien in Ordnung sind zu besprechen und welche ein „No-Go" sind? Vielleicht würden Sie sagen: „Ja, lasst uns Sneaker-Empfehlungen austauschen, aber nein, lasst uns keine Zahnpasta-Empfehlungen austauschen"?

Das Empfehlen im Allgemeinen (also nicht nur von Produkten oder Dienstleistungen, die sie gekauft haben, sondern auch von Aktivitäten, die sie genossen haben, oder Orten, die sie besucht haben, usw.) verleiht dem Empfehlenden soziales Kapital und ist eindeutig ein normaler Teil menschlicher Interaktion. Aber im Vergleich zu all den anderen Gesprächsthemen unter Freunden, zum Beispiel „Wie geht es dir?", „Wo bist du?", „Willst du abhängen?", „Wann und wo?", „Willst du ausgehen?", usw., ist das Empfehlen von Produkten wahrscheinlich ziemlich selten im Leben der meisten Menschen. Bis das Gespräch schließlich auf ein Produkt kommt – sagen wir Sneakers – und Sie über die Sneakers sprechen, die Sie gerade gekauft haben und das ist *vielleicht* interessant für Ihre Freunde, weil sie sich für Sie interessieren. Aber der tatsächliche NPS-Score, den Sie geben, ist natürlich nur relevant für den Freund, der gerade in einer Sneaker-Kaufstimmung ist. Das Problem ist, dass der NPS so konstruiert ist, dass er vorgibt, dass ein Verhalten, das natürlich, aber selten, unter Freunden auftritt (d. h., Empfehlungen), verallgemeinert und durch Empfehlungen unter Hunderten und Tausenden von Fremden skaliert werden kann, und dann genauso gut als Score funktioniert.

„... an einen Freund?"

Der Zweck dieses Kapitels ist es, die Bereiche des Kinderlebens oder der Erfahrungen, die für die Forschung geeignet sind, und speziell, ob der NPS geeignet ist, hervorzuheben und zu diskutieren. Freundschaften klingen nach einem von ihnen, also tauchen wir in diesen Bereich ein.

Die zugrunde liegende Prämisse des NPS ist, dass es für einen Befragten einfach oder natürlich ist, sich vorzustellen, etwas einem Freund zu empfehlen – dass Sie als Befragter die NPS-Frage wahrscheinlich nicht ablehnen. Stattdessen stellen Sie sich wahrscheinlich einen echten Freund oder jemanden vor, der Ihnen ähnlich ist, dann stellen Sie sich diese Person in demselben Kontext wie Sie vor und verwenden sie dann als Proxy für Ihre Antwort.

Wäre es also fairer, den anderen Teil der Frage zu adressieren: *ein Freund*? Vielleicht ergibt der NPS-Score mehr Sinn, wenn man ihn durch die Beziehung, die Freundschaft, betrachtet, anstatt durch die Erfahrung mit dem Produkt oder der Dienstleistung? Mein erster Gedanke ist, dass der Freundschafts-winkel eine methodologische Ablenkung von der Hauptabsicht des NPS ist: Die Erfahrung des Befragten (nicht des Freundes) ist es, die potenziell die Stakeholder des Produkts informieren kann, da der Befragte (Erwachsener oder Kind) nicht mit irgendeinem Grad an Präzision für die Erfahrung des Freundes sprechen kann. Aber lassen Sie uns den Freundschaftswinkel ge-nauer betrachten.

Laut dem Oxford Dictionary,[7] ist ein Freund „eine Person, zu der man eine Bindung gegenseitiger Zuneigung hat, typischerweise eine, die sexuelle oder familiäre Beziehungen ausschließt." Schauen wir uns Freundschaften genauer an. Insbesondere Erwachsenenfreundschaften sind gut dokumentiert, aber lei-der sind die unter Kindern nicht.

Eine Gallup-Studie[8] ergab, dass im Jahr 2004 erwachsene Amerikaner durch-schnittlich fast neun „enge Freunde" (ein Durchschnitt von 8,6) haben, ohne ihre Verwandten. 45 % der Amerikaner sagen, sie haben sechs oder mehr enge Freunde, 39 % haben zwischen drei oder fünf enge Freunde, und 14 % haben ein oder zwei enge Freunde. Nur 2 % der Amerikaner sagen, sie haben keine engen Freunde.

Erwachsene mit Kindern unter 18 haben etwas weniger Freunde (durch-schnittlich 7,3 Freunde im Vergleich zu 9,4 für diejenigen ohne Kinder).

Die Umfrage zeigt, dass das Alter eine Rolle spielt, da im Durchschnitt die-jenigen, die 65 Jahre und älter sind, durchschnittlich 13 enge Freunde haben, verglichen mit durchschnittlich 9 Freunden für diejenigen im Alter von 18 bis 29 und 50 bis 64 und 7 Freunden für 30- bis 49-Jährige.

Zusammenfassend lässt sich sagen: quantitativ ist der Freundeskreis, aus dem erwachsene NPS-Befragte wählen können, wahrscheinlich klein, und ich gehe davon aus, dass die Größe des Freundeskreises für Kinder etwa gleich klein ist.

Die *qualitative* Eigenschaft von Freundschaften von NPS-Befragten ist weniger transparent – qualifiziert jede Art von Freundschaft, jede *Tiefe* der Freund-schaft? Ist ein enger Freund eher bereit, Empfehlungen zu geben oder zu er-halten? Ich würde argumentieren, dass je enger die Freundschaft, sowohl für Erwachsene als auch für Kinder, desto besser kennen wir die Wünsche und Bedürfnisse des Freundes, und das ermöglicht es uns, bessere Empfehlungen an engere Freunde zu geben. Das Geben von Empfehlungen ähnelt in gewisser Weise dem Geben von Geschenken: Es ist ein Zeichen von Interesse, Engage-ment, Fürsorge und dem Wunsch, die Bande der Freundschaft zu stärken. Es kann als eine Möglichkeit gesehen werden, einen Freund zu beeindrucken oder zu belohnen und einer Beziehung einen Mehrwert zu verleihen.

---

[7] www.lexico.com/en/definition/friend
[8] https://news.gallup.com/poll/10891/americans-satisfied-number-friends-closeness-friendships.aspx

Aber andererseits muss die Relevanz der Empfehlung das Gebiet der Freundschaft widerspiegeln. Zum Beispiel können die Empfehlungen klarerweise keine Bereiche der Auseinandersetzung zwischen den Freunden oder Bereiche, die die Freunde voreinander geheim halten, einschließen.

Zusätzlich dazu gibt es andere Qualitäten und Nuancen, die Freundschaften zu instabilen Referenzpunkten für Empfehlungen machen können, nämlich

- Freundschaften können temporär und vage definiert sein. Sie können jemanden als Ihren Freund betrachten, der in seinem Kopf nicht – oder nicht mehr – Sie als Freund betrachtet. Da die Kindheit von Wachstum und Erforschung geprägt ist, werde ich spekulieren, dass dies bei Kindern noch häufiger vorkommt als bei Erwachsenen.

- Einige Freundschaften sind auf bestimmte Bereiche oder Aktivitäten beschränkt, wie zum Beispiel ein Fußballfreund, ein Freund in sozialen Medien oder sogar ein Brieffreund (was wahrscheinlich den meisten zeitgenössischen Kindern ein unbekannter Begriff ist). Einige Freundschaften sind auf bestimmte Jahreszeiten beschränkt, wie diejenigen, die Sie nur bei der Arbeit oder in der Schule sehen, oder diejenigen, mit denen Sie ausgehen oder in den Urlaub fahren.

Sind all diese verschiedenen Arten von Freunden relevant für die NPS-Frage? Da der Begriff Freund nicht als Teil der NPS-Frage definiert ist, weckt dies bei mir die Sorge, dass wir nicht davon ausgehen können, dass alle NPS Befragten die gleiche Definition von Freundschaft teilen. Wenn es um Freundschaften und Kinder geht, hat die psychologische Forschung im Laufe der Jahre festgestellt, dass Freundschaften, insbesondere erwiderte Freundschaften, wichtig für das Selbstwertgefühl und die Peer-Identifikation im mittleren Kindesalter sind.[9] Im Jahr 2019 untersuchten die britischen Psychologinnen Rachel Maunder und Claire P. Monks 314 Kinder im Alter von 7 bis 11 Jahren und kamen zu dem Schluss, dass

erwiderte Freundschaften gegen eine schlechte Qualität der besten Freundschaft in Bezug auf das Selbstwertgefühl eines Kindes abschirmen können und die Qualität der Freundschaft die Beziehung zwischen dem Haben eines erwiderten besten Freundes und der Identifikation mit Gleichaltrigen vermittelt.

Diese Qualität von Freundschaften ist weitaus interessanter als der Aspekt, ein Produkt zu empfehlen. Um als Score und als Geschäftskennzahl zuverlässig

---

[9] „Freundschaften im mittleren Kindesalter: Verbindungen zu Peer- und Schulidentifikation und allgemeinem Selbstwert" veröffentlicht in British Journal of Developmental Psychology (2019), 37, verfügbar hier: https://onlinelibrary.wiley.com/doi/full/10.1111/bjdp.12268

und relevant zu sein, muss der NPS ein breiteres Spektrum an qualitativen und quantitativen Merkmalen von Freundschaft abdecken, als er es derzeit tut.

„... an einen Verwandten?"

Vielleicht sollten wir statt einer Empfehlung an einen Freund eine Empfehlung an einen Verwandten in Betracht ziehen.

Der Pool ist sicherlich größer als der Pool der Freunde. Eine französische Studie von fast 2000 Befragten im Jahr 1990[10] zählte Vorfahren (Eltern, Großeltern, Urgroßeltern), Nachkommen (Kinder, Enkelkinder, Urenkel) und Seitenverwandte (Geschwister) und stellte fest, dass (und wir können davon ausgehen, dass dies sowohl für Kinder als auch für Erwachsene gilt)

- Der unmittelbare Familienkreis eines Individuums (einschließlich der Schwiegerfamilie, falls vorhanden) umfasst im Durchschnitt 15 nahe Verwandte.

- Wenn man eine ähnliche Anzahl von Onkeln und Tanten, Neffen und Nichten (nicht unmittelbare Verwandte) hinzufügt, beläuft sich das durchschnittliche Familiennetzwerk auf rund 30 Personen.

- Partner in einer ehelichen Verbindung haben zwangsläufig eine größere Familie (im Durchschnitt 18 unmittelbare und 23 nicht unmittelbare Verwandte) als Personen, die alleine leben (10 unmittelbare und 16 nicht unmittelbare Verwandte).

- Paare berichten, dass sie emotional etwa fünf Personen in ihrer Familie nahe stehen, während Singles etwa drei nahe stehen.

Wenn man die Anzahl der (engen) Freunde – im Durchschnitt etwa neun – mit der Anzahl der (unmittelbaren) Verwandten – im Durchschnitt etwa 15 – vergleicht, ist klar, dass der Pool der Verwandten größer ist. Vielleicht gibt es auch ein wenig Überschneidung: Ihr Geschwister, Elternteil oder Kind könnte einer Ihrer Freunde sein. Und das immer mehr, laut einer Studie von 2016 von Google Ipsos Connect.[11] Sie fand heraus, dass 8 von 10 Eltern der Generation Y in den Vereinigten Staaten zustimmen, dass ihr Kind einer ihrer besten Freunde ist.

---

[10] www.ined.fr/fichier/s_rubrique/264/relatives.en.pdf
[11] www.thinkwithgoogle.com/data/millennial-parenting-statistics/

Aber wenn man die Qualität der Beziehungen vergleicht, die man mit diesen beiden Gruppen haben kann, ist auch klar, dass Freundschaften in den meisten Fällen kürzer sind mit Freunden als mit Verwandten. Allerdings sind die Freunde wahrscheinlich näher im Alter und Interessen als die Verwandten – vielleicht mit Ausnahme der Cousins, Geschwister und Schwäger.

Dies – während wir über Freunde und Verwandte nachdenken – scheint ein guter Ort zu sein, um auf den offensichtlichen Mangel an Kontext in der NPS-Frage hinzuweisen. Tatsache: Ich habe dieses Produkt gerade für mich selbst gekauft. NPS-Frage: Würde ich anderen empfehlen, dasselbe zu tun? Bedenken: Nun, ja, wenn sie die gleichen Bedürfnisse, die gleichen Kaufkriterien (z. B. Vorlieben) und die gleichen verfügbaren Mittel hätten wie ich. Aber wie kann ich wissen, ob das der Fall ist? Sie müssten mir sehr ähnlich sein – und sich auch in einem ähnlichen Kontext wie ich befinden, so dass die Frage vom Befragten einen großen Vertrauenssprung (oder genauer: einen großen Kontextsprung) erfordert.

In diesem Kapitel suchen wir nach relevanten Indikatoren oder Dimensionen für die Forschung mit Kindern und speziell, ob Empfehlungen relevant sind. In Bezug auf den NPS können wir dann schlussfolgern, dass Beziehungen zu Verwandten vielleicht relevanter für *Empfehlungen* sind – sicherlich quantitativ (Menschen haben 1,5-mal so viele Verwandte wie Freunde), aber auch etwas qualitativ (Menschen haben längere Beziehungen zu Verwandten, obwohl Alter und Interessen tendenziell ähnlicher zwischen Freunden sind).

Als Randbemerkung, um die theoretische Obergrenze der Anzahl von Freundschaften zu verstehen, können wir uns an Dunbars Zahl wenden. Der britische Anthropologe Robin Dunbar fand heraus, dass Menschen bequem 150 stabile Beziehungen (tatsächlich 148, aber er dachte, 150 wäre eine schöne, runde Zahl) pflegen können.[12] Aber das ist eine Randbemerkung. Lassen Sie uns zu einem anderen Aspekt übergehen, der für die Forschung mit Kindern potenziell relevant ist – ob wir eine Skala verwenden können und wenn ja, welche Skala?

---

[12] 150 wäre nur die Gruppengröße für Gemeinschaften mit einem sehr hohen Anreiz, zusammenzubleiben. Für eine so große Gruppe, um zusammenzuhalten, spekulierte Dunbar, dass bis zu 42 % der Zeit der Gruppe für soziale Pflege aufgewendet werden müssten. Daher haben nur Gruppen unter intensivem Überlebensdruck, wie Subsistenzdörfer, nomadische Stämme und militärische Gruppierungen, die 150-Mitglieder-Marke erreicht. Dunbar stellte fest, dass solche Gruppen fast immer physisch nahe sind, was bedeutet, dass moderne Online-Freundschaften nicht zu Dunbars Zahl zählen. Robin Dunbar (1992): „Neocortex-Größe als Einschränkung für die Gruppengröße bei Primaten." *Journal of Human Evolution*

... bewertet auf welcher Skala?

Ein vierter Bias ergibt sich aus der Beziehung zwischen den einzelnen Zahlen im Score (0–10) und der Erfahrung, die der Befragte gemacht hat. Der Net Promoter Score wird auf der Grundlage der Antworten auf eine einzige Frage berechnet:

- Wie wahrscheinlich würden Sie

- <Firma/Produkt/Dienstleistung hier einfügen>

- einem Freund oder Kollegen empfehlen?

Das Bewertungssystem für diese Antwort basiert auf einer Skala von 0 (nicht wahrscheinlich) bis 10 (sehr wahrscheinlich). Klar ist 4 weniger als 5, aber was bedeutet dieser Unterschied für den Befragten – welche Worte oder Konzepte verbindet der Befragte mit der Erfahrung, die zu einer 4 oder einer 5 führen würde?

Um einen anderen Ansatz zu wählen, wenn man fragt, wie alt der Befragte ist oder welches Produkt den Befragten am meisten interessiert, ist die Antwort wahrscheinlich sehr einfach für einen Befragten (Kind oder Erwachsener) zu interpretieren. Ihr Alter ist eine Tatsache, und das interessanteste Produkt wird direkt genannt. Das Problem bei der Verwendung einer Skala wie der NPS liegt darin, zu bestimmen, worauf sie tatsächlich Bezug nimmt: ob es eine direkte Beziehung zwischen dem Score und einem Wort oder Konzept in der Welt gibt. Oder – wenn es keine direkte Beziehung gibt – welches Konstrukt, Merkmal oder Konzept der Antwort des Befragten auf eine Messung zugrunde liegt (sogenannte Konstruktvalidität[13]). Kurz gesagt; es gibt keine allgemein anerkannte Erfahrung oder Konzept, das eindeutig 4 (oder 5, oder eine andere Zahl) auf der NPS bewertet – weder für Einzelpersonen noch für die Gesellschaft als Ganzes, weder für Kinder noch für Erwachsene. Die Unterscheidung zwischen 4 und 5 (und wahrscheinlich anderen Zahlen) ist willkürlich – der gleiche Befragte weiß vielleicht nicht den Unterschied, hat den Unterschied vielleicht nicht auf eine schlüssige oder universelle Weise erlebt. Es gibt keinen Maßstab oder sogar Worte, um zwischen 4 und 5 zu unterscheiden – im Gegensatz zur Bezugnahme auf Zahlen in der realen Welt (4 oder 5 Kuchen sind sehr bedeutungsvoll, wenn Sie 4 oder 5 Personen sind) oder auf etablierte Konzepte (wie Mathematik; 4 an sich ist weniger als 5).

Selbst das Zuweisen einer Punktzahl von 0 oder 10 wird möglicherweise nicht allgemein akzeptiert, da kulturelle Normen auf der ganzen Welt und wahrscheinlich auch über Verbrauchersegmente hinweg stark variieren. Wenn wir

---

[13] Siehe „Scale development: ten main limitations and recommendations to improve future research practices", Fabiane F. R. Morgado, 2017: https://link.springer.com/article/10.1186/s41155-016-0057-1

annehmen, dass eine Kultur von Natur aus skeptischer und eine andere vertrauensvoller oder naiver ist, wie es Geert Hofstede in seinem Konzept der Unsicherheitsvermeidung tut,[14] kann man annehmen, dass der Skeptiker und der Naive die Frage („Wie wahrscheinlich sind Sie…") bei der Zuweisung einer Punktzahl unterschiedlich interpretieren. Wenn Sie versuchen, die Frage in einem skeptischen und dann in einem naiven Tonfall zu stellen, können Sie fast die Voreingenommenheit hören.

Einer der Vorteile des NPS ist seine indexikalische Natur – dass er durch das immer wiederholte Stellen der gleichen Frage die inhärente Voreingenommenheit über die Zeit konstant hält und es uns ermöglicht, Schwankungen in den Gefühlen der Befragten über die Zeit und über verschiedene Quellen hinweg zu verfolgen. Als Verbraucher des NPS (z. B. ein Forscher oder Entscheidungsträger) ist es wichtig, sich nicht von der natürlichen Anziehungskraft, die ein Index bietet, einfangen zu lassen: dass er eine messbare Realität zu reflektieren scheint, dass er eine Tatsache ist, wie die Temperatur, oder (um im Geschäftskontext zu bleiben) wie viel ein Produkt verkauft hat. Es gibt keine natürliche Standardeinstellung für einen NPS-Score. Klar ist, dass ein niedrigerer Score schlechter und ein höherer besser ist, aber es gibt keine definitive Schwelle für einen guten oder schlechten Score. Ein Index mag Sie dazu bringen, so zu denken, aber das ist nur das Gehirn, das Ihnen einen Streich spielt. Die Stärke des NPS liegt nicht darin, dass er etwas (d. h., Kundenzufriedenheit) korrekt misst, sondern dass er das, was er misst, jedes Mal auf die gleiche Weise misst. Wie seine Befürworter betonen werden, ist jede Voreingenommenheit, die in der Messung vorhanden ist, konstant.

Daher liegt der tatsächliche Wert des NPS in den Variationen, die im Laufe der Zeit auftreten können, in seinen Auf- und Abwärtsschwankungen, und darin, dass er seinen Benutzern erlaubt, die Gründe für diese Veränderungen zu analysieren und Hypothesen aufzustellen und ihr Angebot so zu gestalten, dass sie ihren Score optimieren können.

Ein weiterer Vorteil ist, dass der NPS – als Nebenprodukt der quantitativen Ergebnisse – auch andere nützliche Arten von Feedback ernten kann, wie z. B. Kommentare, die analysiert werden können. Ein Nachteil in dieser Hinsicht ist, dass die meisten Menschen – und insbesondere Kinder, da man textliche Eingaben machen muss – zögern, genaue und ausführliche Antworten in einer Umfrage (genauer gesagt, einem selbstverwalteten Fragebogen) zu geben, der eine Frage wie „Bitte erläutern Sie, warum Sie diese Punktzahl gegeben haben?" und ein schönes großes, leeres Texteingabefeld hat. Wahrscheinlich werden Sie feststellen, dass die Leute ihre offenen Antworten in Umfragen kurz halten, so sehr sogar, dass alle Nuancen, die normalerweise in

---

[14] https://de.wikipedia.org/wiki/Hofstedes_Kulturdimensionen

einem persönlichen oder telefonischen Interview vorhanden wären, verschwinden. Da außerdem die Untergruppe der Befragten, die die offenen Fragen beantworten, selbst ausgewählt ist und die Antwortrate niedriger ist als bei anderen, nicht optionalen Fragen, sind offene Antworten letztlich eine sehr unzuverlässige Quelle – wahrscheinlich nur von den glücklichsten und unzufriedensten Kunden ausgefüllt. Als Ergebnis werden die offenen Antworten wahrscheinlich ein völlig anderes Bild zeichnen als die Zahlen selbst. Ein weiterer offensichtlicher Nachteil ist, dass die Umfrage nur die Erfahrungen und Gedanken erfasst, die die Menschen bereit und in der Lage sind zu verbalisieren (oder zu textualisieren) und die die Zeit und Energie der Befragten in diesem speziellen Moment aufnehmen können. Eine Warum-Frage lädt zu komplexem kognitivem Denken ein. Es mag eine sehr gute Frage sein, aber denken Sie über andere, weniger anspruchsvolle, Möglichkeiten nach, sie zu stellen.

Die Wahl der Skala in der Forschung mit Erwachsenen und noch mehr in der Forschung mit Kindern ist eine größere Frage, als es auf den ersten Blick erscheinen mag, ein Thema, das wir auch in Kap. 5 erneut aufgreifen werden. Eine Zehn-Punkte-Skala (wie die NPS) mag wie eine natürliche Wahl erscheinen – wir haben zehn Finger und Zehen (die meisten von uns) und das Dezimalsystem wird weit verbreitet in der Gesellschaft verwendet. In vielen anderen Bereichen jedoch, in denen wir das Gewicht oder die Intensität der Präferenz des Befragten messen möchten, hat sich eine Likert-Skala,[15] benannt nach dem amerikanischen Sozialpsychologen Rensis Likert, der sie in seiner Doktorarbeit 1932 entwickelte,[16] mit fünf oder sieben Punkten als sehr effizient erwiesen. Dies liegt daran, dass sie viele der in Kap. 3 erwähnten Verzerrungen, aber auch andere Verzerrungen, die für quantitative Studien entscheidend sind, wie die *Zentralen Tendenz* Verzerrung (bei der die Befragten eine Antwort in der Mitte bevorzugen, um nicht als extremistisch wahrgenommen zu werden), behandelt. Aus irgendeinem Grund wurde die Likert-Skala für die NPS ignoriert.

... warum?

Aber hier fehlt etwas. Wenn Sie ein Unternehmen führen und entwickeln oder an dessen Design, Innovation und Geschäftsentwicklung beteiligt sind, müssen Sie natürlich den Gesundheitszustand und die finanzielle Situation Ihrer Marke verstehen. Allerdings werden Ihnen weder die eine noch die andere Zahl sagen, ob Ihre Kunden Ihre Produkte verstehen, ob sie das Beste aus ihnen herausholen können oder ob sie sie wie vorgesehen verwenden. Mit

---

[15] https://de.wikipedia.org/wiki/Likert-Skala
[16] https://de.wikipedia.org/wiki/Rensis_Likert

anderen Worten, diese beiden Zahlen werden Ihnen nicht sagen, ob Ihre Produkte Ihren Kunden gute Erfahrungen liefern.

Aus Sicht des Managements, der Innovation, des Designs und der Entwicklung können Sie die beste Finanzberichterstattung und hervorragende NPS-Werte haben, aber wenn Sie wenig oder keine Einblicke in die Leistung oder Qualität der Erfahrungen haben, die Sie erzeugen, werden Sie nicht wissen, ob Sie gut oder schlecht abschneiden. Sie werden nicht wissen, ob Sie so weitermachen oder anhalten und Änderungen vornehmen sollten. Die Finanzen werden Ihnen sagen, welche Produkte gut verkauft wurden, welche schlecht verkauft wurden (und so weiter), und der NPS wird Ihnen sagen, wie sich dies auf Ihre Marke ausgewirkt hat. Aber leider wird Ihnen keiner von beiden sagen, warum.

Sie werden Ihnen auch nicht sagen, ob es wahrscheinlich ist, dass die Verbraucher Ihr Produkt aufgeben, sobald eine neue und bessere Erfahrung auf den Markt kommt. Zum Beispiel waren Nicht-Smartphones extrem beliebt und hatten wahrscheinlich großartige NPS-Werte, bis Smartphones auf den Markt kamen. Altavista und Yahoo waren die Top-Suchmaschinen, bis Google eingeführt wurde.[17] Heute – Erwachsene und Kinder gleichermaßen – verwenden wir Produkte, die wir großartig finden, die aber in naher Zukunft veraltet und als unerträglich altmodisch wahrgenommen werden. Können uns NPS-Werte dabei helfen? Können sie uns helfen zu bestimmen, was *gut* ist?

Der NPS ist kein KX-Score

Zusammenfassend hat der NPS in mehreren Bereichen Mängel:

- Es gibt keine Verantwortlichkeit für den Befragten, ob es sich um einen Erwachsenen oder ein Kind handelt.

- Die Situation der Empfehlung ist hypothetisch.

- Der Freundschaftswinkel ist eine methodologische Ablenkung von der Hauptabsicht des NPS: Der Befragte kann die Erfahrung des Freundes nicht mit einer genauen Präzision wiedergeben.

- Quantitativ gesehen ist der Pool von Freunden, aus dem NPS-Befragte wählen können, wahrscheinlich klein.

- Freundschaften sind so voller Nuancen, dass sie sie zu instabilen Referenzpunkten für Empfehlungen machen.

Als Randbemerkung sind Beziehungen zu *Verwandten* vielleicht relevanter für Empfehlungen, sicherlich quantitativ, aber auch etwas qualitativ.

---

[17] Hier ist eine Reise in die Vergangenheit: www.makeuseof.com/tag/7-search-engines-that-rocked-before-google-even-existed/

- Es fehlt ein Kontext für die Empfehlung

- Die Skala an sich: Es besteht keine direkte Beziehung zwischen der Punktzahl und einem Wort oder Konzept in der Welt.

- Die meisten Menschen zögern sowieso, genaue und ausführliche Antworten in selbstverwalteten Fragebögen zu geben.

- Der NPS kann uns nicht helfen zu verstehen, *warum* ein Produkt so bewertet wird, wie es ist.

- Er kann uns nicht sagen, was gut ist oder ob ein Produkt Bestand hat – Entwicklungen auf dem Markt könnten es morgen überflüssig gemacht haben.

Dies führt mich zu dem Schluss, dass der Geschäftswert des NPS im Allgemeinen gering ist, weil er eine falsche Erzählung über den Wert der Marke oder des Produkts liefert und speziell in der Forschung mit Kindern keine solide Grundlage für Entscheidungen bietet. Dieses Kapitel nahm den NPS als Ausgangspunkt für eine Erkundung der Bereiche, die für die Forschung mit Kindern relevant sind, in dem Bewusstsein, dass wir nur begrenzt durch qualitative Forschung (die von unserer Fähigkeit abhängt, zu hören, was Kinder sagen, und sie zu inspirieren, Feedback zu geben) oder nur durch quantitative Forschung (die wiederum davon abhängt, dass wir Kindern angemessene und präzise Möglichkeiten zur Rückmeldung geben) lernen können.

Das Bestreben des NPS besteht darin, das zukünftige Verhalten oder die Vorlieben von Käufern oder denen, die den Käufer beeinflussen, vorherzusagen, aber die NPS-Zahlen können irreführend sein (oder vielleicht nehme ich sie zu ernst). Es könnte angebracht sein, eine besorgte und skeptische Sicht auf das wahrgenommene *Vertrauen in Zahlen* zu bieten (auf das ich in Kap. 6 erneut Bezug nehmen werde): Sobald man einer Erfahrung eine Zahl, einen Prozentsatz, zuordnen kann, wird die Zahl zur *Botschaft*, wird zur Wahrheit oder Erkenntnis, anstatt das, was hinter der Zahl steht. Es ist nicht so, dass ich Zahlen, quantitative Studien als Ganzes oder „Daten" (ob „Big Data" oder klein) missbillige – tatsächlich glaube ich, dass ein Unternehmen auf Zahlen *angewiesen,* sein muss. Aber gerade *wegen* dieses Bedürfnisses müssen die Zahlen glaubwürdig sein, müssen auf etwas basieren, das tatsächlich in einer sinnvollen Weise quantifizierbar ist, das nicht mehr oder weniger zufällige Meinungen von Kindern aus dem Kontext zählen oder ihre flüchtigen Einstellungen aufzeichnen sollte.

Auf einer allgemeineren Ebene müssen wir darauf achten, die Grenzen zwischen Sozialwissenschaft (die die Beziehungen zwischen Individuen und Gesellschaften untersucht – wie viele Menschen eine Botschaft verstehen, warum sie sich entscheiden, durch den Verkaufstrichter zu reisen, und eine positive Bewertung dieser Erfahrung abgeben) und Naturwissenschaft (die die physische Welt, einschließlich der Gesetze der Biologie und Mathematik, untersucht) nicht zu verwischen.

Mein Einwand ist, dass Zahlen und Punktzahlen einen falschen Eindruck von Unparteilichkeit und Universalität vermitteln können und dass sie unumstößliche Tatsachen suggerieren können, die in Stein gemeißelt zu sein scheinen. Zahlen können eine mehrdeutige, dynamische Welt mit präzisen, eindeutigen Zahlen irreführend darstellen. Nun, das Problem liegt nicht bei den Zahlen selbst, sondern in der Art und Weise, wie sie von Menschen, sowohl individuell als auch in Gesellschaft und Handel, bewertet und genutzt werden.

Eine relevantere Zahl, wenn Sie Kundenerlebnisse entwerfen und produzieren, ist eine *Kundenerlebnis* Punktzahl anstatt einer Net Promoter Punktzahl. Wenn Sie noch nie von einer solchen Punktzahl gehört haben, machen Sie sich keine Sorgen, denn es gibt kein etabliertes Konzept dafür noch einen kollektiv vereinbarten Standard für die Berechnung einer solchen Punktzahl. Noch nicht, zumindest. In Kap. 5 möchte ich vorschlagen, eine solche Punktzahl zu konstruieren und zu implementieren, eine *Kindererlebnis*Punktzahl.

Was zu bewerten ist

Es besteht definitiv Bedarf an einer Bewertung, die es allen Beteiligten im Design- und Innovationsprozess ermöglicht zu verstehen, wie ein Produkt oder eine Dienstleistung von der beabsichtigten Zielgruppe *wirklich* wahrgenommen wird.

Die Bewertung würde anzeigen, ob es große Unterschiede zwischen den Erfahrungen verschiedener Zielgruppensegmente gibt. Zum Beispiel würde sie uns sagen, ob 6–8-jährige Jungen es mehr genießen als 9–11-jährige Mädchen, ob die gleiche Alters- und Geschlechtsgruppe in zwei verschiedenen Kulturen unterschiedliche Erfahrungen hat, oder ob die gleiche Dienstleistung auf verschiedenen Technologieplattformen unterschiedlich funktioniert (z. B., ob ein Spiel besser auf einem Smartphone als auf einem Computer funktioniert).

Die Bewertung ermöglicht es uns, die Erfahrung mit ähnlichen und/oder konkurrierenden Dienstleistungen und Produkten zu vergleichen und auch verschiedene Versionen des gleichen Produkts zu vergleichen. Die Bewertung ist *horizontal* in dem Sinne, dass sie jede Art von Produkt oder Dienstleistung, die wir sehen können, umfassen kann, und *vertikal* in ihrer Messung der Erfahrungen echter Menschen. Eine ziemlich hohe Anforderung.

© Der/die Autor(en), exklusiv lizenziert an APress Media, LLC, ein Teil von Springer Nature 2023
T. V. Snitker, *Nutzerforschung mit Kindern*,
https://doi.org/10.1007/978-1-4842-9822-0_5

Die System Usability Scale, SUS

Die Inspiration für diese Bewertung stammt von der *System Usability Scale* (SUS). Ursprünglich 1986 von John Brooke entwickelt,[1] ermöglicht diese Forschern die Bewertung einer Vielzahl von Produkten und Dienstleistungen, einschließlich Hardware, Software, Mobilgeräten, Websites und Anwendungen. Die SUS besteht aus einem 10-Punkte-Fragebogen mit fünf Antwortmöglichkeiten für die Befragten: von „Stimme komplett zu" (1) bis „Stimme überhaupt nicht zu" (5).

Die ersten vier zu bewertenden Aussagen sind beispielsweise:

1. Ich denke, dass ich dieses System häufig nutzen möchte.

2. Ich fand das System unnötig komplex.

3. Ich dachte, das System sei einfach zu bedienen.

4. Ich denke, dass ich die Unterstützung einer technikaffinen Person benötigen würde, um dieses System nutzen zu können.

Indem wir die gleiche Reihe von Fragen auf die gleiche Weise an Benutzer aller Arten von Produkten und Dienstleistungen („Systeme") stellen, können wir eine einheitliche Vergleichsbasis erhalten.

Aber wir können diese Art von Fragen nicht an Kinder stellen: es ist alles zu abstrakt und „meta" (reflektierend und selbstreflektierend), selbst wenn man die Formulierung ändert. Kinder sind oft nicht darin geschult, über ihre Erfahrungen nachzudenken, geschweige denn Fragen dazu zu beantworten. Einige Kinder fühlen sich nicht wohl dabei, Fragen von Fremden mit großer Detailgenauigkeit und Präzision zu beantworten, selbst wenn ihre Eltern neben ihnen sitzen.

Eine weitere Inspirationsquelle ist die *Child Self-Reported Playfulness* (CSRP) *Skala* der Psychologen Elian Fink, Silvana Mareva und Jenny L. Gibson von der Universität Cambridge.[2] Sie ist Teil der Bemühung, die psychometrischen Eigenschaften einer selbstberichteten Spielfreudigkeitsmetrik für Kinder im Alter von 5–7 Jahren zu entwickeln und zu testen. Die Autoren diskutieren, wie die Spiel-Literatur bisher von Beobachtungen und Berichten von Lehrern

---

[1] 2013 wurde eine interessante Rückschau von John Brooke selbst von der UXPA veröffentlicht, hier: https://uxpajournal.org/sus-a-retrospective/

[2] Die Studie wird in dem Kapitel „Dispositional playfulness in young children: A cross-sectional and longitudinal examination of the psychometric properties of a new child self-reported playfulness scale and associations with social behaviour" in dem Buch *Infant and Child Development*, veröffentlicht von John Wiley & Sons Ltd (2020), beschrieben. Sie kann hier gefunden werden: https://onlinelibrary.wiley.com/doi/epdf/10.1002/icd.2181

und Eltern über das Spiel von Kindern (sowohl alleiniges als auch soziales Peer-Spiel) dominiert wurde. Sie argumentieren, dass die eigenen Stimmen und Wahrnehmungen junger Kinder über ihr Spiel und ihre Spielfreudigkeit oft übersehen werden.

Die Autoren leiteten die folgenden Aussagen aus anderen Forschungsquellen ab und präsentierten sie insgesamt mehr als 300 Kindern mittels zweier Puppen in einem Video. Die Puppen beschrieben sich jeweils mit einer von zwei bipolaren Aussagen, die mit neutraler Intonation vorgetragen wurden, und das Kind wurde gebeten, auf die Puppe zu zeigen, die am meisten wie es selbst war. Auch ihre Lehrer wurden interviewt, um die Selbsteinschätzung mit einer externen Messung zu vergleichen.

1. Ich suche nicht wirklich nach lustigen Dingen zum Tun

   Ich suche oft nach lustigen Dingen zum Tun

2. Ich erfinde neue Spiele zum Spielen

   Ich erfinde keine neuen Spiele zum Spielen

3. Ich singe und tanze nicht sehr viel

   Ich singe und tanze viel

4. Andere Kinder denken, ich bin lustig

   Andere Kinder denken nicht wirklich, dass ich lustig bin

5. Ich erzähle keine lustigen Geschichten

   Ich erzähle lustige Geschichten

6. Wenn jemand anderes etwas Lustiges beginnt, mache ich manchmal nicht mit

   Wenn jemand anderes etwas Lustiges beginnt, mache ich immer mit

7. Wenn ich etwas Langweiliges tun muss, macht es nie Spaß

   Wenn ich etwas Langweiliges tun muss, versuche ich einen Weg zu finden, es lustig zu machen

8. Ich erzähle Witze

   Ich erzähle keine Witze

9. Ich halte mich immer an die Regeln

   Ich halte mich nicht immer an die Regeln

10. Ich spiele immer Rollenspiele

    Ich spiele nicht wirklich oft Rollenspiele

11. Ich mache nicht oft alberne Dinge, damit andere Leute lachen

    Ich mache alberne Dinge, damit andere Leute lachen

Verspieltheit und die Eigenschaft, lustig und lebhaft zu sein, können eindeutig relevante Teile der Erfahrung eines Kindes sein, daher ist der CSRP-Score an sich bedeutungsvoll. Allerdings sind auch der Prozess und die Methodik der Studie im Kontext der Messung von Kindererfahrungen inspirierend.

Eine weitere Inspirationsquelle war die *Consensual Assessment Technique* (CAT), vorgeschlagen von der Psychologin Teresa M. Amabile von der Brandeis University,[3] , die sich mit der Sozialpsychologie der Kreativität und der Testung von Kreativität befasst.

Anfang 2021, ungefähr zu der Zeit, als dieses Buch fertiggestellt wurde, veröffentlichten eine Gruppe von Forschern von B&O, Preely und der Universität Aalborg (Lars Bo Larsen, Tina Øvad, Kashmiri Stec, Lucca Julie Nellemann und Jedrzej Czapla) ihre Fallstudie *Entwicklung eines Frameworks für UX KPIs in der Industrie*.[4] Es zielt darauf ab, die UX Qualität von Produkten (für Erwachsene) zu bewerten und zu verfolgen, um sicherzustellen, dass das gewünschte Qualitätsniveau erreicht wird, potenzielle Verbesserungsbereiche zu klären und Konkurrenzprodukte über Benchmarking zu vergleichen. Sie sind auch inspiriert von bekannten UX-Skalen wie der UEQ und AttrakDiff, sowie von stärker geschäftsorientierten Maßnahmen, wie dem zuvor in diesem Buch diskutierten NPS-Score und dem CES-Score.

Ein KX – Kids' Experience – Score

Der Zweck dieses Scores ist es, der breitest möglichen Palette unserer Interessengruppen – sowohl horizontal als auch vertikal, und innerhalb unserer Organisation sowie mit externen Parteien – zu helfen. Daher umfasst die Zielgruppe des Scores Designer, Produktbesitzer, Projektmanager, Entwickler, Support-Mitarbeiter, Entscheidungsträger – im Grunde genommen alle, die ein Interesse an der tatsächlichen Benutzererfahrung eines Produkts oder einer Dienstleistung haben.

---

[3] *Journal of Personality and Social Psychology*, 1982, Vol. 43, No. 5, 997–1013, https://product.design.umn.edu/courses/pdes2701/documents/5701papers/01creativity/amabile82.pdf

[4] https://vbn.aau.dk/en/publications/udvikling-af-bruger-oplevelses-kpier-for-industribrug-et-case-stu, (das Papier ist auf Englisch, obwohl die URL auf Dänisch ist) veröffentlicht von OzCHI 2020: 32. Australische Konferenz für Mensch-Computer-Interaktion (HCI)

Wann soll der Score erstellt werden?

Es ist möglich, den Score ab dem Zeitpunkt in der Entwicklungsphase zu extrapolieren, an dem ein funktionsfähiger Prototyp existiert, der die beabsichtigte Benutzererfahrung simulieren kann, und von da an in die Start- und Nachstartphasen und nachfolgende Iterationen fortzusetzen. Tatsächlich ist der ganze Sinn des Scores, ihn mehr als einmal zu messen, vorzugsweise jedes Mal, wenn eine wesentliche Verbesserung des Produkts oder der Dienstleistung zum Testen verfügbar ist.

Tatsächliche wesentliche Verbesserung oder „wesentliche Verbesserung" – die Anführungszeichen sind hinzugefügt, um zu betonen, dass es sich um eine unbegründete Behauptung eines Teams handelt, das eindeutig beabsichtigt, denkt und hofft, dass die Änderungen auch tatsächliche Verbesserungen sind, aber sie haben es tatsächlich nicht untersucht. Letztendlich wird der Score die höchste Autorität darüber sein, ob die neue Version tatsächlich eine Verbesserung ist oder einfach… nun… eine neue Version.

Ein weiterer Anlass für die Durchführung des Scores besteht, wenn neue Benutzersegmente hinzugefügt werden. Dies könnte beispielsweise der Fall sein, wenn das Produkt kürzlich in einem anderen Teil der Welt auf den Markt gebracht wurde, oder wenn sich der Kontext des Produkts oder der Dienstleistung radikal ändert – zum Beispiel, wenn ein neues konkurrierendes Produkt mit bahnbrechenden neuen Funktionen auf den Markt kommt, oder wenn die Marketingkampagne tiefgreifend verändert wird. Ein weiterer Anlass könnte sein, dass die Preisstruktur oder das Vertriebsmodell sich ändert, und diese Änderungen für die Benutzererfahrung bedeutsam sind. In der Praxis könnte der Anlass, den Score erneut zu laufen, einfach das Vorhandensein von verfügbarer Bandbreite im Projektteam oder unter den Forschern sein. Dies impliziert, dass das tatsächliche Messen des Scores *geplant* werden muss, damit es erledigt wird. Es impliziert, dass, wenn Sie planen, den ersten Score zu erstellen, Sie auch ungefähr planen sollten, wann Sie den nächsten erstellen.

Wer führt die Bewertung durch?

Als wir einen Kinder-Score entwickelten, war unsere erste Entscheidung, die Stärken der Forschung mit Kindern statt ihre Schwächen (wie im Abschnitt über SUS zuvor beschrieben) zu nutzen. Anstatt das Kind seine Erfahrungen selbst analysieren zu lassen, muss die tatsächliche Bewertung von einem Erwachsenen durchgeführt werden: entweder vom Moderator (live oder nachträglich) oder einem Notiznehmer oder Beobachter. Dies ermöglicht es uns, die Forschungsinteressenpunkte beizubehalten, anstatt die Studie selbst durch Reduzierung ihrer Komplexität oder ihres Umfangs zu vereinfachen. Anstatt dass der Moderator Fragen stellt und die Studie die Antworten als primären Fokus verwendet, ermutigt der Moderator das Verhalten, das dann zum primären Fokus wird. Die Qualität und Menge des Gesprächs während der

Sitzung ist irrelevant, und ein Gespräch kann flüssiger oder freier stattfinden, basierend auf der Energie der Situation.

Was genau bewerten?

Damit die Bewertung im Design- und Innovationskontext relevant ist, haben wir die folgenden Kriterien entwickelt:

- Die Bewertung muss Vergleiche von Erfahrungen über alle relevanten Zielgruppen und Kontaktpunkte ermöglichen

- Die Bewertung muss alle Arten von interaktiven Medien unabhängig von Gerät oder Plattform umfassen, zum Beispiel Web, App, Spiel oder Bauanleitung auf iOS, Android oder PlayStation

- Die Bewertung muss alle Geschlechter, Kulturen und Altersgruppen einschließen

Eine Literaturrecherche ergab wenig Relevantes, aber wir fanden die folgenden Quellen hilfreich:

- *Die Benutzererfahrung messen* von Tom Tullis und Bill Albert (2013)

- *Die Benutzererfahrung quantifizieren* von Jeff Sauro und James R. Lewis (2016)

Diese Bücher halfen uns, die Anforderungen für eine quantitative Studie zu verstehen, wenn es um eine Mindeststichprobengröße geht und rieten, den Umfang der Kindererfahrungsbewertung in Bezug auf die Anzahl der Befragten auf mindestens 30 pro homogenem Segment festlegen – zum Beispiel ein Geschlecht und ein enges Altersintervall (z. B. 8–9-Jährige) aus einer Kultur. Das bedeutet, dass wir 60 Kinder benötigen würden, um das gleiche Material in der gleichen Alters- und Geschlechtsgruppe, aber über zwei Kulturen hinweg zu studieren.

Wir haben die Literatur auch genutzt, um uns auf der Suche nach einer geeigneten Anzahl von Forschungsdimensionen behilflich zu sein. Die Liste der Interessengebiete könnte schnell wachsen und schwer zu handhaben werden. Wir haben uns für fünf Hauptdimensionen entschieden, die jeweils aus 10 bis 20 Indikatoren bestehen. Die fünf Dimensionen bleiben in allen Studien konstant, aber die Indikatoren können von Projekt zu Projekt variieren, je nach ihrer Relevanz für die Studie. Zum Beispiel in der Dimension Vertrautheit, die sich darauf bezieht, wie gut das Konzept und der Inhalt dem Befragten bekannt sind, werden die Indikatoren bei der Untersuchung einer bestimmten

App andere vergleichbare Apps sein, während bei der Untersuchung eines Spiels die Indikatoren andere vergleichbare Spiele sein werden. Schauen wir uns jede unserer fünf Dimensionen an.

Engagement und Neugier

Diese Dimension befasst sich mit dem Ausmaß, in dem die App, das Spiel, die Website oder ein anderes System die Kinder fesselt und in ihnen den Wunsch weckt, mehr zu erfahren.

Die Indikatoren beinhalten

- Scheinen die Kinder an dem System interessiert und engagiert zu sein?

- Gehen sie zurück und wiederholen etwas, das ihnen gefallen hat?

- Sind sie neugierig und wissbegierig, zum Beispiel, indem sie alle Funktionen oder Bereiche des Systems erkunden?

- Möchten sie mehr über irgendwelche Charaktere oder Handlungen im System wissen?

- Verbringen sie mehr Zeit als eigentlich nötig, weil sie engagiert und neugierig sind (die sogenannte „verbrachte Zeit")?

Gebrauchstauglichkeit

Der Hauptfokus in dieser Dimension liegt auf der Gebrauchstauglichkeit der Funktionen: ob die Kinder in der Lage sind, in einem geeigneten Tempo das zu tun, was sie wollen oder müssen, um zu navigieren wohin sie wollen, und um die Nutzung des Produkts oder Dienstes (Systems) auf geeignete Weise zu beginnen und zu beenden.

Die Indikatoren sind klassische Gebrauchstauglichkeitsparameter, wie zum Beispiel

- Ist den Kindern klar, wo sie sich in der App oder im Spiel zu jedem Zeitpunkt befinden und wie sie weitermachen oder zum Anfang zurückkehren können?

- Machen die Kinder Fehler oder zögern sie?

- Verbringen sie viel Zeit damit, herauszufinden, wie die App oder das Spiel funktioniert? (Diese verschwendete Zeit sollte mit der Zeit korreliert werden, die sie damit verbringen, neugierig zu sein, wie zuvor erwähnt)

- Verstehen sie Metaphern und Ikonographie, Texte, Farben und Illustrationen? (Erinnern Sie sich an die Überlegungen zur Textlesbarkeit und zum Alter der Befragten in Schritt 9 „...das richtige Gerät verwenden" in Kap. 2.)

- Scheitern sie bei der Ausführung einer Aufgabe oder gelingt es ihnen? Und wenn sie scheitern, finden sie heraus, wie sie sich erholen und fortfahren können?

Wenn es sich um ein Spiel handelt, finden die Kinder schnell heraus, was das Ziel ist, wie die Mechanik und die Steuerung funktionieren oder nicht? Wenn es im Spiel ein Punktesystem gibt, verstehen sie, wie es funktioniert und was sie tun müssen, um zu gewinnen?

Vertrautheit – konzeptionell und inhaltlich

Diese Dimension ist normalerweise am schwierigsten zu erklären. Der Punkt dieser Dimension ist herauszufinden, ob die Kinder in der Lage sind, auf vorhandenes Wissen aus früheren Erfahrungen aufzubauen, um ihnen zu helfen zu verstehen, was die App, das Spiel oder das System ist. Das Gegenteil wäre, dass die Erfahrung für sie völlig fremd ist und sie alles darüber lernen müssen – sein Genre, Konzept und Inhaltelemente.

In Bezug auf diese Dimension müssen Forscher einerseits erkennen, dass es für alles ein erstes Mal gibt und dass diese Neuheit Teil des Reizes oder der Faszination einer Erfahrung ist, während andererseits ein Design mit vertrauten Elementen leichter zu verstehen und zu verwenden ist. Forscher sollten verstehen, dass beide Aspekte in einem System koexistieren können und dass dies tatsächlich ein Zeichen für gutes Design ist. Die Dimension der Vertrautheit sucht zu entdecken, ob das gesamte Universum des Systems für die Kinder Sinn macht.

Die Indikatoren beinhalten

- Verstehen die Kinder oder erfassen sie, welches Genre, Klasse oder Kategorie das System ist, zum Beispiel, welche stilistischen Merkmale oder Funktionsweisen zu dieser Kategorie gehören können?

- Zum Beispiel hatten wir in einer App einen Avatar – ein Icon oder eine Figur, die eine bestimmte Person darstellt – und indem wir dies in die Dimension der Vertrautheit einbezogen, konnten wir untersuchen, ob dies von den Kindern verstanden wird, oder ob sie es im Gegensatz dazu verwirrend finden.

- Wenn es Charaktere (z. B. Cartoon-Figuren) im System gibt, erkennen die Kinder diese Charaktere und wissen, wofür sie stehen (ihre Persönlichkeiten sozusagen)? Finden die Kinder, dass die Charaktere ihren Erwartungen entsprechend handeln?

- Wenn das System eine Handlung und eine Art von Welt oder Universum hat, macht das für die Kinder Sinn? Verwendet das System Artefakte oder Konventionen, die die Kinder als gut geeignet und relevant für diese Handlung oder Welt empfinden?

Aufmerksamkeit und Salienz

In dieser Dimension untersuchen wir, inwieweit die Kinder die Elemente bemerken, von denen die Designer beabsichtigt haben, dass die Kinder sie bemerken. Salienz (vom lateinischen *salire,* was „springen" bedeutet) beschreibt etwas, das heraussticht, weil es auf irgendeine Weise einzigartig oder besonders ist. Dies beinhaltet, ob die Kinder alles von dem Namen des Systems, über die Optionen, die sie zu jedem Zeitpunkt haben, bis hin zu auffälligen visuellen Merkmalen oder bedeutenden Nachrichten im gesamten System bemerken.

Die Indikatoren sollten von den Prioritäten abgeleitet werden, die die Designer und Entwickler haben – es könnte zum Beispiel die Absicht eines Systems sein, dass die Kinder alle Navigations-Elemente deutlich bemerken, während in einem anderen System die Designer beabsichtigt haben könnten, dass die Navigation so unauffällig wie möglich ist.

Zufriedenheit und Spaß

Diese Dimension ist nicht so eng mit der Tatsache verknüpft, dass das System angeblich Spaß machen soll, wie es auf den ersten Blick scheinen mag. Wie jeder Erwachsene weiß, kann ein System zufriedenstellend zu bedienen sein, ohne Spaß zu machen. Nehmen Sie zum Beispiel einen Geldautomaten. Wenn er den erwarteten Geldbetrag ausgibt, sind Sie zufrieden, aber wahrscheinlich war der Prozess an sich nicht besonders spaßig. Nicht alle für Kinder konzipierten Systeme sollen Spaß machen, aber oft ist es relevant zu untersuchen, inwieweit Kinder Spaß daran haben, es zu benutzen, da diese Dimension die Stimmung oder Erwartungen beeinflussen wird, die sie in Bezug auf die Nutzung des Systems haben werden, und höchstwahrscheinlich auch das Ergebnis oder die Erfahrung, die sie daraus ziehen werden.

Dies steht in engem Zusammenhang mit der ersten Dimension, Engagement und Neugier. Systeme, die Spaß machen und zufriedenstellen, sind wahrscheinlich auch fesselnd und wecken Neugier – und umgekehrt. Dennoch sind die beiden Dimensionen für sich genommen relevant: Spaß zu haben ist an sich eine zentrale Qualität jeder Kinderaktivität, und es ist wichtig für Designer zu verstehen, ob dies tatsächlich in ihrem System geschieht. Darüber hinaus können Kinder möglicherweise in nur einem Teil eines größeren Systems viel Spaß haben, was ihre Neugier und ihr Interesse daran verringern könnte, den Rest des Systems zu erkunden. In diesem Fall sind beide Bewertungen sehr relevant.

Die Indikatoren können beobachtend sein (lächeln die Kinder, lachen sie, sind sie aufmerksam usw.?), aber in dieser speziellen Dimension können wir uns auch dafür entscheiden, auf zwei Arten von Rückmeldungen von den Kindern zu vertrauen. Eine davon ist ein Zufriedenheitsfragebogen, der speziell für Kinder konzipiert und auf einer 5-Punkte-Likert-Skala basiert, jedoch mit Smiley-Symbolen (von einem sehr finsteren Gesicht bis zu einem sehr glücklichen Gesicht). Die andere ist verbales Feedback von den Kindern: Wir fragen sie, ob ihnen die Erfahrung gefallen hat („Hattest du Spaß?"), aber wir überlassen es dem Moderator oder Notiznehmer zu beurteilen, ob die Antwort dem beobachteten Verhalten entspricht. Wenn der Moderator beobachtet hat, dass ein Kind offensichtlich Spaß hatte, sollte das bewertet werden, unabhängig davon, was das Kind danach gesagt hat.

Andere Bewertungskriterien sind relevant

Diese fünf Dimensionen sind nicht das A und O der Bewertungskriterien. Inspiration kann an vielen verschiedenen Orten gefunden werden. Wenn Sie untersuchen möchten, wie Kinder ein Produkt oder eine Dienstleistung erleben , die mit Lernen verbunden ist, bietet das *Lernen durch Spielen* Werkzeug der LEGO Foundation[5] einen ganzheitlichen Ansatz zum Lernen, der die volle Breite der Fähigkeiten umfasst, einschließlich kognitiver, sozialer, emotionaler, kreativer und physischer Fähigkeiten.

Bei der Erstellung des Tools haben die LEGO Foundation und ihre Partner die Literatur zum Lernen durch Spielen untersucht und festgestellt, dass Spielen dann lehrreich ist, wenn es *freudig, bedeutungsvoll, aktiv einbeziehend, iterativ und sozial interaktiv* ist. Jede dieser fünf Dimensionen eignet sich zur Messung in einer Erfahrungs- oder Lernbewertung und kann als Rahmen dienen.

Im White Paper werden die fünf Dimensionen in *fünf Spielzustände* unterteilt: von passiv, über erkunden, besitzen, erkennen, bis hin zu übertragen. Auch diese könnten als Teile einer Bewertung dienen, entweder für sich allein oder zusammen mit den fünf vorgestellten Dimensionen.

---

[5] Das White Paper „Lernen durch Spielen in der Schule" von Rachel Parker und Bo Stjerne Thomsen (2019) finden Sie hier: www.legofoundation.com/de/learn-how/knowledge-base/learning-through-play-at-school/

Wie Sie den Kids' Experience (KX) Score nutzen können

Kap. 5 hat beschrieben, was der KX-Score ist und wie wir ihn entwickelt haben. Dieses Kapitel ist praxisorientierter. Es wird den Prozess der Einrichtung eines Scores durchlaufen (z. B., was in einen Score einfließt) und ich werde verschiedene Anwendungsmöglichkeiten diskutieren (z. B., welche Skalen zu verwenden sind). Die Absicht ist, den Leser mit einer soliden Plattform für die Einführung eines auf den eigenen Kontext des Lesers zugeschnittenen KX-Scores auszustatten und die Aufmerksamkeit auf die herausforderndsten Teile dieser Reise zu lenken.

© Der/die Autor(en), exklusiv lizenziert an APress Media, LLC, ein Teil von
Springer Nature 2023
T. V. Snitker, *Nutzerforschung mit Kindern*,
https://doi.org/10.1007/978-1-4842-9822-0_6

KX-Score-Einrichtung – ein Beispiel

Stellen Sie sich ein Szenario vor, in dem Sie verstehen müssen, wie Kinder im Alter von 8–11 Jahren auf großen Webportalen wie Amazon, Wish.com und eBay Ideen für ihre Weihnachtswunschliste finden. Welches Portal unterstützt die Kinder besser? Der KX-Score kann dies auf transparente Weise bestimmen.

Hier ist eine Möglichkeit, die fünf Dimensionen in praktische Testaufgaben und Beobachtungspunkte zu zerlegen.

Schritt eins: Bestimmen Sie, was Erfolg ist

Dieser Schritt zielt darauf ab, zu bestimmen was eine gute Erfahrung für Kinder beschreibt, die online nach Ideen für ihre Weihnachtswunschliste suchen. Es ist einfach, eine schlechte Erfahrung zusammenzufassen; sie finden nichts und werden im Prozess verwirrt und frustriert. Das Ergebnis einer guten Erfahrung hingegen ist, dass sie relevante Produkte gefunden haben und den Prozess genossen haben, also werden wir das jetzt in messbare Teile zerlegen, unter Verwendung der fünf Dimensionen, die ich in Kap. 5 als Teile eines KX-Scores vorgestellt habe:

- Neugier: Wählen die Kinder das erste, was sie sehen (niedrigerer Score), oder erkunden sie weiter (höherer Score)?

- Benutzerfreundlichkeit: Können sie durch die Seiten navigieren, suchen, den Inhalt verstehen (höherer Score) oder nicht so sehr (niedrigerer Score)?

- Vertrautheit: Verstehen sie, worum es auf der Website, in den Kategorien und bei den Produkten geht, und sind die Begriffe ihnen vertraut (höherer Score) oder verwirrend (niedrigerer Score)?

- Relevanz: Bemerken sie alle relevanten Informationen, wie Preis, Versandzeit, ob ein gewünschtes Produkt vorrätig ist oder nicht (höherer Score) oder bemerken sie es nicht (niedrigerer Score)?

- Zufriedenheit: Sind sie mit ihrer Erfahrung von Anfang bis Ende ihres Besuchs zufrieden (höherer Score) oder sind sie frustriert, zögerlich, zweifelhaft oder nicht in der Lage, relevante Informationen oder Produkte zu finden (niedrigerer Score)?

Schritt zwei: Bestimmen Sie, welche Art von Benutzerverhalten auf Erfolg oder Misserfolg hindeutet

Hier sind einige Beispiele:

Neugier

1. Schaut sich mehr als 3 Seiten an

2. Schaut sich mehr als 2 Kategorien an

3. Benutzt interne Suchmaschine

Benutzerfreundlichkeit

1. Navigiert ohne Zögern

2. Navigiert ohne Fehler

3. Kann Produkt (Wunsch) für später speichern

Vertrautheit

1. Erkennt einzelne Produkte

2. Erkennt Produktgruppen

3. Erkennt Produktkategorien

4. Erkennt den Markennamen der Seite

5. Erkennt die Markenelemente der Seite (Logo, Farben…)

Auffälligkeit

1. Bemerkt wichtige Produkt Details

2. Bemerkt den Preis des Produkts

3. Bemerkt, ob es auf Lager ist oder nicht

4. Bemerkt, ob es versendet wird und ob es rechtzeitig zu Weihnachten ankommt

Zufriedenheit

1. Sagt, ob es eine gute Erfahrung war oder nicht

2. Fand, dass die Produkte gut dargestellt wurden („schön" oder „leicht zu sehen") oder nicht

3. Würde diese Seite ein weiteres Mal nutzen

Hier ist ein Beispiel dafür, wie der Prozess in der Praxis aussehen könnte.

Die KX-Punktzahl in der Praxis mit Geschäftszielen abstimmen

Während der Abgrenzung und Vorbereitungsphasen einer Studie treffen wir uns mit den Designern und Entwicklern, um uns darauf zu einigen, was die Studie beinhalten sollte und wie wir sie durchführen werden.

Es kann sein, dass der Zweck oder der Umfang der Studie nicht für eine Punktzahl geeignet ist – zum Beispiel, wenn die Zeit und die Ressourcen, die wir zur Verfügung haben, es uns nicht erlauben, 30 Sitzungen pro homogenem Untersegment durchzuführen. Oder das Projekt benötigt explizit qualitativen, aber keinen quantitativen, Input.

Um festzustellen, welche Indikatoren wir verwenden sollten, sammeln wir alle möglichen Eingaben („Was möchten wir hier lernen?"), zum Beispiel in einem Workshop, und kategorisieren sie dann nach den fünf Dimensionen. Wir streben an, 5 bis 10 Indikatoren pro Dimension zu haben. Weniger Indikatoren würden bedeuten, dass der einzelne Indikator ein hohes Gewicht in der Gesamtbewertung hat, was unerwünscht ist, es sei denn, dieser spezielle Indikator ist für die Studie von spezifischem Interesse. Mehr Indikatoren könnten das Risiko bergen, die Datenerfassung zu belasten und die Analysephase mit weniger wichtigen Details zu überladen.

Sobald die Indikatoren erfragt und in die Dimensionen eingeteilt wurden, können wir ein Notizblatt erstellen. Das Notizblatt lässt jeden einzelnen Indikator offen für eine Bewertung von 1 (niedrig/am schlechtesten/nicht) bis 5 (hoch/am besten/sehr). Die Verwendung einer Fünf-Punkte-Bewertung (im Gegensatz zu einer Zehn-Punkte- oder Sieben-Punkte-Skala) ermöglicht es mehreren Notiznehmern, mehr im Einklang miteinander zu bewerten, aber die höhere Übereinstimmung geht auf Kosten der möglichen Erreichung eines geringeren Detailgrades und Präzision. Je einfacher die Skala jedoch ist, desto besser können wir erklären, warum wir eine bestimmte Bewertung vergeben.

„Schönheit liegt im Auge des Betrachters", lautet ein Sprichwort, was bedeutet, dass Schönheit alleinig nicht existiert, sondern von Beobachtern geschaffen wird. Um zu vermeiden, dass dies auch der Fall ist, wenn Sie eine Gruppe von ausgebildeten Forschern vor (eine Videoaufnahme von) einer Benutzerforschungssitzung stellen (bei der die Bewertung im Auge des Annotators liegt), kann der Bewertungsprozess durch Training und Diskussion harmonisiert und abgestimmt werden. Lassen Sie beispielsweise die Beobachter dieselbe Videosequenz ansehen und auf individueller Basis Bewertungen vergeben, dann treffen Sie sich wieder und diskutieren. Wenn es Ausreißer in den Bewertungen gibt, diskutieren Sie diese und einigen Sie sich auf eine Richtlinie für die Bewertung. Das mag einfach klingen, ist es aber nicht, besonders wenn Sie ein Team mit unterschiedlichen Erfahrungsstufen in der praktischen

Forschung haben, oder wenn Ihr Projekt durch vage Zwecke belastet ist (z. B. wenn der Zweck darin besteht zu lernen „Ist es eine gute Erfahrung?" ohne definierte Indikatoren für „gut").

In einer wegweisenden Studie[1] darüber, wie gut (oder schlecht, wie sich herausstellte) Forscher in ihren Bezeichnungen für die Schwere eines Usability-Problems (ob es sich um ein kosmetisches, kleines, großes oder schwerwiegendes Problem handelt) übereinstimmen, führte der Usability-Experte Rolf Molich[2] ein Experiment durch, um zu untersuchen, ob die Ergebnisse von Inspektionen (also nicht Bewertungen aus tatsächlichen Benutzerforschungssitzungen, aber nahe genug) von unabhängig durchgeführten professionellen Inspektionen genauso unterschiedlich waren wie die Ergebnisse von Usability-Tests. Es stellte sich heraus, dass sie es waren.

Die Ergebnisse waren verblüffend aufgrund des *Evaluator-Effekts* – der Effekt, dass verschiedene Evaluationen (oder Evaluatoren) auf erheblich unterschiedliche Überarbeitungen (oder Bewertungen) des Systems hinweisen, das sie bewerten.[3] In dieser Studie haben 11 Usability-Spezialisten eine Website einzeln inspiziert und sich dann in vier Gruppen getroffen, um ihre Ergebnisse zu Gruppenergebnissen zusammenzufassen. Obwohl die Überschneidung der gemeldeten Probleme zwischen zwei Evaluatoren im Durchschnitt nur 9% betrug, waren sich die 11 Evaluatoren einig, dass sie weitgehend übereinstimmten. Die Evaluatoren sahen ihre unterschiedlichen Beobachtungen als mehrere Beweisquellen zur Unterstützung der gleichen Probleme, nicht als Meinungsverschiedenheiten. Daher erhöhte die Gruppenarbeit das Vertrauen der Evaluatoren in ihre individuellen Inspektionen, anstatt sie auf den Evaluator-Effekt aufmerksam zu machen:[4]

> Der Evaluator-Effekt wäre weniger kritisch, wenn schwerwiegende Probleme konsequenter gemeldet würden als kosmetische Probleme, die nur geringe Auswirkungen auf die Benutzerfreundlichkeit einer Website haben. Ein Problem wurde als schwerwiegend definiert, wenn es in einer oder mehreren Executive Summaries auftauchte. Jeder Evaluator

---

[1] www.dialogdesign.dk/cue-3/

[2] Rolf Molich hat eine lange und ruhmreiche Karriere in der Usability. Zusammen mit Jakob Nielsen (bereits zitiert in Kap. 2) entwickelte er die am häufigsten verwendeten Usability-Heuristiken (Richtlinien oder Faustregeln) für das User Interface Design bereits 1990. Im Jahr 2014 verlieh ihm die User Experience Professionals Association den UXPA Lifetime Achievement Award in Anerkennung seiner Arbeit an den Comparative Usability Evaluation Studies (CUE) und der heuristischen Evaluation.

[3] Hier ist eine gründliche Aufschlüsselung der Zahlen: https://measuringu.com/evaluator-effect/

[4] www.dialogdesign.dk/tekster/cue3/cue3_paper.pdf

meldete durchschnittlich 24% der 33 schwerwiegenden Probleme. Siebzehn (52%) der schwerwiegenden Probleme wurden nur von einem oder zwei Evaluatoren gemeldet. Daher bestand der Evaluator-Effekt auch für schwerwiegende Probleme.

Die erheblichen Unterschiede in den einzelnen Berichten stehen in starkem Kontrast zu der Wahrnehmung, die die Evaluatoren während der Gruppenarbeit erlangten. Sie verließen die Gruppenarbeit mit einem starken und beruhigenden Gefühl der Übereinstimmung. Dies wurde während der Plenarsitzung deutlich, wie die folgenden Zitate von fünf der Evaluatoren belegen:

- „Ich war überrascht zu sehen, wie wenig wir uns uneinig waren."

- „Eine sehr hohe Übereinstimmung."

- „Es ist nicht so subjektiv, wie man denkt. Es besteht Konsens darüber, was die Probleme sind."

- „Allgemeine Übereinstimmung, aber eine Reihe konkreter Details unterscheiden sich."

- „Wir sind uns alle einig. Wir haben jedoch nicht die gleichen Beobachtungen gemacht."

Niemand widersprach diesen Aussagen.[5]

Das Vorhandensein mehrerer Moderatoren (oder Evaluatoren oder Annotatoren) wird helfen, den Evaluator-Effekt zu reduzieren, aber nur, wenn sie sich darüber einig sind, was was ist. Daher muss man sicherstellen, dass genügend Zeit eingeplant wird, damit die Moderatoren ihr Bewertungsschema abstimmen können, bevor sie das Verhalten der Kinder beobachten. Sobald die Annotatoren gut abgestimmt sind, benötigt jede Sitzung nur einen Annotator.

Die Bewertungen können entweder aufgabenbezogen oder erfahrungsbezogen definiert werden. Siehe zum Beispiel die folgenden Tabellen:

Leistungsbewertungsaufgabe

---

[5] Morten Hertzum, Niels Ebbe Jacobsen und Rolf Molich, „Usability Inspections by Groups of Specialists: Perceived Agreement in Spite of Disparate Observations," CHI2002 Extended Abstracts, ACM Press, S. 662-663, www.acm.org – siehe www.dialogdesign.dk/tekster/cue3/cue3_paper.pdf

Punktzahl	Bezeichnung	Bestehen oder Durch-fallen	Beschreibung
5	Einfach	Bestanden	I. Versuch – kein Problem
4	Mittel	Bestanden	2./3. Versuch – beobachtete Schwierigkeiten
3	Schwer	Bestanden	3./4. Versuch – ausgedrückte Schwierigkeiten
2	Hilfe	Durchgefallen	Mit Hilfe erfolgreich
I	Durchgefallen	Durchgefallen	Gescheitert oder aufgegeben

Diese Skala erfordert eindeutig, dass Moderatoren sehr aufmerksam auf Versuche sind und bei der Hilfeleistung überlegt vorgehen, um jegliche Hilfe nur in sehr gemessenen Mengen zu geben und ihre Unterstützung zu notieren.

Bewertungserfahrungen

Bewertung	Bezeichnung	Beschreibung
5	Fantastisch	Sehr spaßig, sehr fesselnd und sehr relevant
4	Gut	Spaßig, fesselnd und relevant
3	OK	Meistens spaßig, meistens fesselnd und meistens relevant
2	Schlecht	Meistens langweilig, meistens verwirrend und meistens irrelevant
I	Schrecklich	Langweilig, verwirrend und irrelevant

Die Bewertungen sollten nur auf den Indikatoren basieren und nicht auf eine gesamte Dimension bezogen werden, da die Dimensionenbewertung an sich eine Abstraktion ist, da sie alle Verhaltensweisen und Erfahrungen des Kindes in dieser Sitzung zusammenfasst – die Indikatoren haben eine spezifischere und direktere Beziehung zu diesem Verhalten oder der Erfahrung als eine Dimensionenbewertung haben wird.

Dann, nach den 30+ Sitzungen, werden wir den Durchschnittswert pro Dimension über alle Sitzungen berechnen, und wir werden den Durchschnitt über alle fünf Dimensionen berechnen. Ein Durchschnittswert von 3 kann dabei mittelmäßig sein, aber wir können nicht wissen, ob es gut, angemessen oder schlecht an sich ist. Wir können wissen, ob es besser, gleich oder schlechter ist, wenn wir den Wert mit den Bewertungen aus einem ähnlichen Test mit anderen Kindern oder mit einem anderen System vergleichen. Oder alternativ, wenn wir sie mit einem neuen Test einer überarbeiteten Version des gleichen Systems mit ähnlichen Kindern zu einem späteren Zeitpunkt vergleichen.

Wir können erwarten, einige vorteilhafte Nebeneffekte der Einführung einer Kindererfahrungsbewertung zu finden.

Erstens, wird das Prototyp Design, das sich auf die Kindererfahrung konzentriert, gefördert. Im Dialog mit den Designern über Abgrenzung und Vorbereitung der Studie stellten wir fest, dass die Verankerung des Gesprächs in den beabsichtigten Verhaltensweisen der Kinder (anstatt im Design per se) dazu beitrug, die Testmaterialien (z. B. den Prototyp) auf den zentralsten Mehrwert des Produkts oder Dienstes zu fokussieren: was auf der Agenda der Kinder stehen würde und nicht was auf der Agenda der Designer und Entwickler stand. Auf diese Weise zwingt eine einfache Bewertung die Designer dazu, ihre Designabsichten in Form des beabsichtigten Verhalten zu interpretieren.

Zweitens, wird eine gemeinsame Sprache geschaffen, die sich auf die Kindererfahrung konzentriert. Die Begriffe aus der Bewertung schleichen sich in die Sprache der Designer und Entwickler ein und werden Teil unseres gemeinsamen Vokabulars. Dies erleichtert es den Designern, sich zu konzentrieren und ihre Arbeit zum Nutzen des Endpublikums zu optimieren.

Schließlich, wird Dynamik geschaffen. Das Vorhandensein von Bewertungen aus den vorherigen Monaten und Quartalen macht die Organisation auf zukünftige Forschungsbedürfnisse aufmerksam und veranlasst Manager und Schlüsselakteure dazu, neue, aktualisierte Studien durchzuführen, um die Bewertungen zu verfolgen.

Bauen Sie Ihre eigene Erfahrungsbewertung

Der schwierigste Teil bei der Erstellung einer maßgeschneiderten Erfahrungsbewertung besteht nicht im Aufbau, sondern in der Implementierung und Aufrechterhaltung durch kontinuierliche, rigorose Forschungsaktivitäten.

Wenn Sie es jedoch einmal in Gang haben, gewinnt es an Dynamik und institutionalisiert den Fokus auf die Benutzererfahrung.

Verhaltensindikatoren erstellen

Wenn Sie einen eigenen Score auf Basis dieses Frameworks erstellen möchten, besteht die Hauptaufgabe darin, Dimensionen und Indikatoren zu erstellen, die direkt mit jenen Nutzer- oder Kundenverhaltensweisen korrespondieren, die für Ihr Geschäft zentral sind und Umsatz generieren.

Wenn beispielsweise ein Hauptfokus auf der Akquisition neuer Kunden liegt, sollten die Dimensionen beinhalten, wie und wann neue Kunden von Ihren Angeboten erfahren und wie und wann sie von Browsern zu Käufern werden. Indikatoren sollten beinhalten, wie gut sie Produktbeschreibungen verstehen, ob sie in der Lage sind, verschiedene Produkte zu unterscheiden und zu vergleichen, und wie einfach es für sie ist, einen Verkaufstrichter zu durchlaufen.

Zielgruppen (Untersegmente) definieren

Eine weitere Aufgabe besteht darin, die Zielgruppe und vorzugsweise die Hauptuntersegmente zu definieren. Sie könnten in Erwägung ziehen, die *Häufigkeit der Aufgabe* oder die *vorherige Domänenerfahrung* als Schlüsseldifferenzierer zu verwenden (beide Konzepte wurden in Kap. 2 in der Beschreibung der Befragten eingeführt), da diese oft sehr relevant sind, um zu verstehen, wie Untersegmente performen und warum.

Im Falle des Kindererfahrungsscores ist das Alter eine Möglichkeit, vergangene Erfahrungen zu kondensieren, sowohl in Bezug auf die Domänenerfahrung (wie vertraut sie mit einem bestimmten Phänomen sind, z. B. das Spielen eines Online-Spiels) als auch auf physische Fähigkeiten und motorische Fähigkeiten. Sobald Ihre Zielgruppe jedoch erwachsen ist, wird das Alter in den meisten Fällen als Definition bedeutungslos.

Der Erfahrungsscore hat eine Besonderheit, wenn es um bestimmte Produktbereiche geht – insbesondere solche Produkte, die mit Handbüchern geliefert werden, zum Beispiel Waschmaschinen, Router, Fitnessgeräte, Medikamente oder Musikinstrumente. Der Dreh- und Angelpunkt ist, dass die Handbücher (oder Notenblätter) da sind, um eine korrekte Nutzung zu beraten und zu fördern. Das Bewertungssystem für diese Arten von Erfahrungen wird sich zwangsläufig eng an die Gebrauchsanweisungen halten, und das System wird wahrscheinlich die Einhaltung dieser Anweisungen bewerten. Die Ergebnisse und Scores werden jedoch trotzdem für die Unternehmen, die diese Waschmaschinen, Router oder Klaviere und Notenblätter produzieren, sehr relevant sein, da sie es ihnen ermöglichen, zu studieren, wie gut ihre Zielgruppen oder Benutzergruppen mit ihren Produkten und denen der Konkurrenz umgehen und diese wahrnehmen. Darüber hinaus wird ein Score den Unternehmen ermöglichen, sich nicht auf Umfrage Antworten zu beschränken, die auf der Wahrscheinlichkeit basieren, das Produkt einem Freund zu empfehlen.

Wenn Sie drei verschiedene Erfahrungsstufen mit Ihrem Produkt oder Dienstleistung in Betracht ziehen – zum Beispiel Anfänger, Fortgeschrittene und Super-Nutzer, wie im Abschnitt „Fähigkeitslevel als Beschreiber" in Kap. 2 beschrieben –, haben Sie einen guten Ausgangspunkt für eine erste Segmentierung Ihres Erfahrungsscores und somit, welche drei Benutzergruppen Sie in Ihre laufende Studie einbeziehen sollten, unabhängig davon, ob die Benutzer Kinder sind oder nicht. Dies mag kontraintuitiv erscheinen, wenn Sie entlang der Marktsegmentierung denken, wo Ihr Hauptfokus auf jenen Marktclustern liegen wird, die das größte Potenzial haben – das heißt, jene Cluster mit der größten Bevölkerung. Wenn Sie beispielsweise im Bereich „neue Technologien" tätig sind, werden Super-Nutzer wahrscheinlich nicht Ihr Hauptfokus sein, da die Technologie *zu* neu ist, als dass jemand ausreichend Erfahrung gesammelt hätte, um ein Super-Nutzer zu werden.

Aus der Perspektive des Erfahrungsscores (im Gegensatz zu der der herkömmlichen Marktforschung) kann sogar ein kleines Segment relevant sein, da die Ergebnisse aus dem Nischensegment, verglichen mit den Scores aus anderen Segmenten, einen viel nuancierteren Score liefern werden.

Wenn Sie über Ihre Untersegmente in Bezug auf die Häufigkeit der Aufgabe oder die vorherige Domänenerfahrung nachdenken, kann dies auch eine Alternative zur einfachen Verwendung von Demografie wie Geschlecht, Einkommen, Geographie oder Ähnlichem bieten. Demografische Daten können aus Marktperspektive relevant sein, aber weniger im Kontext der Erfahrung des Publikums.

Zusammenstellen und testen

Idealerweise haben Sie zu diesem Zeitpunkt im Prozess

- Etwas, mit dem die Kinder interagieren können (der Stimulus)

- Eine Liste von Verhaltensweisen, die jeweils eine beabsichtigte Erfahrung anzeigen

- Eine Beschreibung Ihrer beabsichtigten Zielgruppe

Die Verhaltensindikatoren müssen in einer Reihenfolge ähnlich der des beabsichtigten Weges des Benutzers durch die Erfahrung sein, in Form einer Journey Map, Aufgabenliste oder Ähnlichem. Diese Liste und der begleitende Score (1 bis 5) können die Vorlage für ein Moderatoren- oder Notizblatt sein, das während der Forschungssitzungen verwendet werden kann (ersetzen Sie in jeder einfach das X durch die entsprechende Aktivität oder Funktion, die spezifisch für Ihr Produkt ist).

In Tabellenform wird es etwa so aussehen wie Abb. 6-1..

*Bewertung von 1 (schlechteste) bis 5 (beste)

Mit Ihrem fertigen Bewertungsblatt gehen Sie dann die üblichen Vorbereitungsschritte durch (z. B. Pilottests und Rekrutierung), und dann beginnt das Testen. Je weniger der Moderator während der bewertungsbezogenen Teile der Sitzung (das Blatt) mit dem Kind interagiert, desto genauer ist die Bewertung. Die Sitzung kann andere Teile beinhalten, wie ein Vorab-Interview, um sicherzustellen, dass die Rekrutierung korrekt war und um mehr über den Hintergrund und die bisherigen Erfahrungen der Befragten zu erfahren, sowie ein Nach-Interview über ihre Erfahrung in der Sitzung. Während des Nach-Interviews kann der Moderator das Kind bitten, rückblickend mehr Details zu seiner Erfahrung hinzuzufügen und dem Moderator zu ermöglichen, die während des Tests zugewiesenen Bewertungen zu korrigieren oder zu aktualisieren.

	Befragter 1	Befragter .....
Dimension 1: Engagiert und neugierig 1.1 Wie engagiert sind sie in X	*	*
1.2 In welchem Umfang erforschen sie X	*	*
.... (bis zu 1.9)	*	*
Dimension 2: Benutzerfreundlichkeit 2.1 In welchem Umfang sind sie in der Lage, X	*	*
2.2 Inwieweit sind sie in der Lage, X	*	*
... (bis zu 2.9)	*	*
Dimension 3: Vertrautheit 3.1 Inwieweit verstehen sie X	*	*
3.2 Inwieweit verstehen sie X	*	*
... (bis zu 3.9)	*	*
Dimension 4: Bewusstseinsbildung 4.1 Inwieweit bemerken sie X	*	*
4.2 Inwieweit bemerken sie X	*	*
... (bis zu 4.9)	*	*
Dimension 5: Spaß 5.1 Inwieweit genießen sie X	*	*
5.2 Inwieweit genießen sie X	*	*
... (bis zu 5.9)	*	*

Abb. 6-1. Dies ist das Bewertungsblatt des Moderators oder Notiznehmers

Bewerten und berichten

Als Beispiel könnte das Blatt nach drei Sitzungen mit den Befragten a, b und c so aussehen wie Abb. 6-2.:

Diese detaillierten Bewertungen können dann zu Endbewertungen zusammengefasst werden, die den Durchschnitt über jeden Indikator (z. B. 1.1) und jede Dimension (z. B. 1.1 bis 1.9) sowie einen Gesamtscore (Abb. 6-3.) geben.

Dies würde dazu führen, dass diese Studie den in Abb. 6-4. gezeigten Score erzeugt.

Dies ist nicht besonders hilfreich an sich, aber wenn Sie es im Laufe der Zeit wiederholen, wird es einen Trend erzeugen, wie in diesem Beispiel in Abb. 6-5. eines Produkts, das sich im Laufe der Zeit in allen Dimensionen verbessert hat.

Und wenn Sie Untersegmente von Befragten im Alter von 6, 8 und 10 Jahren hätten (jeweils bestehend aus mindestens 30 Befragten), dann könnten Sie spezifischer sein und untersuchen, ob und wie sich die Erlebnispunktzahl unter den Altersgruppen unterscheidet (Abb. 6-6.).

Dies kann fortgesetzt und nach Belieben kombiniert werden, solange es sinnvoll ist. Vielleicht möchten Sie berichten, wie das Produkt in verschiedenen Kulturen oder zwischen den Geschlechtern abschneidet. Vielleicht möchten Sie vergleichen, wie dieses Produkt im Vergleich zu einem anderen Produkt mit der gleichen Zielgruppe abschneidet, oder wie es sich im Vergleich zu einer früheren Version des gleichen Produkts oder gegenüber seinen Hauptkonkurrenten verhält.

Die Vielseitigkeit der Punktzahl (der breite Ansatz zur Erfahrungstestung) ist ihre Stärke – sie ermöglicht es Ihnen, verschiedene *relevante* Personen *tatsächlich erlebend* ein Produkt über praktisch jeden Parameter zu vergleichen, im Gegensatz zu, sagen wir, dem NPS, der es Ihnen ermöglicht, zu vergleichen, wie wahrscheinlich es ist, dass Personen in einer Umfrage etwas ihren Freunden empfehlen.

Hier, am Ende des Kapitels über die KX-Punktzahl, und kurz bevor Sie hoffentlich beginnen, dies in Ihr Forschungsarsenal aufzunehmen, könnte es nützlich sein, uns an einen allgemeinen Vorbehalt gegenüber Punktzahlen oder Quantifizierung, an das *Vertrauen in Zahlen,* zu erinnern.[6] Der Zweck der Punktzahl besteht darin, Reaktionen und Verhaltensweisen verschiedener Individuen (z. B. über Alter, Geschlecht, Kultur oder was auch immer) auf denselben Reiz (ein Produkt oder eine Dienstleistung, wie eine App oder Website) zu vergleichen und zu erfahren, ob das Produkt oder die Dienstleistung bei ver-

---

[6] *Vertrauen in Zahlen* ist der Titel des Buches von Theodore M. Porter (Princeton Paperbacks 2016; www.amazon.com/Trust-Numbers-Theodore-M-Porter/dp/0691029083), das die Rolle der Quantifizierung in Wissenschaft und Forschung untersucht.

Abb. 6-2. Bewertungsblatt
nach drei Sitzungen

Name, Geschlecht, Alter	a	b	c
Neugierde und			
Sind sie neugierig auf	3	3	3
Sind sie neugierig auf	3	3	3
Erreichen sie die	4	4	4
Erreichen sie die	4	4	4
Gelangen sie zu den Sets	3	3	3
Erreichen sie die Apps	3	3	3
Gehen sie zurück und	4	4	4
Wollen sie erkunden	1	1	1
Benutzerfreundlichkeit			
Wissen sie, wie man	3	3	3
Verstehen sie die	3	3	3
Bemerken und nutzen sie	3	3	3
Bemerken und nutzen sie	4	4	4
Verstehen sie die	4	4	4
Verstehen sie die	2	2	2
Können sie hochladen	2	2	2
Sind sie in der Lage, eine	2	2	2
Melden sie sich an?	1	1	1
Vertrautheit			
Verstehen sie die	1	1	1
Sind sie vertraut mit	4	4	4
Sind sie vertraut mit	3	3	3
Bekanntheit und Bewusstsein			
Bemerken sie all die	3	3	3
Bemerken sie all die	3	3	3
Bemerken sie die	3	3	3
Bemerken sie die	3	3	3
Bemerken sie die	3	3	3
Bemerken sie die Links	3	3	3
Zufriedenstellung			
Fanden sie die App lustig?	3	3	3
Würden sie empfehlen	3	3	3
Waren sie begeistert von	3	3	3
Hat ihnen das Gesamtkonzept gefallen?	3	3	3

Abb. 6 -3 . Zusammen-
gefasste Endbewertungen
über alle Dimensionen

	Ergebnis
Neugierde und Verlobung	
Sind sie neugierig	3,0
Sind sie neugierig	3,0
Erreichen sie die	3,7
Erreichen sie die	3,7
Erreichen sie die	3,0
Erreichen sie die	3,0
Gehen sie zurück	4,0
Wollen sie	1,0
Benutzerfreundlichkeit	
Wissen sie, wie	3,0
Haben sie	3,0
Bemerken sie	3,0
Bemerken sie	4,0
Haben sie	4,0
Haben sie	2,0
Sind sie in der Lage	2,0
Sind sie in der Lage	2,0
Melden sie sich an?	1,0
Vertrautheit	
Haben sie	1,0
Sind sie vertraut mit	4,0
Sind sie vertraut mit	3,0
Bekanntheit und	
Bemerken sie alle	3,0
Bemerken sie alle	3,0
Bemerken sie die	4,0
Bemerken sie die	3,3
Bemerken sie die	3,6
Bemerken sie die	3,0
Zufriedenstellung	
Fanden sie die	3,0
Würden sie	3,0
Waren sie begeistert	3,0
Gefiel ihnen die	3,0

Abb. 6-4. Bewertungen
für die fünf Dimensionen

	Ergebnis
Neugierde und Engagement	2.7
Benutzerfreundlichkeit	3.4
Vertrautheit	1.8
Bekanntheit und	4.3
Zufriedenstellung	4.1

	Ergebnis Januar	Ergebnis März	Ergebnis Mai
Neugierde und	2,7	2,8	3,1
Benutzerfreundlichkeit	3,4	3,5	3,9
Vertrautheit	1,8	1,8	2,1
Bekanntheit und	4,3	4,4	4,9
Zufriedenstellung	4,1	4,2	4,7
Insgesamt	3,0	3,0	3,4

Abb. 6-5. Punktzahlen für die fünf Dimensionen zu drei verschiedenen Zeiten

Abb. 6-6. Punktzahlen
für die fünf Dimensionen
und drei verschiedene
Altersgruppen

	Punktzahl 6- yo's	Punktzahl 8- yo's	Punktzahl 10- yo's
Neugierde und	2,7	2,8	3,1
Benutzerfreundlichkeit	3,4	3,5	3,9
Vertrautheit	1,8	1,8	2,1
Bekanntheit und	4,3	4,4	4,9
Zufriedenstellung	4,1	4,2	4,7
Insgesamt	2,7	2,8	3,1

schiedenen Zielgruppen unterschiedlich ankommt. Die Punktzahl ermöglicht es uns auch, zu vergleichen, wie verschiedene, aber vergleichbare Reize (z. B. eine vorherige und eine aktuelle Version desselben Produkts oder ein konkurrierendes Produkt) von einer Zielgruppe genutzt und geschätzt werden. Behalten Sie einfach im Hinterkopf, dass der Zweck der Punktzahl darin besteht, die qualitative Forschung zu *ergänzen* – nicht zu *ersetzen*.

Herausforderungen und Möglichkeiten in der Forschung mit Kindern aus Sicht der Praktiker

© Der/die Autor(en), exklusiv lizenziert an APress Media, LLC, ein Teil von
Springer Nature 2023
T. V. Snitker, *Nutzerforschung mit Kindern*,
https://doi.org/10.1007/978-1-4842-9822-0_7

Forschung findet immer in einem Kontext statt. Dieses Buch hat sich auf Herausforderungen konzentriert, denen ich begegnet bin, und Lektionen, die ich gelernt habe. Um den Horizont des Buches zu erweitern, möchte ich Kontexte und Perspektiven von erfahrenen Forschungsprofis aus einer Vielzahl von Praxisfeldern teilen, daher habe ich eine kleine, aber vielfältige Gruppe interviewt, bestehend aus

- Forschern, die ausschließlich in einem kommerziellen Kontext arbeiten, sowie einigen, die in der Philanthropie tätig sind und eng mit der Wissenschaft, politischen Entscheidungsträgern und Verwaltern zusammenarbeiten.

- Forschern, die als Berater an verschiedenen Projekten „die ganze Zeit" arbeiten, sowie solchen, die an einem einzigen Produkt arbeiten.

- Forschern, die ausschließlich als Forscher arbeiten, und einigen, die auch andere Rollen haben, wie zum Beispiel Produzent.

- Forschern, die mit einer breiten Palette von Befragtengruppen und Kontexten arbeiten, sowie anderen, die sich hauptsächlich auf einen konzentrieren: zum Beispiel Schullehrer und das Klassenzimmer oder das Kind alleine in seiner Freizeit.

- Forschern, die im Allgemeinen einen globalen Fokus haben, und solchen, die sich an verschiedene spezifische lokale Kulturen anpassen müssen.

- Forschern, deren einziger Arbeitsbereich digitale Erfahrungen sind, und Forschern, deren Arbeit auch andere Bereiche umfasst.

- Forschern, die sich in ihren Studien und ihrer Karriere speziell auf den Forschungsberuf konzentriert haben, und solchen, die in verwandten Bereichen wie Qualitätssicherung, Design, Marketing und Innovation gearbeitet haben.

Vielleicht wird diese Vielfalt Sie dazu inspirieren, einen breiteren Kontext für die Forschung und den Forschungsberuf zu sehen!

Lernen und Forschen durch Spielen

Garrett James Jaeger ist Forschungsspezialist in der LEGO Foundation. Ich habe es schon ein paar Mal früher im Buch erwähnt, aber zur Erinnerung, es handelt sich um die gemeinnützige Organisation, die Wissenschaftler und

Praktiker in der Kinderentwicklung und Kreativität zusammenbringt mit dem Ziel, eine Zukunft zu schaffen, in der *Lernen durch Spielen*, ein zentrales Mantra in der LEGO Foundation, Kinder dazu befähigt, kreative, engagierte, lebenslange Lerner zu werden.

Hier sind einige Beispiele für ihre vielen Projekte:

- Die Entwicklung eines erschwinglichen, hochwertigen, spielbasierten Frühfördernetzwerks für Kinder im Alter von 0 bis 5 Jahren in Nairobi, Kenia.[1]

- Das Projekt „Play Prescriptions" zielt darauf ab, Betreuer dazu zu ermutigen, mit ihren Kindern zu Hause zu spielen, derzeit in Lateinamerika.[2]

- Zwei Projekte in Mexiko nutzen die Robotik, um das Lernen durch Spielen in informellen Lernumgebungen zu fördern. In einem lernen Kinder im Alter von 6 bis 9 Jahren über Teamarbeit, Wissenschaft und Technologie. Während eines 14-wöchigen Programms arbeiten sie in Teams, erforschen ein Thema, erstellen Szenarien und lernen, wie man einen Roboter baut und programmiert. In einem anderen Projekt wurden Robotik-Workshops für Jugendzentren im ganzen Staat organisiert, damit Jugendliche, die diese Nachschulzentren besuchen, von den spielerischen Lernerfahrungen profitieren können.[3]

Die praktische Umsetzung eines Projekts kann eine Vielzahl von Ergebnissen beinhalten, wie zum Beispiel

- Produktspenden, zum Beispiel Spielkisten und Aktivitätshefte zum Lernen durch Spielen

- Training: Entwicklung eines „Train-the-Trainer"-Modells, einschließlich einer Gruppe von 25 Mastertrainern und über 300 Trainern im ganzen Land

- Aufsicht: Aufsichtsbesuche zur Sicherstellung der Qualität

---

[1] www.legofoundation.com/en/what-we-do/programmes-and-projects/affordable-play-based-early-learning-network-kidogo/

[2] www.legofoundation.com/en/what-we-do/programmes-and-projects/play-prescriptions/

[3] www.legofoundation.com/en/what-we-do/programmes-and-projects/robotics-programme-mexico/

- Spielstandard: Ein Kompetenzstandard, um sicherzustellen, dass jeder Praktiker im Land als Lern-durch-Spiel-
  Fazilitator zertifiziert werden kann

- Curriculum: Entwicklung eines neuen Curriculums, das
  sicherstellt, dass das Spielen im gesamten Programm prominent ist

- Advocacy: Beeinflussung anderer Dienstleister, sowohl
  öffentlicher als auch privater, über die Bedeutung des
  Lernens durch Spielen

Garretts Projekte betrachten somit die Schnittstellen zwischen Spiel und Lernen. Die Eingaben für Projekte kommen von einem großen Netzwerk von Akademikern und politischen Entscheidungsträgern, die eigentlichen Projekte beziehen viele und unterschiedliche Stakeholder ein, und die Ergebnisse sollen tatsächliche Veränderungen für Kinder auf der ganzen Welt bewirken. Forschungen mit Kindern in diesem Kontext müssen die praktische Umsetzung in Schulen weltweit berücksichtigen (sie müssen „lehrerfreundlich" sein) und müssen politisch relevant in den lokalen Kulturen sein, während gleichzeitig die wissenschaftliche Strenge, die ich in diesem Buch beschreibe, eingebunden wird. Garrett arbeitet daran, Metriken zu etablieren, die die Umsetzung der Projekte überwachen und entwickeln können, um sicherzustellen, dass Kinder eine gute Erfahrung machen, ohne die Lehrer oder das Verwaltungssystem um sie herum zu belasten.

Die Rolle des Forschers in dieser Art von Forschung besteht darin, sicherzustellen, dass die Dinge pragmatisch, aber auch aus metrischer Sicht nützlich sind. Garrett betont, dass es eine Strenge gibt, um sicherzustellen, dass eine Studie genügend Varianz zeigt und einen Aufwand, der ihm und seinen Kollegen ermöglicht, immer bessere Fragen zu stellen. Einige der Herausforderungen drehen sich um Vielfalt, ökologische Validität und die Altersgruppierung von Kindern, insbesondere um die folgenden.

Wie können wir kulturelle Vielfalt und ökologische Validität erhöhen?

Eine Frage, die in seinen Projekten aufkommt, ist: Inwieweit können wir Verallgemeinerungen auf der Grundlage von Studien, die hauptsächlich aus einer Kultur stammen, zum Beispiel aus den Vereinigten Staaten, treffen? Garrett sagt

Oft stammt unsere Forschung aus dieser WEIRD' Stichprobe: die weißen privilegierten Gemeinschaften, mittleren Einkommens und dergleichen. Bei der LEGO Foundation bemühen wir uns wirklich zu sehen, wie gut wir mit Sicherheit sagen können, dass dies in der Ukraine genauso gut funktionieren würde wie in Mexiko-Stadt oder in Südafrika oder Kenia. Also das kommt bei uns oft vor.

Wenn ich mir die von der LEGO Foundation abgedeckten Regionen anschaue, bin ich beeindruckt, wie international vielfältig ihre Bemühungen sind, so dass die Antwort auf die Frage (können sie die Vielfalt erhöhen?) ja ist – und einfach ausgedrückt, der beste Weg ist, tatsächlich eine Strategie der Vielfalt zu haben und in jeder einzelnen Projektphase durch die Einbeziehung verschiedener Kulturen so weit wie möglich nachzufolgen.

Hat unsere Forschung ökologische Validität, oder anders ausgedrückt, hat das, wonach wir suchen, *tatsächlich* eine Bedeutung, und stimmt es *tatsächlich* mit dem überein, was wir tun?

Ja, wir wollen, dass Forscher kommen und großartige Forschung betreiben, aber wir müssen auch Implementierungsforscher sein, damit diese Beweise für uns auf dem Feld funktionieren und auch sehr pragmatisch für diejenigen sein, die die Studie durchführen und/oder die Beweise nutzen, damit sie wahrlich bedeutungsvoll sind. Das ist eine anspruchsvolle Forderung.

Einer der Aspekte dieser Frage, auf den wir uns nun konzentrieren werden, dreht sich um die einbezogenen Altersgruppen.

Wie gruppieren wir Kinder nach Alter?

Dieses Thema ist in diesem Buch mehrmals aufgetaucht, und für Garretts Arbeit fügt es eine zusätzliche Dimension hinzu, da die Interessengruppen sich erheblich mit den verschiedenen Altersgruppen ändern.

'WEIRD ist ein Akronym für Stichproben, die aus Populationen gezogen werden, die Weiß, Gebildet, Industrialisiert, Reich und Demokratisch sind. Neunundneunzig Prozent aller veröffentlichten Studien stützen sich auf Teilnehmer, die aus Populationen rekrutiert wurden, die diesen Kriterien entsprechen, laut dieser Quelle: www. psychologytoday.com/intl/blog/thinking-about-kids/201710/attracting-weird-samples

Es macht einen gewaltigen Unterschied, ob wir über Kinder im Alter von null bis drei, drei bis sechs oder sechs bis neun sprechen. Das bedeutet nicht nur einen großen Unterschied in dem, was wir betrachten, sondern auch, dass wir mit verschiedenen Interessengruppen arbeiten. Was ist, wenn wir von drei bis sechs gehen? Wer ist an diesem Gespräch beteiligt und wie binden wir ihre Informationen ein? Das sind einige sehr grundlegende Fragen zur Kinderentwicklung, aber es gibt auch einige sehr grundlegende politische und pragmatische Fragen.

Garrett weist auf ein zentrales Dilemma in der Forschung mit Kindern hin:

Obwohl wir als Teil der Wissenschaft und unserer Ausbildung versuchen, Kinder in Kategorien einzuteilen, damit wir Dinge aus einer Forschungsperspektive messen können, sind sie immer noch unglaublich vielfältig. Die Vielfalt der Kinder ist erstaunlich, obwohl wir versuchen, sie in Kategorien einzuordnen. Die Belohnung ist, dass wir damit nie fertig sein werden und dass die Fragen weiterhin kommen. Und sie werden besser und manchmal werden sie schlechter, aber ich denke, die Vielfalt des Verhaltens der Kinder ist erstaunlich.

Können Kinder uns genau über ihr Denken und ihre Erfahrungen berichten?

Eine der Herausforderungen bezieht sich auf die begrenzte Fähigkeit der Kinder, Selbstberichte zu erstellen oder Metakognition darüber zu haben, was sie getan haben oder was sie denken.

Dies kann bis zu sechs Jahre alt sein, manchmal acht, könnte sogar neun sein. Die Annahme, dass sie uns genau sagen werden, was sie denken, ist eine wirklich große Annahme, und es ist eine wirklich große Herausforderung anzunehmen, dass wir anständige Daten erhalten, wenn sie so sehr variieren, was sie sich bewusst sind und in ihrem eigenen Denken.

Garrett weist auf eine der Möglichkeiten hin, dies zu adressieren:

Deshalb ist es wirklich wichtig, eine Prozessanalyse zu haben, die es uns ermöglicht zu sehen, was sich entfaltet, während es passiert, denn wenn wir nur auf das Ergebnis schauen, verpassen wir all diese anderen Dinge, die das Kind vielleicht nicht zu beschreiben weiß. Vielleicht müssen wir sie uns nicht erzählen lassen, wenn wir das, was sie uns erzählen, mit dem abgleichen können, was wir in Messungen beobachten, um zu sehen, ob es zuverlässig ist.

Die Schnittmenge von politischen Fragen, Forschungsrigorosität und kulturellem Kontext

Die politischen Fragen betreffen, welche Art von Gemeinschaften an diesen Entscheidungen beteiligt sind.

> Wenn wir in einen Gemeinschafts- oder Kulturkontext gehen, wollen wir mitgestalten, das ist unser Ziel. Die politische Frage lautet: *„Wer muss im Raum sein, damit das passieren kann?"* Es beginnt fast immer oder endet mit dem Bildungsminister oder einer Verbindung dorthin, um sicherzustellen, dass, wenn wir diese Forschung durchführen, es etwas ist, das für sie nützlich ist, denn wenn wir nicht in den Raum kommen, um mit diesen Beweisen eine Veränderung herbeizuführen, dann tragen wir nur zur Literatur bei, was nicht schlecht ist, aber wir bewegen uns sehr stark in Richtung Implementierungsforschung, und es geht nicht nur darum, zur Literatur und zum Thema beizutragen.

> Die Zusammenarbeit mit politischen Entscheidungsträgern, Verwaltungsmitarbeitern oder sogar Mitarbeitern kann die Strenge der Forschung in Frage stellen, wenn sie ein zu einfaches oder zu gestrafftes Ergebnis verlangen. [Jennifer Wells wird diese Idee später im Kapitel wieder aufgreifen.]

> Manchmal wollen sie diese Silberkugel, sie wollen dieses wirklich top Schlagzeilenstück. Und es ist nicht immer so sauber.

Garrett ist sich sehr bewusst, dass rigorose Forschung notwendig ist und dass Fälle vermieden werden müssen, in denen nicht so streng getestet wird, wie es sein sollten. Dennoch weist er darauf hin, dass, wenn die Studie nur in Fachzeitschriften oder Lehrbüchern endet, sie möglicherweise nur eine Handvoll Forscher beeinflusst.

> Ich kann all die wissenschaftliche Strenge der Welt haben, aber wenn es nicht etwas ist, das wir skalieren oder ausrollen können, gibt es einen Kompromiss. Wir versuchen, so viel Strenge wie möglich zu fordern, müssen aber auch ein

Gleichgewicht haben – ist das praktisch? Und ist das etwas, das wir tatsächlich tun können, und das erfordert viele Kompromisse und Anpassungen von uns?

Es ist wichtig zu verstehen, dass dies eine SOWOHL/ALS AUCH Diskussion ist, so dass ein Weg nicht besser ist als der andere. Es gibt eine Rolle für experimentelle Psychologen, die einen sehr spezifischen Prozess untersuchen, wie Neugier Lernergebnisse beeinflusst, und dass diese Erkenntnisse einen Weg finden müssen, um im Klassenzimmer anwendbar zu sein, um ihren Wert über eine begutachtete Zeitschrift hinaus zu steigern. Während die Forschung sicherlich unser Verständnis vorantreibt, um Fortschritte zu machen und weitere Klarheit zu schaffen, sind Klassenzimmer viel unordentlicher als ein Laborversuch, und wir suchen nach Forschungsergebnissen, die gut in effektive Klassenzimmeranwendungen übersetzt werden können.

Einfluss durch das Versammeln der richtigen Menschen um die richtige Erkenntnis

Um erfolgreich zu sein, müssen viele Dinge an ihren Platz fallen, und das erfordert eine sehr breite Perspektive auf das Projekt und die beteiligten Stakeholder.

Unsere Perspektive ist ganzheitlich in dem Sinne, dass wir verantwortungsbewusste Wissenschaftler sind und sicherstellen, dass wir alle respektieren und dass es ein System gibt.

In dem System sind die Erkenntnisse von Garrett und seinen Kollegen Teil eines Prozesses, der Protokolle und Verfahren für Prozesse verwendet, um sicherzustellen, dass sie Beweise sammeln, die mit GDPR übereinstimmen. Die Arbeit umfasst Datenbankmanagement und Wissensmanagement sowie Verfahren zur Informationsweitergabe.

Einige unserer Forschungsergebnisse möchten wir teilen und so ist es nicht nur das Forschungsteam oder das Beweisteam, das sich diese Beweise ansehen darf. Es geht darum, wie wir es für die Menschen, die unsere Programme in Kenia ausrollen, bedeutungsvoll machen können. Wir sprechen nicht immer die gleiche Sprache. Und so haben wir viel Übersetzungsarbeit zu leisten, um zu sagen, hey, *was ist der beste Weg für dich, das zu verstehen?* ohne etwa auf Menschen herabzusehen. Und gleichzeitig müssen wir verstehen, was auf dem Feld passiert, damit wir nicht nur in unserem Elfenbeinturm sitzen und wirklich hochtrabende Fragen stellen.

Dies spiegelt viele der Überlegungen im späteren Teil von Kap. 2 wider – zum Beispiel Schritt 16 (Eine einfache und fokussierte Präsentation) und Schritt 17 (Die Ergebnisse aufrechterhalten).

Damit seine Forschung nützlich ist, arbeitet Garrett daran, Menschen aus dem Beweisteam in Initiativen mit Menschen zu bringen, die an der Programmierung oder Politik und Advocacy arbeiten, so dass die Menschen im selben Raum sind.

> Das ist ein Anfang. Ich denke, es muss eine Vermittlung stattfinden, dass wir ähnliche Sprachen sprechen. Es ist sehr herausfordernd und gleichzeitig sehr bereichernd.

Planen Sie Überraschungen ein und nutzen Sie Pilotstudien!

Der Bereich, in dem Kinder sich mit der Studie beschäftigen können oder in dem ihr Verhalten variieren kann, bringt jedes Mal Herausforderungen und Überraschungen mit sich. Selbst wenn wir die besten Pläne für eine Forschungsstudie haben, sind wir unweigerlich überrascht, wie viel mehr Informationen zur Verfügung stehen. Und manchmal stimmt es nicht mit den Fragen überein, die wir beantwortet haben wollen. Garrett weist auf eine allgemeine Herausforderung in der Forschung mit Kindern hin:

> Oft sind die Maßnahmen, die wir verwenden, nicht flexibel genug oder haben nicht einen breiten genug Bereich. Wenn wir nicht genug pilotieren, wenn wir uns nur auf die Literatur stützen, werden wir definitiv überrascht sein, und ich denke, das ist etwas, worauf man als Kinderforscher nicht genug Wert legen kann: Vorbereitung durch Pilotstudien, Vorbereitung nicht nur durch fundierte Literatur, sondern auch durch Tests, um sicherzustellen, dass Sie tun, was Sie tun wollten.

Für Garrett ist es das, was die Forschung mit Kindern herausfordernd macht, was sie auch belohnend macht.

> Es sind Kinder, ich meine, sie sind voller Überraschungen. Aus Forschungssicht können Sie sich darauf einstellen, aber ich denke, eine der größten und besten Dinge an der Arbeit

mit Kindern ist, dass es eine Überraschung ist. Die ganze Zeit. Wie wow, sie sind wirklich erstaunliche Lerner und sie können uns Dinge beibringen, nicht nur durch unsere Beobachtungen, sondern auch durch unsere Interaktion mit ihnen. Und oft sind die größten Überraschungen Herausforderungen,

Als Forscher sollen wir uns an ein Skript halten, rigoros sein und uns bewusst sein, wie wir eine Variable oder einen Faktor, die Art und Weise, wie wir eine Art von Eingabe oder Aufforderung verabreichen, aber es gibt viele Male, wenn wir sagen: Oh, ich kann nicht glauben, dass sie das gerade getan haben und es ist schwer, in dieser Weise diszipliniert zu sein.'

Messen wir? Oder haben wir Illusionen?

Die Bestätigungsverzerrung (auch erwähnt in Schritt 12 in Kap. 2) taucht in Garretts Arbeit als ein großes Problem auf, und für ihn hat es sowohl praktische als auch philosophische Implikationen.

Etwas, dessen man sich immer bewusst sein muss, ist: Bekommen Sie das, was Sie suchen? Bevor ich Wissenschaftler wurde, ging ich auf eine buddhistische Universität und lernte, dass das Wort Maya, das in vielen östlichen Traditionen prominent ist, wörtlich Übersetzung bedeutet. Aber es bedeutet auch Illusion. Ich denke, es ist wirklich wichtig für uns zu verstehen, dass wir Messung als Werkzeug verwenden können, aber es ist auch illusorisch. Es kann sich immer ändern, und Sie werden immer etwas verpassen. Wie das Sprichwort: Wenn du ein Hammer bist, sieht alles aus wie ein Nagel. Ich denke, es ist wirklich wichtig für uns, sicherzustellen, dass wir flexibel und vielfältig in der Art und Weise sind, wie wir Dinge messen.

Wissenschaft ist nur eine von vielen Arten, wie Kinder lernen

Wissenschaftler neigen dazu, Lernen als Wissenschaft zu rahmen, und das ist ein Problem, wenn es bedeutet, dass Kinder nur durch die Verwendung von experimentellen Methoden und wissenschaftlichen Methoden lernen können. Garrett betont, dass es viele Arten gibt, wie Kinder lernen können, und es ist nicht nur wissenschaftlich.

> Wissenschaft erklärt viel und es ist erstaunlich, aber es gibt viele andere Perspektiven und Paradigmen, aus denen wir betrachten können, wie Kinder sich verhalten und lernen. Spielen ist eine davon. Es muss nicht nur eine Hypothese getestet werden. Sie müssen vielleicht nicht einmal eine Hypothese aufstellen. Sie interagieren vielleicht einfach nur mit etwas und müssen sich dessen nicht einmal bewusst sein. Auch Introspektion – bei der Kinder einfach nur über etwas nachdenken, oder visuell Dinge testen, sich Dinge vorstellen – muss keine Wissenschaft sein.

Dieses Buch handelt von Forschung und nicht von Lernen, aber die Art und Weise, wie Garrett dieses Problem beschreibt, weist auf eine klare Parallele zwischen Lernen und Forschung mit Kindern hin: einerseits müssen wir uns bei der Durchführung von Forschung fest auf die Wissenschaft stützen, andererseits verpassen wir eine breite Palette von Kindererfahrungen, wenn wir uns nur auf wissenschaftliche Strenge verlassen.

Sie lernen ständig von Kindern, sowohl als Forscher als auch als Person

Garrett spricht darüber, wie die Lernfähigkeiten von Kindern (sowohl wie viel als auch wie gut sie lernen) eine ständige Quelle der Inspiration und Motivation sind.

> Sie sind die besten Lernorganismen, die wir kennen, sie sind inspirierend und können uns etwas beibringen! Nur weil wir als Erwachsene mehr Erfahrung haben, bedeutet das nicht, dass es nicht etwas gibt, das wir lernen können. Nicht nur aus der Studie, sondern auch einfach aus unserer Nähe zu Kindern.

Er weist darauf hin, wie das, was Kinder erleben beim Lernen durch Spielen in jungen Jahren, immer noch durch das, was wir als Erwachsene versuchen zu tun, (wenn wir lernen, wie man Eltern wird, wenn wir lernen, wie wir unsere Arbeit besser machen, wenn wir versuchen, ein besserer Freund zu sein, oder wenn wir versuchen, Projekte zu Hause oder bei der Arbeit zu bewältigen) nachhallt oder widerhallt. Garrett verknüpft, wie Lernen und Forschung und eine Karriere als Forscher auf diese Weise Hand in Hand gehen:

Ich denke, unser Lernen als Kind ist immer noch da als Erwachsene und wir können von Kindern lernen. Und ich denke, das ist eine riesige Bereicherung und es ist immer noch relevant für mich als Mensch und ich denke, das ist erstaunlich.

Erzeugung digitaler Erfahrungen und Forschung mit Kindern

Jennifer Wells ist eine Vordenkerin in Bezug auf digitale Erfahrungen für Kinder. Sie hat über 60 digitale Produkte auf den Markt gebracht und die Konzept- und Geschäftsentwicklung für große internationale Marken, einschließlich LEGO (wo ich sie zum ersten Mal getroffen habe), PBS KIDS, Universal Studios, The Jim Henson Company und viele andere, geleitet. „Ich bin irgendwie von reiner Unterhaltung zu reiner Bildung und das ganze Spektrum dazwischen gegangen", erklärt Jennifer.

Steve Jobs präsentierte eine der ersten Apps von Jennifer, SUPER WHY,[5] während der ersten Präsentation des iPad, und die erste Suite von PBS KIDS Apps wurde in drei Jahren über 6 Millionen Mal heruntergeladen.[6]

Obwohl es viele Karrierewege gibt, die zur Benutzererfahrungsforschung mit Kindern führen können, gehen sie oft durch Design, Kommunikation oder Ingenieurwesen. Aber Jennifers Weg ist ungewöhnlich:

Ich war viele Jahre lang Produzentin, aber mein Fokus als Produzentin war immer die Benutzererfahrung, daher bin ich in dieser Hinsicht wahrscheinlich etwas ungewöhnlich, weil ich nicht so sehr auf die Fakten und Zahlen der Produktion aus bin, sondern darauf, sicherzustellen, dass das, was wir produzieren, die richtige Erfahrung für die Kinder ist, die wir erreichen wollen.

Derzeit ist sie Produktionsleiterin für die in Kalifornien ansässige Code Spark Academy (Abb. 7-1.). Ihr Produkt ist darauf ausgelegt, Kindern durch Spiele das Programmieren beizubringen, unter dem Motto „Vorbereitung von Kindern überall auf die Fähigkeiten, die sie für die Welt von morgen benötigen".[7]

---

[5] www.pbs.org/parents/shows/super-why

[6] https://pbskids.org/apps/super-why-app.html

[7] Ihre Produkte sind „Vollständig wortfrei. Basierend auf einem forschungsgestützten Lehrplan von MIT und Princeton. Mit Mädchen im Kopf konzipiert, ohne zu schmeicheln. Selbstgesteuert – keine Erfahrung erforderlich." https://codespark.com/about

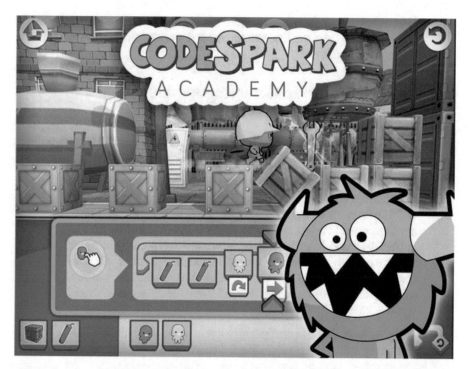

Abb. 7-1. Treffen Sie eine der Figuren in der Akademie: Der Glitch, der immer dann erscheint, wenn es einen Systemfehler in Fooville gibt. (©2021 codespark, Inc. Alle Rechte vorbehalten)

Jennifer leitet einen guten Teil des Teams und kümmert sich um die Kunden Erfahrung, was sowohl die Kundenbetreuung als auch die Benutzertests und die täglichen Bedürfnisse des Produktionsteams einschließt.

Eine der Missionen des Unternehmens besteht darin, die Lücke in der STEM-Bildung für benachteiligte Kinder zu verbessern.[8]

Einige der Fragen zur Forschung mit Kindern, die oft in Jennifers Projekten auftauchen, haben sich im Laufe ihrer Karriere verändert.

> Früher war es einfach *Was würden wir durch Tests mit Kindern lernen?*

> Und es hat sich geändert zu *Nun, wir müssen mit Kindern testen. Wie machen wir das?*

---

[8] https://codespark.com/

Und aktuell zu *Wie bekommen wir ein Gefühl dafür, wie Kinder Dinge erleben, wenn wir nicht tatsächlich persönlich mit ihnen interagieren können?*

Verhaltens- und Metrikverfolgung als Kanal für Erkenntnisse

Jennifer ist sich der Vorurteile bewusst, die mit persönlichen Tests verbunden sind, und einer der Wege, wie sie dies angeht, ist durch Metriken:

> Es gibt eine Voreingenommenheit, die auftritt, wenn jemand beobachtet wird, weil er weiß, dass er beobachtet wird. Und da Metriken im Grunde unsichtbar sind, ändert es die Linse, durch die wir Verhalten beobachten können. Und es ist viel natürlicher und es schafft eine viel natürlichere Umgebung als sogar im Wohnzimmer zu sitzen mit dem Forscher, der beobachtet. Wenn Sie wirklich natürliches Verhalten wollen, müssen Sie so viel von der künstlichen Rahmung entfernen, wie Sie können.'

Die Verfolgung von Daten ermöglicht es uns, Kinder natürlich bei einer digitalen Erfahrung mit, sagen wir, einem kreativen Werkzeug zu beobachten. Wir können sehen, was sie tun, was ihnen gefällt, ohne sie tatsächlich stoppen und fragen zu müssen. Jennifer erklärt

> Es ist ein Fenster in den Geist, das wir noch nie zuvor hatten. Dies sind harte Daten, die wir unmöglich über das Spiel von Kindern in der realen Welt hättensammeln können. Wie würden Sie wissen, wie oft ein Kind eine Disney Tangled Erzählung gespielt hat – wer würde wissen, ob es 1 Mal oder 57 Mal im letzten Monat war? Sie könnten es nicht wissen, oder? Sie könnten es definitiv nicht wissen. Aber heute könnten wir tatsächlich, zumindest theoretisch, ein Bild von allem entwickeln, was ein Kind auf einem Gerät bis ins kleinste Detail getan hat. Zum Beispiel, wenn ich diesen Stempel in diesem kreativen Werkzeug 538 Mal verwendet habe oder ich habe dieses kreative Werkzeug zweimal und dieses andere kreative Werkzeug mit anderem IP darin oder was auch immer 50 Mal verwendet. Auf diese Weise ist die Menge an Informationen, die wir sammeln können, enorm.

Jennifer verknüpft die Verfolgung als mögliche Lösung für das Problem der kognitiven Fähigkeitsverzerrung:

Ich habe meine Karriere damit verbracht, an frühem Lernen zu arbeiten. Und ich habe noch nicht einmal das Lernen für Kinder berührt, die nicht verbal sind. Es ist für uns als neuro-typische Erwachsene exponentiell schwierig zu verstehen, was ein neuro-atypisches Kind von der Spielerfahrung halten könnte. Die Asymmetrie in dieser Beziehung ist so groß, dass es wirklich, wirklich schwierig ist, diese zu überbrücken.

Sie weist auf eine Möglichkeit hin, diese Herausforderung zu bewältigen:

Ich denke an den Naturalismus der Umgebung. Können wir ihnen etwas geben, das wir so unauffällig wie möglich beobachten können? Und Metriken kommen wieder ins Spiel. Offensichtlich haben die Leute versucht, Metriken in der Art und Weise zu verwenden, wie sie zum Beispiel für Videoinhalte codiert haben, Forscher verwenden das oft. Für mich ist Metrik die nächste Stufe davon, weil es tatsächlich harte Zahlen sind, die sehr präzise definiert sind.

Die Bedeutung von Lizenzen des geistigen Eigentums (IP) in kreativen Werken und Erzählungen nimmt zu – und damit auch in der Forschung

Wenn Jennifer an der Produktion und Gestaltung einer digitalen Erfahrung beteiligt ist, stellen sich viele grundlegende Fragen:

Ich möchte verstehen, was an dem, was wir tun, faszinierend ist. Ist es die Tatsache, dass es Musik gibt? Ist es die Tatsache, dass es niedliche Charaktere gibt, die sie erkennen? Welche Elemente tragen zur Salienz aus der Perspektive der Kinder bei?

Der Begriff *Salienz,* ein spezieller Aufmerksamkeitsbereich, kann uns helfen, die Auswirkungen von Marken und Charakteren zu verstehen, die von IP-Inhabern, wie Disney, lizenziert werden. Jennifer fragt sich, wie wichtig die Salienz genau ist und wie sehr sie sich darauf verlassen möchte, um das Spielerlebnis in ihrem Produkt zu erleichtern. Sie kommt zu dem Schluss, dass:

Etwas geht verloren, wenn man Spielzeug rein als Mittel zum Erzählen – oder tatsächlich zum Nacherzählen – anderer Leute Geschichten verwendet. Man gibt den Kindern einen Kontext, aber wie viel von dieser Erzählung ist für das Kind bereits vorbestimmt?

Dies wirft viele Fragen auf, die die Forschung beantworten kann:

> Wie verändert diese vorbestimmte Erzählung das imaginative Spiel des Kindes? Eine starke Rahmung durch einen Film oder eine ähnliche Erzählung könnte positiv sein und das Kind dazu ermutigen, etwas zu tun, was es wahrscheinlich sonst nicht tun würde. Aber ist es einschränkend? Für mich wirft es so viele Fragen auf, was Kinder verstehen, wie sie es verstehen und dann, wie sie dieses Verständnis ins Spiel einbringen.

Aus einer Forschungs-Perspektive kann es eine knifflige Aufgabe sein, die Bedeutung des IP von der Gesamterfahrung zu trennen. Aber die Frage bleibt: Wird die digitale Erfahrung für das Kind genauso fesselnd und attraktiv sein, wenn sie keinen bekannten, relatable Charakter enthält? Die Herausforderung bei der Untersuchung einer beliebten Marke besteht darin, dass sie eine positive Aura oder einen Heiligenschein hat, der andere Mechaniken oder Aspekte der Erfahrung oder des Produkts überschattet: „Oh, es ist Barbie oder LEGO Friends oder *Frozen*. Dann werde ich es lieben" (wenn dies die Marken sind, mit denen das Kind gut resoniert), oder zumindest wird die Erfahrung positiver wahrgenommen als die gleiche Erfahrung ohne das IP.

Für Jennifer hat die Bedeutung von IP im Laufe der Jahre enorm zugenommen, von einer Zeit in unserer gemeinsamen Vergangenheit im letzten Jahrhundert, als Kinder nur wenige Fernsehkanäle zur Auswahl hatten und große kinematographische Erzählungen nur in... nun, Kinos stattfanden und besondere Anlässe waren.

> Ich erinnere mich daran, als Kind sehr ausgearbeitete Spielnarrative entwickelt zu haben, und ich bin sicher, dass das immer noch passiert. Ich sage nicht, dass es das nicht tut, aber es hat verändert, wie Kinder spielen und natürlich hat es ihre Erzählungen verändert. Ich sehe es nicht als etwas Gutes oder Schlechtes an. Ich denke einfach, es ist eine Art von völliger Dominanz von IP.

Die Einbeziehung von IP oder nicht (und speziell mit Charakteren) ist ein sehr reales Dilemma für Produzenten wie Jennifer, da ein IP kostspielig ist, aber vielleicht der einzige Weg, um die Aufmerksamkeit des Kindes zu erregen. Für einen Forscher ist es auch ein Dilemma herauszufinden, welche Teile des Verhaltens, der Reaktionen und Einstellungen des Kindes IP-spezifisch und welche produktspezifisch sind. Inwieweit hat das Kind eine gute Erfahrung, weil es mit Elsa aus *Frozen* interagiert und inwieweit liegt es daran, dass es das Produkt genießt? Hier könnte ein A/B-Test (A mit einem IP, B mit einem anderen) einige Daten liefern.

Längsschnittforschung ist wichtiger als Stakeholder denken

Wenn man über gängige Stakeholder Missverständnisse in der Forschung mit Kindern nachdenkt, weist Jennifer auf die unrealistische Erwartung hin, dass Kinder eine endgültige Antwort und Orientierung geben werden:

> Generell finde ich, dass die Forschung mit Kindern wirklich nur mehr Fragen aufwirft. Man kann offensichtlich einige Verallgemeinerungen treffen, aber meistens habe ich das Gefühl, dass es nur mehr Fragen oder mehr Ideen aufwirft. Für Stakeholder ist das Wichtigste zu verstehen, dass es ein Prozess ist, der nicht endet. Er hat keinen Anfangspunkt und keinen Endpunkt. Eines der Dinge, die mich am meisten faszinieren, ist die Längsschnittforschung, was Kinder über die Zeit hinweg tun.

Sie unterstreicht die Bedeutung des Verständnisses, wie das Spiel und die Interaktion mit einem Produkt sich im Laufe der Zeit entwickeln. Es ist genauso wichtig zu wissen, ob es eine ansprechende Box direkt aus dem Regal ist, da Kinder oft nicht die Kontrolle darüber haben, ob sie diese Box bekommen oder nicht. Sicher, sie haben Taschengeld und sie können für etwas sparen, aber oft sind Dinge Geschenke. Sie fährt fort:

> Was bedeutet es oder was beinhaltet es, etwas für den Reiz über die nächsten sechs Monate oder zwei Jahre zu entwickeln? Leute meiner Generation haben immer noch all unser Lego von den ersten Weltraumsets, die wir als Kinder hatten. Wird das auch für die Kinder von heute der Fall sein?

„Es ist fast unmöglich, Kindern genügend Zeit zum Antworten zu geben"

Jennifer sieht einen potenziellen Nachteil in konventionelleren persönlichen, moderierten Forschung:

> Ich denke, das Wichtigste, was ich in der Forschung gelernt habe, ist, dass es fast unmöglich ist, Kindern genügend Zeit zum Antworten zu geben. Als Erwachsene neigen wir dazu, die Stille mit Reden zu füllen. Aber Kinder haben diese Fähigkeit mit der Sprache noch nicht so leicht entwickelt. Ich denke, wir tun den Kindern ein großes Unrecht an, indem wir

> versuchen, mit ihnen zu reden, während sie versuchen zu spielen. Sie wissen, Spielen ist ihre Arbeit und sie wissen oft nicht einmal, was sie tun. Sie danach zu fragen, ist ein völlig falscher Ansatz, und deshalb bin ich so fasziniert von Metriken, weil sie uns tatsächlich erlauben, den Kindern den Raum zum Spielen zu geben. Und Raum, um Dinge zu tun, ohne den Druck, dass „jemand mich beobachtet".

Jennifer weist auf einen weiteren Nachteil hin, den Kindern nicht genügend Zeit zu geben:

> Weil Kinder aufgeregt werden, kann das ein falscher Barometer für ihr Verständnis dessen sein, was sie tun. Kinder sind von etwas Neuem und Glänzendem begeistert und können sofort von etwas angezogen werden. Aber das tatsächliche Verständnis dafür, wie diese Sache für sie funktioniert, braucht überraschend viel Zeit.

Sie weist auf Geduld als eine notwendige Tugend für einen Forscher hin:

> Ich muss ihnen jetzt Zeit geben, mir auf ihre eigene Weise zu antworten und nicht die Art und Weise zu unterbrechen, wie wir als Erwachsene dazu konditioniert sind, den Raum zu füllen. Kinder haben diese Konditionierung nicht.

Hinweis
Diese Vorurteile werden auch in Schritt 7 (…für die richtige Dauer) und Schritt 13 (Überwacht von den richtigen Personen) in Kap. 2 diskutiert.

Forschung nutzen, um Klassenzimmer zu einer besseren Erfahrung für Schüler und Lehrer zu machen

Rasmus Horn arbeitet mit Nutzerforschung und Erfahrungsqualität in LEGO Education und untersucht, wie Produkte im Klassenkontext funktionieren. Bevor er zu LEGO kam, arbeitete Rasmus mit globalen Kundenakzeptanztests bei der High-End-Audiofirma Bang & Olufsen, wo ich ihn zum ersten Mal traf.

LEGO Education bietet Unterrichtsstunden für alle Altersgruppen, von der Vorschule bis zur 12. Klasse, und Fächer im gesamten STEAM-Spektrum, von früher Sprache und Alphabetisierung bis hin zu Codierung und Robotik[9]

---

[9] https://education.lego.com/en-us/lessons

Ein Beispiel für ein Produkt für die jüngeren Vorschul- und Kindergartenkinder ist der 45025 Coding Express, der 8 Lektionen für 6 junge Schüler abdeckt, bei denen „die jungen Lernenden durch das Spielen über Sequenzierung, Schleifen, bedingte Codierung und Ursache und Wirkung lernen, indem sie die neuen Aktionssteine in die Zugstrecke einsetzen. Jeder Aktionsstein erzeugt eine spezifische Aktion, die es den Schülern ermöglicht, Lösungsansätze zu testen und neu zu gestalten und gemeinsam daran zu arbeiten, ihren Zug ans Ziel zu bringen."[10]

Ein weiteres Beispiel für die älteren Schüler der Klassen 6–8 ist das LEGO Education SPIKE Prime Set. Es kombiniert Bausteine und Hardware sowie eine Drag-and-Drop-Codierungssprache basierend auf Scratch, um „Schüler durch spielerische Lernaktivitäten dazu zu bringen, kritisch zu denken und komplexe Probleme zu lösen, unabhängig von ihrem Lernniveau. Von einfachen Einstiegsprojekten bis hin zu unbegrenzten kreativen Designmöglichkeiten hilft SPIKE Prime den Schülern, die essentiellen STEAM[11] und 21st-Jahrhundert-Fähigkeiten zu erlernen, die benötigt werden, um die innovativen Köpfe von morgen zu werden."[12]

Lesen die Kinder oder nicht?

Einige der Produkte von LEGO Education sind für das frühe Lernen in der Lücke zwischen Kindergarten und ersten, zweiten und dritten Klassen gedacht. Dies stellt eine Herausforderung für Rasmus und seine Kollegen dar:

> Das bedeutet, dass wir Schüler haben, die lesen und einige, die nicht lesen, und das lässt uns darüber nachdenken, was im Lernkontext passiert. So haben wir zwei verschiedene Codierungssprachen – eine Codierungssprache mit Symbolblöcken und eine mit Textblöcken. Eine der Dinge, die wir herausfinden wollen, ist, was in dieser Spanne passiert? Wann beginnen die Schüler, die Textblöcke zu verwenden? Und wann verwenden sie die Symbolblöcke und was machen sie damit? Welche Rolle spielt das Lesen?

---

[10] https://education.lego.com/en-us/products/coding-express-by-lego-education/45025#coding-express

[11] Wo STEM für Wissenschaft, Technologie, Ingenieurwesen und Mathematik steht, fügt STEAM die Künste hinzu – Geisteswissenschaften, Sprachkünste, Tanz, Drama, Musik, bildende Künste, Design und neue Medien. Um mehr über STEAM und seinen Vorgänger STEM zu erfahren, gehen Sie zu https://theconversation.com/explainer-whats-the-difference-between-stem-and-steam-95713

[12] www.lego.com/en-us/product/lego-education-spike-prime-set-45678

Rasmus und seine Kollegen verwenden auch Geschichtenerzählen in einigen Lektionen. Um dazu zu gelangen, müssen die Schüler kleine Textausschnitte oder Illustrationen lesen, was wiederum die Frage aufwirft, wie Kinder eine Handlung interpretieren werden. Um ein besseres Verständnis dafür zu bekommen, beobachten Rasmus und sein Team die Kinder und was sie tun. Sie haben auch Augenverfolgung verwendet, um zu sehen, ob die Kinder die Texte lesen oder die Illustrationen betrachten:

> Wir können sehen, dass zwischen sechs und sieben Jahren etwas passiert und das hängt natürlich mit ihrer Fähigkeit zu lesen zusammen.

Wird eine Lektion gelernt oder nicht?

Rasmus arbeitet auch daran, verschiedene Lektionen, die sie anbieten, zu bewerten. Er stützt sich auf den Lernen-durch-Spielen-Framework von Garrett James Jaeger und seinen Kollegen bei der LEGO Foundation (früher in diesem Kapitel und in Kap. 1 besprochen). Es bietet uns ein Werkzeug zur Bewertung des Lernens durch Spielen. Bisher haben sie sich auf individuelles Lernen konzentriert, aber da Rasmus' Zielgruppen mit Klassen arbeiten, versuchen sie, das Werkzeug so zu modifizieren, dass es auch bewerten kann, wie eine Lektion in einer Klasse funktioniert.

Sie untersuchen fünf Bereiche:

1. Wie *spaßig* ist eine Lektion? Weil es Lego ist, muss es Spaß machen.

2. Ist es *fesselnd?* Eine der Eigenschaften von Spaß ist, dass er fesselt.

3. Ist es *bedeutungsvoll?* Dies ist das Gegenteil von frustrierend oder verwirrend.

4. Ist es *iterativ?* Inspiriert es die Schüler, zurückzugehen und es noch einmal zu tun, vielleicht besser oder schneller?

5. Ist es *sozial interaktiv?* Wie interagieren die Schüler während der Lernerfahrungen, die wir anbieten möchten, miteinander?

Diese fünf Bereiche sind Gegenstand einer Messung, die viele der Absichten des im Kap. 6 besprochenen KX-Scores widerspiegelt:

> Wir versuchen wirklich, es als quantitatives Bewertungswerkzeug einzurichten, bei dem man am Ende eine Punktzahl

erhält. Ich würde gerne in der Lage sein, Lektionen miteinander zu vergleichen, und so nehmen wir dieses Werkzeug, um zu sehen, ob wir diese Angabe als KPI, einen Key Performance Indicator, als Maß für den Erfolg von Lektionen verwenden können, oder um herauszufinden, welche Lektionen gut und welche schlecht im Klassenzimmer sind, und was gut und was nicht so gut funktioniert.

Die unabhängige Sicht und das unabhängige Gehör

Eine der Aufgaben von Rasmus besteht darin, den Testprozess zu koordinieren und mit Lehrern und Schulen zusammenzuarbeiten. Er kümmert sich um alle „Fußarbeit" rund um das Testen, richtet es so ein, dass Designer und Konzeptleute in das Klassenzimmer kommen und beobachten können. Dies bringt Chancen und Herausforderungen mit sich:

> Ich bin das unabhängige Set von Augen und Ohren, nicht gesteuert oder beeinflusst vom Rest des Teams. Ich bin kein Teil eines der Designteams. Ich bin eine Testressource. Und so hoffe ich, dass ich keine Voreingenommenheit habe, vielleicht sollte ich sagen eine andere Voreingenommenheit, denn es gibt immer irgendwo eine Voreingenommenheit. Es gibt die, von denen wir wissen, und die, von denen wir nichts wissen, aber zumindest bin ich nur ein frisches Paar Augen auf das, was wir testen.

> Also ist es meine Aufgabe, die richtigen Fragen zu stellen. Was suchen wir? Einige Designer neigen dazu, während einer Sitzung viele Fragen zu stellen und zu viele Dinge auf einmal beobachten zu müssen. Dies wird das beabsichtigte Ergebnis des Tests behindern. Manchmal ist es besser, mehrere Tests mit einem sehr engen Fokus zu haben und wirklich präzise zu sein. „Was suchen wir *dieses Mal?*" Es weist auch auf zukünftige Tests hin.

Insbesondere wenn es darum geht, den Designern die Ergebnisse zu berichten, sagt Rasmus:

> Wenn die Designer während der Sitzungen nicht anwesend sind, und ich zurück zu den Designern komme, werden sie viele Fragen haben – was haben die Kinder dazu gesagt, oder was haben sie dazu gesagt? Acht von zehn Mal habe ich wirklich keine Antwort. Denn was die Designer vielleicht fragen, war nicht der Fokus der Tests. Manchmal ist es besser, eine sehr begrenzte, aber sehr präzise Antwort zu haben als eine,

die ziemlich breit und diskutabel ist. Das soll nicht heißen, dass es der einzige Testansatz sein sollte.

Wie können wir den Spaß aus der Gleichung nehmen und einfach das Lernen messen?

Rasmus und seine Kollegen stehen vor einem speziellen Problem, da Kinder im Allgemeinen sehr glücklich sind, während der Schulstunden mit Lego zu spielen: Wie untersuchen wir das Produkt und seine potenziellen Schmerzpunkte und finden heraus, was wir verbessern können? Dies ist spezifisch für eine Schuleinstellung, da normale Schularbeiten oft als langweilig und mühsam angesehen werden. Er hat eine Lösung für dieses Problem:

> Sobald der Lehrer Lego mitbringt, ist den Schüler fast egal, was sie tun, sie sind einfach glücklich, weil sie mit Lego spielen dürfen. Als Forscher müssen wir wirklich durch diese Freude am Spielen in der Schule und am Spielen schauen. Stattdessen werden wir uns ansehen, wie viele Fragen die Schüler stellen und wie beschäftigt der Lehrer damit ist, Anleitung und Lösungen zu geben?

> Wir haben eine Metrik, wie viele Fragen sie stellen und eine andere ist, ob sie selbstständig sind: Wie oft fragen die Schüler den Lehrer? Was ist die Art der Fragen? Ist es, weil sie feststecken? Dass sie nicht wissen, was sie tun sollen? Das ist eine andere Metrik.

> Die verbrachte Zeit, insbesondere die Bauzeit, ist etwas, das wir messen. Die Schüler genießen es, zu bauen, auch wenn es 30 Minuten dauert, um etwas zu bauen. Aber das ist nicht unbedingt gut, denn die Unterrichtsstunde dauert nur 45 Minuten, also dürfen wir nur vielleicht 10 oder 15 Minuten bauen. Aber was ist, wenn sie 20 Minuten brauchen? Die Schüler könnten es immer noch mit 10 von 10 Smileys bewerten, weil es Spaß gemacht hat, aber sie sind nicht zum Lernabschnitt gekommen oder nur zu einem Teil davon. Sie hatten keine Zeit zu experimentieren und zu lernen. Der Zweck ist − und das macht den Lehrer glücklich − die Aha-Momente zu erreichen, in denen das Lernen stattfindet. Für uns hat das Rahmenwerk der Lego Foundation wirklich geholfen, Worte dafür zu finden, was dieser Moment ist und aus was der Lernprozess besteht. Zum Beispiel ist ein Ergebnis,

dass ein Kind eine Erfahrung *besitzen* kann. Das ist eine der höchsten Stufen. Aber die nächste ist das *Übertragen,* die Fähigkeit, eine Fertigkeit oder ein Wissen oder eine Erfahrung in einen neuen Bereich zu übertragen. Zu sehen, wie die Schüler von einer Stufe zur nächsten gehen, das mögen wir.

Zahlen wir Schülern, Schulen oder Lehrern für ihre Hilfe bei unserer Forschung? Und wie?

Eine sehr praktische Frage in vielen Forschungsprojekten ist, wie wir unsere Befragten incentivieren oder entlohnen. Im Fall von Rasmus, würde das bedeuten, die Kinder, die Schulen, oder die Lehrer zu bezahlen? In Bezug auf öffentliche Angestellte, dürfen diese in den meisten Ländern keine Geschenke oder jegliche Art von Zahlungen annehmen. Oft ist es eine Frage, wie man „Danke für Ihre Hilfe und Ihre Zeit" sagt. Rasmus hat eine Lösung dafür:

> Was wir tun, ist, dass wir die Lehrer niemals bezahlen. Wir geben auch keine Geschenke an die Schüler in den Schulen, weil das als Marketing angesehen werden könnte. Daher sind wir sehr vorsichtig damit. Aber wir bezahlen die Schule selbst für die Anmietung der Zeit ihrer Lehrer und auch für die Raummiete. Wenn wir ein Klassenzimmer für einen ganzen Tag nehmen, bezahlen wir die Miete. Und dann sind es keine Geschenke, es ist einfach nur Bezahlung für eine Dienstleistung.

> Es hängt davon ab, wie viel Zeit wir benötigen. Manchmal wollen wir nur, dass der Lehrer das tut, was er sowieso getan hätte, ohne dass wir da sind, und wir bitten sie, ihre Pläne nicht zu ändern, um uns bei speziellen Lektionen für uns zu unterstützen. Es ist eine andere Frage, wenn wir sie bitten, von dem abzuweichen, was sie von selbst getan hätten und mehr Zeit für die Vorbereitung zu investieren. Letztendlich stellt die Schule uns eine Rechnung für die Zeit aus, die die Lehrer aufgewendet haben.

Ergebnisse präsentieren und aufrechterhalten – Forschung ernst nehmen

Einige große Fragen, mit denen die meisten Forscher zu kämpfen haben, sind, wie man Ergebnisse präsentiert und wie man sicherstellt, dass Maßnahmen auf Basis der Forschungsergebnisse ergriffen werden. Normalerweise greifen wir darauf zurück, die Ergebnisse in einen Bericht zu schreiben und sie dem Team zu präsentieren. Meistens passiert das nur einmal, und dann wird der Bericht abgelegt und niemand wird ihn jemals wieder anschauen. Die Frage ist also, wie stellen wir sicher, dass die Aktionspunkte vereinbart sind und dass jemand sie danach besitzt? Rasmus kennt diese Herausforderung sehr gut und er bietet eine Lösung und ein Beispiel:

> Es könnte alles verschwendete Arbeit sein, und das Projekt wird einfach weitergehen, unabhängig von ihren Zeitplänen und den Fristen, die sie einhalten müssen. Wir wollen sicherstellen, dass wir den größtmöglichen Nutzen aus der Anstrengung ziehen, die wir in die Forschung gesteckt haben. Eine Möglichkeit, dies zu tun, besteht einfach darin, eine Aufgabe zu erstellen, zu dokumentieren, dass wir ein Problem haben und es dann jemandem zuzuweisen: Sie sind jetzt der Besitzer davon, wie würden Sie das mildern? Wie stellen Sie sicher, dass wir das in Zukunft nicht wieder tun, z. B. im nächsten Produkt, wenn es zu spät ist, etwas in diesem zu tun? Wenn wir es ändern können, dann müssen wir sicherstellen, dass es eine korrigierende Maßnahme oder einen Plan zur Lösung gibt. Eine Sache, an der wir arbeiten, ist die Visualisierung der Anzahl der Probleme, die wir noch offen haben.

> Zum Beispiel, als wir einige Probleme mit dem Bluetooth-Verbindungsablauf in einem Prototypentest im Frühjahr 2019 gefunden haben, und jetzt, ein Jahr später, hören wir es als Beschwerde vom Markt. Das ist der Moment, in dem es praktisch ist, dass wir zurückgehen und sagen können, nun, wir haben dieses Problem bereits vor einem Jahr entdeckt. Weil das Produkt unter Zeitdruck stand, haben sie es zu dieser Zeit nicht gelöst. Also haben wir jetzt das Problem auf dem Markt. So können wir zurückgehen und sagen, nun, die Forschung hat es tatsächlich schon vor einem Jahr gefunden, aber es wurden keine Maßnahmen ergriffen. Und das ist ein starkes Argument, um die Forschung ernst zu nehmen. Es gibt einen Grund, warum es ein Schmerzpunkt ist, und wir können sicher sein, dass wir davon hören werden, wenn das Produkt auf dem Markt ist. Das schärft auch unsere Forschung, weil wir wissen, OK, vielleicht hätten wir damals noch klarer in unserer Botschaft sein sollen. Unser System muss in der Lage sein, Probleme so zu speichern, dass sie nicht nur in Berichten sitzen, die wir vergessen.

Wenn externe Forscher gehen, gehen auch ihre Erkenntnisse. Wird es ein Vakuum der Verantwortlichkeit hinterlassen?

Eine weitere Frage, die in der Forschung aufkommt, ist die Verwendung von externen Beratern. Dies stellt eine Herausforderung dar, mit der Rasmus aus erster Hand Erfahrung hat, und er weist auf die Organisation um sie herum als eine Lösung hin:

> Es kommt darauf an, Menschen zur Verantwortung ziehen zu können. Ein externer Forscher oder ein externes Forschungsunternehmen ist gekommen, hat ein Ergebnis geliefert, sie liefern den Bericht und dann sind sie weg. Es gibt niemanden, der das Projekt zur Verantwortung zieht. Wir brauchen einen Mechanismus, der sagt: „Also wir haben dieses Problem gefunden, was haben Sie dagegen getan? Was sind die Maßnahmen?" Es muss einen Stakeholder geben, der die Organisation für die Dinge zur Verantwortung zieht, die wir in der Forschung gefunden haben. Externe haben nicht die gleiche Position oder Macht, um zurückzukommen und zu sagen: „Nun, ich habe dieses Problem in unseren Tests gefunden, warum haben Sie es nicht behoben?" Es muss jemanden geben, der die Stimme des Kunden vertritt und in Projekten der Stakeholder oder Anwalt der Benutzer ist. Das gibt ein Mandat.

Forschung mit Kindern im Kontext der Entwicklung von öffentlichen Dienstleistungskonzepten

Camilla Balslev Nielsen hat einen Doktortitel in Kinder-Spielkultur und Technologie von der Universität Aarhus und einen Master in Design, Kommunikation und Medien mit Schwerpunkt auf Kinder und ihre digitale Kultur. Sie arbeitet beim Dänischen Rundfunk (DR) und leitet das dänische digitale Lernprojekt namens ultra:bit.[13] Das Ziel von ultra:bit ist es, Kinder von 8 bis 14 Jahren (4. bis 8. Klasse) nicht nur zu großen Konsumenten von Technologie zu

---

[13] www.dr.dk/om-dr/ultrabit (auf Dänisch) – verwandt mit dem britischen Micro:bit: https://microbit.org/ (auf Englisch). Die ultra:bit Box wird von DR Commercial produziert und über 100.000 micro:bits wurden an die 1300 Schulen (8 von 10) in Dänemark verteilt, die an dem Projekt beteiligt sind.

machen, sondern zu Schöpfern von Technologie. Gleichzeitig fordert das Projekt die Kinder auf, eine kritische Haltung gegenüber der Technologie in unserer Umgebung einzunehmen. ultra:bit wurde vom DR in enger Zusammenarbeit mit CFU (dem Lehrerressourcenzentrum) und Astra (dem Nationalen Zentrum für Naturwissenschaftliche Bildung) entwickelt. Es wird von der Dänischen Industriestiftung unterstützt, und mehr als 30 Partner tragen zu dem Projekt bei. Es wurde ursprünglich von der BBC und der Micro:bit Educational Foundation inspiriert.

Das Projekt ist ziemlich erfolgreich, da der Anteil der dänischen Sechstklässler, die sagen, dass sie programmieren können, von 27 % (2018) auf 78 % (2020) gestiegen ist.[14] Camilla war meine Kollegin, als sie für LEGO in der Kampagnen- und Inhaltsstrategie arbeitete, und davor hatte sie auch Kinder und Jugendliche als ihre Zielgruppe, als sie als Digital Business Developer bei Egmont, einem großen Medienunternehmen in der nordischen Region, arbeitete.

Eine öffentliche Medieninstitution hat – in vielerlei Hinsicht wie ein kommerzielles Unternehmen – Aufgaben und Herausforderungen, die zu einem tiefgreifenden Bedarf an Forschung führen. Camilla sagt:

> Es ist wichtig, dass wir weiterhin verschiedene Arten von hochwertigen Inhalten und Aktivitäten produzieren, die auf das Alltagsleben der Kinder in Dänemark abgestimmt sind und darauf basieren. In erster Linie, um eine Alternative zu dem zu schaffen, was sie z. B. auf YouTube sehen, aber auch um sicherzustellen, dass es in einen dänischen Kontext passt. Heute gibt es so viel anderen Inhalt um sie herum, und um relevanten Inhalt und Aktivitäten für Kinder zu entwickeln, müssen Sie verstehen, was sie antreibt.

Forschung spielt eine wichtige Rolle in einem komplexen und ehrgeizigen Multi-Stakeholder Projekt wie ultra:bit, das vom DR in enger Zusammenarbeit mit mehr als 30 Partnern entwickelt wird. Camillas Rolle besteht darin, die Zusammenarbeit zwischen den verschiedenen internen und externen Projektpartnern zu sichern und zu entwickeln, die Kurse für Lehrer, Fernsehprogramme, Unterrichtsmaterialien und STEM-Konferenzen liefern. Aber sie spielt auch eine wichtige Rolle bei der Erstellung der Konzepte rund um Aktivitäten und Inhalte für Kinder zwischen 8 und 14 Jahren. Es geht darum, ihnen Werkzeuge zu geben, damit sie nicht nur Benutzer von Technologie sind, sondern auch kreativ mit Technologien umgehen können. Zusammen mit ihren Kollegen hat sie die interaktive Online-Lernveranstaltung „ultra:bit LIVE" für mehr als 15.000 Kinder in Dänemark eingerichtet, die einen nationalen Innovationswettbewerb beinhaltet.

---

[14] www.dr.dk/om-dr/ultrabit/aargang-ultrabit-har-laert-kode (auf Dänisch)

Da diese Konzepte hauptsächlich in Schulen verwendet werden, müssen sie die spezifischen Anforderungen der Regierung erfüllen, aber es ist auch wichtig, dass sie mit der eigenen Art des Senders (DR) übereinstimmen, qualitativ hochwertige Inhalte für Kinder zu erstellen. Die Konzepte und Themen müssen auch Spaß machen, ansprechend und einladend für die Kinder sein – nicht zu schwer, überwältigend oder zu langweilig, sondern eher etwas, mit dem sie umgehen können und das sie für relevant halten.

Wie man Konzepte entwickelt, die Kinder ansprechen

Um diese vielen Projektanforderungen (Anforderungen) in Einklang zu bringen, hat Camilla den Umfang und die Themen mit Kindern erforscht und auch die Kinderhotline (Børnetelefonen), eine nationale Initiative der dänischen NGO Kinderrechte (Børns Vilkår), kontaktiert, die seit 1987 anonyme Beratung und Unterstützung für Kinder anbietet. Mit ihnen konnte Camilla einen genaueren Blick auf die Themen werfen, die Kinder betreffen oder beunruhigen, wie Mobbing, Scheidungen, Missbrauch, ein Leben mit digitalen Medien, Depressionen und Einsamkeit, sowie Klimawandel und wie Kinder Erwachsenen helfen könnten, den Klimawandel zu reduzieren – was zum Thema für 2019 wurde.

> Am Anfang der Konzeptphase erforsche ich spezifische Themen und hier ist es für mich wichtig, einige Erkenntnisse zu finden, die das „Warum?" des Konzepts sein können – die zugrunde liegende Rechtfertigung, die alle Stakeholder zusammenbringen kann. In diesem Fall haben wir herausgefunden, dass Klimaveränderungen etwas sind, das Kinder beschäftigt und nach Gesprächen mit Kindern und Eltern haben wir auch gelernt, dass Kinder oft ihre Eltern darüber aufklären, wie sie in ihrem Alltag besser handeln können, um die Klimaveränderungen zu reduzieren.
>
> Und dann teste ich das Konzept mit Zielgruppen, die in diesem Fall Lehrer und Schüler sind. Ich teste das Konzept auch mit anderen Menschen um die Kinder herum, wie Politiker oder Menschen, die in verschiedenen Organisationen arbeiten, die für die Kinder wichtig sind.
>
> Es ist sehr wichtig zu wissen, was Kinder *jetzt* und *warum* bevorzugen und eine der Möglichkeiten, darauf einzugehen, ist durch Influencer. Ich muss verfolgen, was für die Kinder interessant ist und sehen, ob ich vielleicht Konzepte zu diesen Themen erstellen kann, mit denen sie sich identifizieren können.

Camilla beschreibt ihren allgemeinen Ansatz, der für mich immersiv und persönlich involviert ist, und weist auf die Vorteile eines praktischen Forschungsansatzes hin:

> Ich versuche, neugierig zu bleiben und ich denke, das ist eine der wichtigsten Zutaten, wenn man mit Kindern arbeitet und wissen will, was für sie wichtig ist. Man muss auch spielerisch sein und es selbst ausprobieren. Also wenn sie jemandem auf, sagen wir Instagram, folgen, dann mache ich das Gleiche. Wenn sie TikTok benutzen, versuche ich zu sehen, was sie auf TikTok machen. Wenn sie bestimmte Spiele spielen – zum Beispiel spielen sie gerade Among us – dann versuche ich herauszufinden, was das ist. Auch wenn ich vielleicht nicht sehr gut darin bin, versuche ich trotzdem zu spielen und einige Kinder zu finden, die mit mir spielen wollen. Ich bekomme meine Informationen, wenn ich mit den Kindern spreche, ich muss es ausprobieren und dann stelle ich viele Fragen.

Einer der vielen persönlichen Vorteile oder Versüßung, ein erwachsener Forscher mit Kindern als Zielgruppe zu sein, besteht darin, dass man viel von den Kindern lernt, und das in vielen verschiedenen Bereichen. Camilla nennt einige Beispiele:

> Es ist erstaunlich, wie bereit Kinder im Vergleich zu uns Erwachsenen sind, neue Dinge auszuprobieren. Ich finde es auch wirklich cool zu sehen, wie die Kinder Technologie erkunden. Wenn man vergleicht, wie ich ein Mobiltelefon benutze im Gegansatz zu Kindern, dann benutze ich vielleicht mehr Schritte, aber für sie geht es auch darum, ihre Schritte zu optimieren. Sie wollen nur einmal klicken, aber für mich habe ich einfach einen Weg gefunden, der funktioniert und bei dem ich bleibe, aber sie denken anders. Sie wollen keine Zeit verschwenden. Wir haben unterschiedliche Erwartungen an und Herangehensweisen an Technologie.

> Manchmal haben sie ein Problem und können Lösungen finden, an die ich nie gedacht hätte. Zum Beispiel schaue ich gerne Netflix-Serien, während ich koche, und das funktioniert normalerweise gut, aber dann habe ich eine Serie auf Spanisch gestartet, *La casa de papel,*[15] und da ich kein Spanisch

---

[15] was direkt übersetzt *Das Papierhaus* bedeutet, aber auf Englisch heißt es *Money Heist,* https://de.wikipedia.org/wiki/Haus_des_Geldes

verstehe, musste ich ständig auf den Bildschirm und die Untertitel schauen. Aber dann sagte mein jüngster Sohn: „Du kannst einfach die englische Synchronisation wählen" und ich war wie „Was!" Ich dachte, ich könnte nur die Untertitel ändern.

Das ist ein großartiges Beispiel, denn sie wachsen mit mehr globalem Inhalt auf als ich und sie erwarten, dass er zu ihnen passt, aber sie sind auch bereit, sich anzupassen. Sie lernen z. B.. Englisch beim Spielen von Spielen oder beim Anschauen von YouTube und einigen Streaming-Diensten. Wir haben auch gelernt, spielen zu können und durch das Spiel zu lernen, so dass man bei den Kindern von heute sagen kann, dass „alles und nichts" sich geändert hat. Die Interaktion der Kinder mit der Technologie ist komplex und keine Blackbox. Es besteht ein Bedarf an Forschung über die Beziehungen zwischen Menschen und Nicht-Menschen in verschiedenen Kontexten, wenn man sie verstehen will.

Den Kontext im Auge zu behalten und offen zu bleiben, ist in der Forschung entscheidend

Camilla ist sich der Bedeutung des Kontexts ihrer Studien und der Wichtigkeit, die selben Kinder aber in verschiedenen Kontexten einzubeziehen, um ein reicheres Verständnis zu gewinnen, sehr bewusst.

Zum Beispiel, wie sie das Mobiltelefon auf eine Weise benutzen, wenn sie unterwegs sind, und dann ist es einfach anders, wenn sie mit den Fußballjungs zusammen sind oder wenn sie in der Schule sind oder wenn sie zu Hause sind. Man muss also darauf achten, wie dieser Kontext die Stimmung des Kindes, vielleicht seine Absichten, prägt: Vielleicht will das Kind sich höflich verhalten, wenn es bei den Eltern ist, aber nicht so sehr bei Freunden. Als Forscher sollte man manchmal versuchen, sie so viel wie möglich ihr eigenes Ding machen zu lassen.

Man muss offen bleiben für das, was passiert, wenn man sich in die Feldforschung begibt. Meine Doktorarbeit handelte von Mädchen und Technologie, und als ich dafür Feldforschung betrieben habe und Beobachtungsstudien unter Mädchen durchführte, stellte ich fest, dass die Mädchen nicht nur mit Mädchen und Technologie spielen. Sie spielen auch mit Jungen. Also ja, es ist sehr wichtig, dass man vor der Studie ein gewisses Verständnis für die Kinder und das Thema, das man erforschen möchte, hat, aber wenn man in das Feld hinauskommt, muss man bereit sein, es wegzuwerfen und offen und bereit zu sein, zu sehen, was wirklich vor sich geht. Andernfalls wird man es nicht verstehen. Ich meine, es kann Zeitverschwendung sein. Ihre Pläne sind nur gut bis zu dem Moment, in dem Sie tatsächlich die Kinder treffen.

Aber das ist auch ein guter Teil der Forschung. Es taucht immer etwas Neues auf und man denkt: „Wirklich!? Ahh, ist das so?" Es kann auch ziemlich lustig sein. Ich habe ein Forschungsprojekt mit Kindern über ihre Spielzeuge durchgeführt und Kinder eingeladen, zum Beispiel Fotos von ihren Spielzeugen zu Hause zu machen.

Wir sprachen über die Bilder und sie erzählten mir, dass sie mit einigen der Spielzeuge nicht spielen, aber als ich fragte, warum es immer noch in ihren Zimmern war, sagten sie mir, weil sie damit gespielt haben. Sie würden das Spielzeug einfach nicht zur Schule mitnehmen und nur alleine oder mit einem guten Freund damit spielen. Die Lebensdauer eines Spielzeugs erstreckt sich über mehrere Phasen und sie können auf verschiedene Weisen daran hängen. Die Kombination von Forschungsmethoden ermöglichte es mir, mehr über die Beziehungen zwischen Kindern und Spielzeugen zu erfahren.

Kinder sind nicht einfach nur Opfer der Technologie

Im ersten Kapitel dieses Buches habe ich den Status von Kindern in der Gesellschaft, und wie dieser Status die Forschung beeinflusst, hervorgehoben, und ich habe diskutiert, wie Erwachsene viele Einblicke verpassen werden, wenn sie Kinder nur als passive Empfänger und Nutzer von Medien und Technologie sehen. Dies ist auch ein Thema, das Camilla sehr am Herzen liegt.

Wenn Sie wirklich eintauchen in das, was Kinder mit Technologie machen, wie ich es in meiner Doktorarbeit getan habe und in meiner Arbeit weiterhin tue, dann werden Sie anfangen zu sehen, dass sie oft tatsächlich die Kontrolle darüber haben und es nicht immer umgekehrt ist. Am Anfang, wenn sie mit etwas Neuem anfangen, ist das Spieldesign für sie verborgen. Ein Teil der Spielkultur besteht darin, sich gegenseitig zu fragen und zu helfen, das Design zu untersuchen, um es zuerst wiederzubeleben und dann so umzugestalten, dass es ihren Bedürfnissen und Wünschen entspricht. Wenn sie z. B.. einen bestimmten Charakter haben wollen, der vom Spiel zufällig ausgewählt wird – dann sind sie irgendwann wie „Ja, ich kann den Reset-Knopf drücken." Also das ist eine Sache.

Aber ich denke auch, dass es sehr wichtig ist, dass wir nicht denken, dass Kinder alles über Technologie wissen und sie alleine lassen. Und besonders heutzutage, weil mit all den verfügbaren Daten und dem maschinellen Lernen,[16] denke ich, dass es sehr wichtig ist, dass wir uns bewusst sind, wie wir in unserer Gesellschaft die Kinder unterstützen können, auch kritisch gegenüber der Technologie um sie herum zu sein. Technologie spielt eine größere Rolle in ihrem Leben als in früheren Generationen, und als Konzeptentwickler oder Forscher müssen Sie versuchen, in Ihrer Perspektive auf sie ausgewogen zu sein. Sie sollten nicht zum Opfer gemacht werden, aber andererseits sollten sie nicht alleine gelassen werden.

Die Technologie verändert sich schnell und verändert unsere Art der Interaktion miteinander. Es besteht Bedarf an Erwachsenen, die neugierig und interessiert zusammen mit den Kindern sind.

Die Kinder machen sich vielleicht keine Sorgen darüber, wie ihre Daten gesammelt oder gespeichert werden und was danach passieren kann. Wenn Sie mit Kindern produzieren und forschen, ist es komplex. Es ist daher positiv, dass ultra:bit als eine Initiative in Dänemark Lehrer und Schüler unterstützen kann, mit Technologie durch einen spielerischen Lernansatz zu experimentieren.

Dies passt sehr gut zu Samantha Punchs Denkschule bezüglich der Rolle der Kinder in der Gesellschaft (siehe Kap. 1).

Innovation durch Forschung mit Kindern

Nanna Borum ist Senior Design Researcher im Creative Play Lab von LEGO in Dänemark und arbeitet an vorderster Front der Produkt- und Spielinnovation als Teil eines Teams namens Innovation, Foresight, Strategy, and Culture.

---

[16]Maschinelles Lernen (ML) ist das Studium von Computer-Algorithmen, die sich automatisch durch Erfahrung verbessern – siehe https://de.wikipedia.org/wiki/Maschinelles_Lernen

Einige Beispiele für die Produkte, die von Nannas Team produziert wurden, sind die Hidden Side (2019),[17] die erweiterte Realität, ein mobiles Spiel und physische Spielerfahrungen, in einer gruseligen Geisterhaus-Geschichte zusammenbrachte, sowie LEGO Super Mario (2020),[18] das in Zusammenarbeit mit Nintendo den Charme und die Charaktere des ursprünglichen Videospiels einfängt und dabei viel Bauen und Spielen hinzufügt.

In der Hidden Side-Geschichte können Kinder eine verfluchte Version der Realität erleben, indem sie eine App verwenden. Die erweiterte Realität wird aktiviert, wenn die App bestimmte digitale Hinweise von den physischen Sets erkennt. Das bedeutet, dass Kinder mit dem physischen Set alleine, oder mit der App alleine, oder mit beidem spielen können.

Die LEGO Super Mario Produktlinie hat einen Starter-Kurs und mehrere Erweiterungssets, von denen zwei der „Boomer Bill Barrage" und der „Piranha Plant Power Slide" sind.

Gemeinsames Erschaffen neuer Produkte und neuer Spielweisen – mit Schwerpunkt auf Zusammenarbeit

Ihr Team konzentriert sich auf die Entwicklung neuer Spielthemen, Produkte und Charaktere, anstatt die Entwicklung bereits erfolgreicher Produktlinien wie LEGO Friends (2012)[19] oder LEGO City (1978) fortzusetzen.[20] Dies stellt Nanna an die vorderste Front der Produktinnovation und sogar der Geschäftsdisruption bei LEGO, was zeigt, dass Forschung bei Innovation und Disruption – zwei Paradigmen, die für die meisten Unternehmen von entscheidender Bedeutung sind – eine entscheidende Rolle spielen kann.

Die Art und Weise, wie ihr Team organisiert ist, gibt ihr eine einzigartige Rolle als Forscherin. Nannas Aufgabe besteht darin, den Teams dabei zu helfen, während der Entwicklung neuer Produkte auf Augenhöhe mit den Kindern zu bleiben, und sie nimmt meistens in der sehr frühen explorativen Phase der Innovationsentwicklung als „vollwertige qualitative Forscherin" an Projekten teil:

> Meine Rolle besteht darin, Teil des Teams zu sein. Ich bin keine Plug-in-Forscherin. Ich bin immer Teil des Projektteams und des Entwicklungsteams und nehme an allen täglichen

---

[17] www.lego.com/de-de/themes/hidden-side/about
[18] www.lego.com/de-de/themes/super-mario/about
[19] https://en.wikipedia.org/wiki/Lego_Friends
[20] https://en.wikipedia.org/wiki/Lego_City

Meetings teil. Ich bin Teil des Kernteams und helfe dabei, das Team zu formen, zu unterstützen, zu pushen und zu provozieren, um sicherzustellen, dass die Kinder im Mittelpunkt unseres Designs stehen.

Als „Plug-in-Forscher" bin ich manchmal etwas neidisch auf eine Rolle wie die von Nanna, da diese es ihr ermöglicht, die Entwicklung eines Produkts über viele Monate, manchmal Jahre, zu verfolgen und in die Details der Rezeption dieses Produkts und seiner Zielgruppe einzutauchen. In einigen Fällen arbeitet sie an Projekten, bei denen es noch kein tatsächliches Produkt gibt oder bei denen der Fokus nicht auf dem Produkt liegt:

Im Moment arbeite ich an zwei verschiedenen Projekten mit zwei verschiedenen Zielgruppen. Ich habe ein Projekt, das auf eine spezifische Zielgruppe mit spezifischen Bedürfnissen ausgerichtet ist, und ich habe ein anderes Projekt, das auf wertebasiertes Spielen ausgerichtet ist. Es sind zwei völlig unterschiedliche Herangehensweisen, um unsere Nutzer zu verstehen, und es sind auch zwei unterschiedliche Arten des Testens. Bei dem Projekt, das sehr wertebasiert ist, müssen wir wirklich tief graben und ein Verständnis dafür bekommen, was unsere Nutzer antreibt und motiviert. Der Fokus liegt eigentlich nicht so sehr auf dem eigentlichen Produkt – wir verwenden das Produkt, um ihre Werte zu verstehen, um etwas zu haben, worüber wir sprechen können, wenn es darum geht, ihre Werte zu verstehen. Das andere Projekt, das auf eine spezifische Zielgruppe mit spezifischen Bedürfnissen ausgerichtet ist, ist viel später im Prozess, und wir sind jetzt an einem Punkt, an dem wir sehr konkrete, spezifische Konzepttests durchführen und dafür verschiedene Methoden verwenden.

Innovation erfordert engagierte Forscher

Nanna sieht einige deutliche Vorteile darin, einen engagierten Forscher in einem Innovations-Team zu haben, da es manchmal eine Herausforderung für ein Projektteam sein kann, den Fokus auf die Kinder zu legen, anstatt auf eine großartige Idee oder auf eine neue großartige Technologie:

Wenn wir in den Projektteams arbeiten, ist jeder leidenschaftlich und jeder ist super qualifiziert, super motiviert. Aber jeder hat auch meistens eine Schlüsselkompetenz und ist in gewissem Maße auch ein bisschen geeky. Wenn wir an einen Punkt kommen, an dem jeder all seine Geekiness kombiniert, machen wir tolle Produkte, oder? Aber manchmal ist es einfacher, seine eigenen Ziele oder seine eigene Entwicklung zuerst zu sehen, und man hat seine eigene Vorstellung davon, was eine großartige Erfahrung ist. Dies hängt natürlich davon ab, wer im Team ist, und es ist von Team zu Team sehr

unterschiedlich. Ich denke, dass viele unserer Designer aus-
gezeichnet darin sind, die Bedürfnisse und Erfahrungen der
Kinder jederzeit im Blick zu behalten. Aber manchmal werden sie einfach leidenschaftlich, und dann kann es ein bisschen in der Übersetzung von uns zum Kind verloren gehen.
Deshalb komme ich ins Spiel, um einige der Trends und
Fakten darüber zu übersetzen, was es wirklich für ein Kind
bedeutet, und um die Designrichtlinien zu formen, die alle
verschiedenen Aspekte der Kindererfahrung umfassen. Ob es
darum geht, wie gut ein 8-Jähriger lesen kann oder ob ein
Vierjähriger dies und das mit seinen Händen machen kann.
Manchmal ist es für ein Projekt notwendig, um relevant zu
bleiben, sehr, sehr nah an den Kindern zu sein und sicherzustellen, dass die Designer genau verstehen, was ein Kind tun
kann und was es antreibt, und genau, was sich gerade in der
Kinderkultur bewegt.

Das Verstehen von Bedürfnissen – auch primordialen Bedürfnissen – ist ein Treiber für Innovation

Innovation in einem Unternehmen wie LEGO umfasst viele Kompetenzen und
Fachgebiete, von den Verbindungen, die in die Steine gehen, über die Formen,
die sie produzieren, bis hin zu den spezifischen Steinen und wie sie zusammen-
gestellt zu einem Modell werden. Innovation beinhaltet auch, wie dieses Modell im Spiel zum Leben erweckt werden kann und wie es Geschichten ent-
fachen und die Vorstellungskraft des Kindes, das letztendlich damit spielt, ent-
zünden kann. Dies ist Nannas Arbeitsfeld.

Mein Fokus liegt mehr auf der Erfahrung als, sagen wir, dem
physischen Modell selbst oder seiner Stabilität. Ich schaue
mir Fragen an wie: Wo sind die kleinen Spielstarter? Wo sind
die Geschichtsstarter im Modell und was macht es wirklich
zu einem Erlebnis? Ich gehe auch ein wenig auf die
Kommunikation ein, um ein ganzheitliches Erlebnis zu
gestalten.

Wir beginnen meistens von Grund auf, entweder ohne
Briefing oder mit einem sehr vagen Briefing. Meistens starten
wir in dem, was wir einen Opportunity Space nennen, der
entweder durch Trends, die wir in der Gesellschaft sehen,
oder durch einige primordiale Bedürfnisse geformt werden

kann, die wir derzeit nicht mit unserem Produktportfolio ansprechen.

Zum Beispiel hat die Produktlinie Hidden Side mit dem Gruselfaktor gearbeitet. Als Gefühl ist Angst von klein auf tief in den Menschen verwurzelt und hilft den Menschen, vorsichtig und wachsam gegenüber Unsicherheiten in der Umgebung zu sein. Es mag wie ein weit hergeholter und seltener Versuch für einen Spielzeughersteller erscheinen, absichtlich ein gruseliges Spielzeug zu produzieren, aber der Spielzeugmarkt und das Spiel der Kinder haben eine überraschende Anzahl von gruseligen Puppen, Zombies, Tieren (fiktiv oder real) mit gruseligen Attributen, gruseligen Geräuschen und Orten, oder einfach Spiele, die nachts oder in einem abgedunkelten Raum gespielt werden. Wie in vielen anderen Aspekten des Designs steckt der Teufel im Detail — es gruselig genug für die beabsichtigte Altersgruppe zu machen, aber nicht zu gruselig, und das war der Fall bei der Hidden Side.

Wir beginnen mit einer Art grundlegender Grundlagenforschung, um den Raum zu verstehen. In diesem Prozess beginnen wir auch zu verstehen, was die Kinder in dem Raum, den wir abdecken wollen, antreibt. Es können auch Eltern in diesem Raum sein. Wir stellen uns Fragen wie: Was sind die Treiber in diesem Raum und was sind die Barrieren? Welche Bedürfnisse können wir ansprechen? Wenn wir besser verstehen, welche Bedürfnisse es gibt, versuchen wir auch zu verstehen, wie diese Bedürfnisse noch nicht erfüllt sind? Und dann legt das im Grunde genommen die Grundlage für unsere Arbeit, wenn wir beginnen, das Erlebnis zu gestalten.

Die Hidden Side musste ein wenig gruselig für die 8–10-Jährigen sein. Gruselig kann gut sein. Bei der Hidden Side haben wir uns zum Ziel gesetzt, ein Augmented Reality (AR) Spiel für Mobiltelefone zu entwerfen und wir haben einen Weg gefunden, Gruseligkeit mit einer Funktionalität zu kombinieren, die für das AR-Erlebnis geeignet ist. Es kann eine Herausforderung sein, AR zu entwerfen, denn mit ihrem Handy können die Kinder den Bildschirm in jede Richtung bewegen und das Spiel muss so viel wie möglich Sinn machen, egal ob sie ihn nach oben oder unten oder zur Seite richten. Die Lösung waren einfach Geister, weil Geister nicht an den

Boden gebunden sind und sie können gruselig sein! Es war eine sehr praktische Sache – Geister schweben. Das hat gut in die Geschichte gepasst.

Forschung hilft in vielen Schritten des Innovations- und Entwicklungsprozesses

Einige Organisationen verlassen sich vielleicht auf technologische Erfindungen oder kreative Genies, um ihren Innovationsprozess voranzutreiben, aber bei LEGO steht das Publikum sehr im Mittelpunkt des Prozesses, wie Nanna erklärt, am Beispiel von Hidden Side.

Wir haben ziemlich viel Forschung mit den Kindern betrieben, bei der wir eine Gruselskala erstellt haben und alle möglichen verschiedenen Produkte für Kinder, die einen Gruselfaktor haben, unter die Lupe genommen haben. Casper, das freundliche Gespenst. Scooby-Doo. Stadtsagen wie Slender Man.[21] Bei der Einrichtung der Forschung führten wir Gespräche mit den Eltern, bevor sie und ihre Kinder teilnahmen, und erklärten ihnen sorgfältig, was unsere Absichten waren. „Das ist es, was wir mit Ihren Kindern machen werden: Sie werden mit uns diskutieren, was gruselig ist."

Wir brachten gedruckte Bilder von all den verschiedenen gruseligen Produkten mit und dann ordneten die Kinder sie ein. Dann erzählten sie uns, warum es gruselig ist oder warum es definitiv nicht gruselig ist. Wir haben das in ziemlich vielen Sitzungen gemacht, um genau zu verstehen, wo wir den Nerv treffen, denn wir wollten sicherstellen, dass es gruselig genug ist, um die älteren Kinder anzulocken, aber auch nicht zu gruselig, um die Sechsjährigen zu verschrecken. Also war es ein sehr heikles Gleichgewicht, das wir treffen mussten. Eine Sache, die wir aus dieser Forschung herausfanden, war, dass das, was tatsächlich gruselig ist – und das galt besonders für Kinder im jüngeren Teil dieser Altersgruppe – das Unbekannte ist, sagen wir, wenn es etwas ist, das sie nicht sehen oder lesen oder verstehen können. Dann wird es gruselig. Das hat

---

[21] Slender Man wird oft als dünner, unnatürlich großer Humanoid mit einem gesichtslosen Kopf und Gesicht, gekleidet in einen schwarzen Anzug, dargestellt. Geschichten über den Slender Man zeigen ihn oft beim Stalken, Entführen oder Traumatisieren von Menschen, insbesondere Kindern. Quelle: https://de.wikipedia.org/wiki/Slender_Man

unser Design beeinflusst – mehr auf *das Unbekannte* und weniger auf andere Aspekte wie zum Beispiel den Tonfall zu fokussieren.

Spielzeugbewertungen, im Stil von YouTube

Nanna hat ein reiches Arsenal an Forschungsmethoden. Hier sind zwei Ansätze, die die Peer-to-Peer-Sprache der Kinder in den Designprozess einbringen:

> Eine der Methoden, die wir getestet haben, bestand darin, die Kinder zu bitten, eine Spielzeugbewertung zu machen. Mit einem Handy in der Hand filmten sie sich selbst, während sie die Funktionen eines App-Prototypen auf diesem Handy entfalteten. Das gab uns Aufschluss über ihre Fähigkeit, das Handy zu halten und gleichzeitig die Funktionen zu navigieren. Aber es war auch eine wirklich erstaunliche Datenquelle darüber, wie sie das Spiel und die Modelle selbst verstanden, so dass ich diesen Ansatz später auch für andere Projekte verwendet habe.

> Es ist sehr eng mit einer anderen Methode verbunden, die wir verwenden, bei der wir die Kinder bitten, eine Peer-Bewertung zu erstellen, bei der ein Kind den anderen erzählt, worum es bei der Erfahrung geht. Und genau das tun sie, wenn sie ein YouTube-Video machen. Es bringt sie sofort dazu, die Sprache zu verwenden, die sie auf YouTube hören, und für uns kann das wirklich relevante Daten liefern.

Qualitative Forschung ist zu Beginn eines Prozesses sehr wertvoll

Einige Interessengruppen in der Innovation und Produktentwicklung sind quantitativ orientiert und haben die Vorstellung, dass viele Teilnehmer viel Daten bedeuten müssen. Das ist nicht unbedingt Nannas Erfahrung, wenn es um die Erkundungsphase geht:

> Wir brauchen unterschiedliche Forschung für unterschiedliche Perioden in unseren Entwicklungsphasen, und was ich mache, ist Designforschung, und was wir in unserer Abteilung machen, ist alles, bevor der Validierungsprozess beginnt. Also verbringen wir die meiste Zeit damit, zu erforschen, was ein

Konzept und eine Erfahrung sein können. Um großartige Erfahrungen zu machen, müssen wir unsere Verbraucher wirklich verstehen, und mir ist vollkommen klar, dass Menschen andere Menschen unterschiedlich verstehen. Nach meiner Erfahrung, wenn wir uns in einer Konzeptentwicklungsphase des Projekts befinden, wird das Sehen von Menschen mit Ihrem Konzept in ihren Händen und das Gespräch mit ihnen selbst die Konzeptentwicklung viel mehr inspirieren und anregen als Zahlen es tun werden.

Wenn wir dann weiter voranschreiten und in den Entwicklungsprozess eintreten, müssen wir validieren, ob wir tatsächlich eine Verbraucherbasis für dieses Projekt haben. Haben wir die notwendige Kaufabsicht? Haben wir ein Verhalten, das zeigt, dass die Menschen dieses Konzept annehmen werden?

Die Auswirkungen der Forschung können auf viele verschiedene Arten erfolgen

Früher in diesem Buch habe ich die Aspekte der Voreingenommenheit behandelt, wenn ich Forschungssitzungen moderiere. In Nannas Projekten könnte der Forscher wahrscheinlich derjenige in einem Designteam sein, der die meiste Forschungserfahrung (und somit das meiste Bias-Bewusstsein) hat, sollte aber nicht unbedingt derjenige sein, der jede Sitzung moderiert.

Ich wende ziemlich viel Zeit und Energie dafür auf, sicherzustellen, dass ich nicht immer die Person in unserem Team bin, die moderiert. Ich bin nicht der Forscher im Team, wir sind alle Forscher im Team. Was ich tun kann, ist das Management und die Verwaltung. Ich kann alles einrichten, ich kann sicherstellen, dass wir die Kinder und Eltern hereinholen, oder dass wir Eltern und Kinder besuchen gehen, aber ich werde nicht diejenige sein, die das ganze Gespräch führt. Ich möchte, dass die Designer direkt mit den Verbrauchern sprechen und sicherstellen, dass ich ihre Stimmen nicht nur an sie filtere. In den Teams, in denen wir das tun, funktioniert es sehr gut.

Jedes Teammitglied muss einfach über das Hindernis hinwegkommen, dass Forschung Zeit braucht und es vielleicht einfacher wäre, nur 10 Schlüsselerkenntnisse von einem Forscher zu bekommen. Aber nachdem sie einen Prozess durchlaufen haben, äußerten die Designer, dass sie es wirklich genießen, auch Zeit mit den Verbrauchern zu verbringen. Also ist es nicht so, dass sie nicht wollen. Tatsächlich wollen sie wirklich. Es ist einfach nicht ihr erster Gedanke. Also können Sie versuchen, es für sie zu managen und es ihnen leicht zu machen und alles für sie einzurichten. Aber dann ziehen Sie sich selbst in Bezug auf die Rolle als Moderator zurück.

Dies markiert eine großartige Gelegenheit, diesen Abschnitt mit Beiträgen von erfahrenen Forschern zu beenden. Wir sind beim letzten Kapitel dieses Buches angekommen.

Zusammen-fassung

Schließlich ist dieses Kapitel eine schnelle Zusammenfassung und ein Blick auf das größere Bild.

Wenn wir wollen, dass Kinder unsere Produkte oder Dienstleistungen nutzen…

…werden wir enorm davon profitieren, Kinder in den gesamten Design-prozess einzubeziehen, von der ersten Idee bis nach dem Start, aus folgenden Gründen:

- Unsere Stakeholder werden besser auf die Bedürfnisse und Wünsche der Kinder abgestimmt sein.

- Unser Produkt wird erfolgreicher sein, da es mit einem Fokus auf die Wünsche und Bedürfnisse der Kinder ent-worfen wurde.

- Wir werden weniger und kleinere kostspielige Rückschläge im Prozess erleiden: Es wird weniger Rückschritte geben, um Dinge zu korrigieren, die nicht funktionieren.

© Der/die Autor(en), exklusiv lizenziert an APress Media, LLC, ein Teil von
Springer Nature 2023
T. V. Snitker, *Nutzerforschung mit Kindern*,
https://doi.org/10.1007/978-1-4842-9822-0_8

- Wir werden nach dem Start geringere Kosten haben, um unser Support-Personal und unsere Nutzer in der Verwendung oder dem Verständnis des Produkts zu schulen, und wir werden weniger Bedarf an Anleitungen, Handbüchern und Verbraucherunterstützung haben.

Oh, und die Kinder werden auch mehr davon profitieren, ein Produkt oder eine Dienstleistung zu haben, die mehr Spaß macht und intuitiver ist.

Benutzerforschung ist keine Raketenwissenschaft...

...und es gibt unkomplizierte Techniken – bewährt in der UX-Forschung Denkschule – die man auf jeden Schritt des Prozesses von Anfang bis Ende anwenden kann, wie zum Beispiel:

- Interviews und Beobachtungen, kulturelle Sonden, Schreibtischforschung

- Co-Kreation, Testen von Skizzen, Wireframes und Prototypen

- Heuristische Bewertungen, formelle und informelle Usability-Tests, persönlich oder remote

- Laufende Messung und Testen

Raketenwissenschaft sollte man... nun ja, Raketenwissenschaftlern überlassen. Aber die Benutzerforschung mit Kindern ist ein sehr zugängliches Feld. Tatsächlich glaube ich, dass je vielfältiger die Forscher und Hintergründe in einem Projekt sind, desto reicher und vollständiger kann die Darstellung der Erfahrungen der Kinder erfasst werden, und im Hinblick auf das Ergebnis, desto besser auch das Endergebnis.

Ja, es erfordert Strenge und eine starke Forschungsmentalität. Ja, es wird besser, wenn die Forscher im Laufe der Zeit mehr Erfahrung sammeln. Und ja, die Einhaltung von Gesetzen und Best Practices ist ein Muss.

Aber der Punkt hier und in diesem Buch ist, dass diese Anforderungen und Herausforderungen bei der Forschung mit Kindern uns nicht abschrecken dürfen. Menschen, die mit Interesse, aber ohne Erfahrung in dieses Feld kommen, sollten ermutigt werden, weiterzumachen, vielleicht indem sie klein anfangen, iterieren und definitiv ihre Ideen und Erfahrungen teilen. Die Welt braucht mehr Forschung mit Kindern, nicht weniger.

Ja, es gibt überall Vorurteile, aber...

...verzweifeln Sie nicht! Die Menschheit hat bisher nicht trotz unserer Vorurteile überlebt, sondern eher *wegen* ihnen. Unsere Vorurteile ermöglichen es uns, schnelle und verallgemeinerte Entscheidungen zu treffen („Da ist ein Tiger. Besser rennen."), und wenn diese Entscheidungen falsch waren („Oh, der Tiger rennt auch!"), nun, wir haben vielleicht noch Zeit, neue zu treffen, bevor der Tiger uns erwischt (vielleicht indem wir auf einen Baum klettern).

Unsere Hauptaufgabe als Forscher ist es, uns dieser Vorurteile bewusst zu sein und Wege zu überlegen, ihre negativen Auswirkungen zu reduzieren, ob es nun

- Vorurteile *vor* der Studie sind, zum Beispiel, wenn das Ziel oder das Verfahren unklar ist

- Vorurteile *während* der Studie sind, zum Beispiel, wenn die Einrichtung oder Moderation für die Teilnehmer verwirrend ist

- Vorurteile *nach* der Studie sind, zum Beispiel, wenn diejenigen, die die Ergebnisse erhalten, die Ergebnisse missverstehen

Lassen Sie die Vorurteilskette für Sie - nicht gegen Sie - arbeiten

Wenn Sie in einer Rolle arbeiten, in der Sie oft neue Forschungsbedürfnisse erstellen oder darauf reagieren (z. B. durch Förderung oder Teilnahme an einer kundenorientierten Kultur in Ihrer Organisation), kann ein klarer Forschungsprozess viel Zeit sparen und Ihre Rentabilität erhöhen (Abb. 8-1). Dieser Prozess sollte alles von der Aufnahme neuer Projekte (mit Kriterien für die Annahme, Ablehnung oder Verschiebung neuer Forschungsprojekte) bis nachdem die Ergebnisse berichtet wurden (mit einem Fahrplan zur Aufrechterhaltung der Ergebnisse und zur Überprüfung ihrer Umsetzung und Auswirkungen) umfassen.

Die 18 Schritte, um gute Forschung (nicht) zu ruinieren in Kap. 2 können als Blaupause für diesen Prozess dienen, wie ich hier zeige:

Voreingenommenheit vor der Studie

Studieninterne Verzerrungen

Verzerrungen nach der Studie

Abb. 8 - 1 . Die Verzerrungskette zeigt alle vielen Wege, auf die Forschungsverzerrung (die kleinen roten Sterne) ihr Ziel beeinflusst

18 Schritte, um gute Forschung (nicht) zu ruinieren	Fragen, die man stellen könnte
I Für die richtigen Stakeholder oder Kunden	• Würden Sie, liebe Stakeholder, in der Lage sein, auf das Ergebnis dieser Studie zu reagieren? Wie? • Welche Mittel (z. B. finanzielle, organisatorische, zeitliche, gestalterische) hätten Sie zur Verfügung, um auf die Ergebnisse zu reagieren? Sind diese Mittel ausreichend? • Gibt es eine andere, ähnliche Forschungsanstrengung, die vielleicht einen größeren Einfluss haben könnte, z. B. aufgrund eines größeren Umfangs oder stärkerer Entscheidungsmacht? • Haben Sie das lohnendste Kosten/Nutzen-Verhältnis zwischen der Studie und ihrem potenziellen Ergebnis festgelegt? • Sind die Bedürfnisse der Stakeholder gut auf ihre Wünsche abgestimmt? Oder benötigen sie tatsächlich einen anderen Ansatz oder Umfang als den, den sie anfordern?

(Fortsetzung)

18 Schritte, um gute Forschung (nicht) zu ruinieren	Fragen, die man stellen könnte
2 Das richtige Ziel oder Problem oder Schmerz	• Wer hat den Schmerz und wie ernst ist er? Warum wurde er bisher nicht angegangen? • Ist dies der schlimmste Schmerz? Wird er von selbst verschwinden? Wie bald? • Wird das Ergebnis einer Studie geschäftliche Auswirkungen haben? • Hat die Studie die Zeit und das Budget, um ausreichend Einfluss zu nehmen? • Wer wird sich für das Ergebnis interessieren?
3 Das richtige Produkt oder Projekt	• Warum haben wir uns entschieden, dieses Produkt zu untersuchen? • Werden wir die Benutzererfahrung des Produkts für sich allein oder in einem größeren Kontext untersuchen (z. B. inwieweit sind andere Produkte oder Dienstleistungen Teil der zu erledigenden Aufgabe)? • Welche Teile des Produkts wird die Studie umfassen (wenn nicht alle Teile)? • Wenn wir Teile des Produkts in dieser Studie auslassen, werden diese Teile zu einem späteren Zeitpunkt abgedeckt? • Ist dieser Umfang für alle Stakeholder relevant? Wenn wir den Umfang ändern, können wir dann die Relevanz erhöhen und/oder mehr Stakeholder einbeziehen?
4 Die richtigen Befragten, in den richtigen Begriffen beschrieben	• Wer (welche Teile des Publikums) wird in das Forschungsprojekt einbezogen und wer wird ausgeschlossen? • Wer in unserer Organisation sollte diese Entscheidung treffen und welche sind die Kriterien für Einbeziehung und Ausschluss? • Verwenden wir die richtigen Begriffe, um das Publikum zu beschreiben? Verwenden wir beispielsweise die gleichen Begriffe wie das Publikum selbst? • Wenn wir Alter oder Geschlecht als Rekrutierungskriterien verwenden, wissen wir, ob diese Kriterien zur tatsächlichen Zielgruppe passen oder nur zur beabsichtigten Zielgruppe? Wäre es sinnvoller, das Fähigkeitsniveau (ob Plattform und/oder Dienst) oder Interessengebiete als Rekrutierungskriterien zu verwenden? • Können wir sicherstellen, dass wir Kinder rekrutieren, die tatsächlich das Gefühl haben, dass sie zur Zielgruppe gehören (im Gegensatz zu ihren Eltern, die dies annehmen)?

(Fortsetzung)

18 Schritte, um gute Forschung (nicht) zu ruinieren	Fragen, die man stellen könnte
5 Die richtigen Dinge tun	• Werden die Kinder in der Studie etwas tun, das sie für relevant halten? • Haben wir festgelegt, was „die richtigen Dinge zu tun" sind (und was nicht)? • Gibt es eine faire Übereinstimmung zwischen dem Zweck der Studie und dem, was die Kinder als „die richtigen Dinge" zu tun empfinden? Und gibt es eine gemeinsame Erwartung hinsichtlich der Reihenfolge und Dauer der Ereignisse zwischen der Studie und den Befragten?
6 ...zur richtigen Tages- oder Wochen- oder Monatszeit	• Wird die Studie zu einer für die Kinder günstigen Zeit durchgeführt? • Wurde der Zeitpunkt so gewählt, dass er dem Zeitplan der Kinder entgegenkommt (im Gegensatz zum Forscher oder Stakeholder)? • Welchen Einfluss könnte die gewählte Tages- oder Wochenzeit möglicherweise auf das Ergebnis der Studie haben?
7 ...für die richtige Dauer	• Wird die Dauer der Studie für die Kinder günstig sein? • Wurde die Dauer so gewählt, dass sie dem Zeitplan und den Fähigkeiten der Kinder entgegenkommt (im Gegensatz zum Forscher oder Stakeholder)? • Welchen Einfluss könnte die gewählte Dauer möglicherweise auf das Ergebnis der Studie haben?
8 ...am richtigen Ort/in der richtigen Umgebung	• Wird die Studie an einem für die Kinder günstigen, sicheren und komfortablen Ort durchgeführt? • Wurde der Ort so gewählt, dass er dem Zeitplan der Kinder entgegenkommt (im Gegensatz zum Forscher oder Stakeholder)? • Wenn mehrere Kinder teilnehmen, sind wir uns bewusst, wie sie zueinander stehen und wie ihre Beziehungen die Studie beeinflussen könnten? • Welchen Einfluss könnte der gewählte Ort möglicherweise auf das Ergebnis der Studie haben? Wird er beispielsweise ein besseres als reales Erlebnis liefern?
9 ...mit dem richtigen Gerät	• Ist das gewählte Gerät eines, mit dem die Kinder vertraut und/oder erfahren sind? Wie wird ihr Fähigkeitsniveau ihr Erlebnis oder ihre Leistung während der Studie beeinflussen?

(Fortsetzung)

18 Schritte, um gute Forschung (nicht) zu ruinieren	Fragen, die man stellen könnte
10 Richtig vorbereitet und instruiert	• Stellen wir sicher, dass die Befragten den Zweck der Studie und das, was von ihnen erwartet wird, verstehen? • Sind wir uns all der (mehr oder weniger subtilen) Wege bewusst, auf die wir ein Kind während des Prozesses der Teilnahme an unserer Studie beeinflussen (priming und instruieren) werden? Und wie können wir ihren Stress, ihre Leistungsangst und Unsicherheit reduzieren? • Verwenden wir altersgerechte Sprache und Artefakte, um das Kind nicht zu über- oder unterfordern?
11 Die richtige Menge an Vorbereitung und Anweisung	• Können wir die Sitzung hinsichtlich der Menge an verbalem Dialog und Geplauder so gestalten, dass die Sitzung dem realen Nutzungskontext ähnelt? • Wie können wir sicherstellen, dass wir den Kindern genügend Zeit geben, das Produkt zu erleben, darüber nachzudenken und sich auszudrücken?
12 Richtig moderiert	• Brauchen wir eine Moderation und wenn ja, welche Qualifikationen müssen Moderatoren haben? Wenn Eltern die Moderatoren sind (z. B. in Remote-Sitzungen), wie bereiten wir sie auf die Aufgabe vor? • Sind wir uns der physischen Einflüsse auf die Sitzung bewusst, wie unsere Kleidung, Tonfall und Körpersprache? Und der verbalen Einflüsse, wie das Stellen neutraler, einfacher, klarer und konkreter Fragen, um Missverständnisse zu reduzieren? • Sind wir uns der Reihenfolge der Fragen bewusst, z. B. allgemeine Fragen vor spezifischen Fragen, offene Fragen vor geschlossenen Fragen und Verhaltensfragen vor Einstellungsfragen (um nur einige Beispiele zu nennen)? • Können wir den Moderatoren helfen, das Energielevel des Kindes nachzuahmen (z. B. nicht zu ausgelassen oder zu ruhig zu sein)?
13 Von den richtigen Personen überwacht	• Wie können wir relevante Beobachter dazu ermutigen, teilzunehmen? • Und wie können wir sicherstellen, dass sie die relevantesten Beobachtungen möglich machen? • Wie verwalten wir Beobachter und ihre Erwartungen (zum Beispiel durch einen schriftlichen Verhaltenskodex)?
14 Eine rigorose, methodische Analyse	• Wie können wir sicherstellen, dass unsere Forscher analytische und kritische Denkfähigkeiten anwenden und dass sie gemeinsame Themen, Muster und Beziehungen innerhalb des Verhaltens und der Antworten der Befragtengruppe identifizieren? • Können wir eine gute Analyse von einer schlechten Analyse unterscheiden?

(Fortsetzung)

18 Schritte, um gute Forschung (nicht) zu ruinieren	Fragen, die man stellen könnte
15 Ein zeitnaher, relevanter und umsetzbarer Bericht	• Wissen wir, wer den Bericht sehen muss und was ihre Interessen und Kompetenzen sind? Gibt es eine Frist für ihre Aufmerksamkeit? • Wie erhöhen wir die Wahrscheinlichkeit, dass die Stakeholder den Bericht lesen (ob schriftlich, mündlich, als Film präsentiert oder in einem anderen Format dargestellt)?
16 Eine einfache und fokussierte Präsentation	• Was macht eine erfolgreiche Präsentation in diesem speziellen Fall aus? • Ist eine Präsentation ein geeignetes Format, um die Ergebnisse zu kommunizieren? Oder anders ausgedrückt, angesichts der Ergebnisse und der Stakeholder, was wäre der beste Weg, ihnen zu präsentieren?
17 Die Ergebnisse aufrechterhalten	• Der Forscher hat die Ergebnisse übergeben und geteilt und sie leben nun weiter, vielleicht von einer Person zur nächsten. In Kap. 2 habe ich das Spiel „Chinesische Flüstern" als Metapher für diesen Prozess verwendet. Die Ergebnisse könnten aus dem Gedächtnis aller verblassen, oder vielleicht werden sie unterwegs missverstanden. Dies erfordert eine Antwort auf die folgende Frage. • Müssen die Ergebnisse zu einem späteren Zeitpunkt wieder präsent gemacht werden und wenn ja, wann, wie und wem sollten sie präsentiert werden? Wer wird dafür verantwortlich sein?
18 Richtig umgesetzt	• Wir sind bei der Million-Dollar-Frage angekommen: Wird die Forschung zu etwas führen? • Wie stellen wir sicher, dass diejenigen, die etwas tun können (z. B. ein Designer oder ein Entwickler), etwas tun werden? • Wird dieses Etwas in Übereinstimmung mit den Forschungsergebnissen sein? • Ist dies ein guter Zeitpunkt für das Projekt, um die nächste Forschungsinitiative zu diskutieren?

Die Freude, das Vergnügen und die Schönheit der Forschung mit Kindern

Wie ich zu Beginn dieses Buches erwähnte, besteht eine Herausforderung für die erwachsenen Forscher darin, sich in die Lage des Kindes zu versetzen, sozusagen in ihren Schuhen zu laufen, weil sie all die Fähigkeiten, die sie auf dem Weg ins Erwachsenenalter erworben haben, nicht verlernen können. Aber es scheint sehr passend, hier am Ende des Buches zu erwähnen, wie lohnend es ist, diese Herausforderung anzunehmen. Obwohl dieses Buch sich auf die Gefahren und Fallstricke der Forschung mit Kindern konzentriert hat, halte ich es für unerlässlich zu betonen, wie erfreulich sie ist. Dies findet sich auch in meinen Interviews mit den zuvor erwähnten Experten wieder. Wie Jennifer Wells gesagt hat

- Die Art und Weise, wie Kinderhirne funktionieren, ist ständig überraschend, sie nehmen etwas und stellen es völlig auf den Kopf. Ich liebe es. Und ich liebe es, sie darüber reden zu hören, wohin ihre Gedankenflüge gehen, weil es so unvorhersehbar und inspirierend ist.

Wenn ich mit Praktikern spreche, höre ich oft Forscher über die Freude sprechen, die sie an den direkten Begegnungen mit Kindern haben. Forscher zu sein, mit Kindern als Publikum, ist ein Beruf und eine Möglichkeit, seinen Lebensunterhalt zu verdienen, aber auch eine ständige Erinnerung an den Forscher über menschliche Erfahrungen im Allgemeinen und Kindererfahrungen im Besonderen, und darüber, wie wichtig es für Erwachsene - Forscher, aber auch Designer, Produzenten, Vermarkter, Entscheidungsträger und andere - ist, ihr Bestes zu geben und Kinder und ihre Bedürfnisse und Erfahrungen ernst zu nehmen.

Printed in the United States
by Baker & Taylor Publisher Services